本书受教育部“全国高校优秀中青年思想政治理论课教师择优资助计划”的资助

Context Conversion and Sinicization of Marxism

“语境”转换与马克思主义中国化

姜喜咏 著

中国出版集团
世界图书出版公司
广州·上海·西安·北京

图书在版编目(CIP)数据

"语境"转换与马克思主义中国化/姜喜咏著. — 广州：世界图书出版广东有限公司，2013.5（2025.1重印）
ISBN 978-7-5100-6163-9

Ⅰ. ①语… Ⅱ. ①姜… Ⅲ. ①马克思主义—发展—研究—中国 Ⅳ. ①D61

中国版本图书馆 CIP 数据核字(2013)第 090412 号

"语境"转换与马克思主义中国化

策划编辑 张馨芳
责任编辑 翁 晗
出版发行 世界图书出版广东有限公司
地 址 广州市新港西路大江冲25号
http://www.gdst.com.cn
印 刷 悦读天下（山东）印务有限公司
规 格 710mm×1000mm 1/16
印 张 14.25
字 数 250千
版 次 2013年5月第1版 2025年1月第3次印刷
ISBN 978-7-5100-6163-9/A·0008
定 价 78.00元

目录

一、马克思主义中国化的基本“语境”问题

马克思主义中国化的基本语境问题是马克思主义中国化研究的重要根据和首要的基本理论前提问题，也是社会主义民族国家的时代问题和马克思主义理论发展的实质和方向问题。必须追问：我们需要怎样的马克思主义中国化，如何言说当代的马克思主义中国化。讨论马克思主义中国化的基本语境问题首先要深刻反思马克思主义、民族化、中国化的理论向历史转化的复杂内在递进逻辑，特别要注重马克思主义民族化作为马克思主义与中国化的中间逻辑环节。当代马克思主义中国化的基本语境问题的基本内容主要有：①实践方面：社会主义在中国真正实现“软着陆”，社会主义与现代化的内在融合，民族特色社会主义发展道路的探索；②理论方面：发展的马克思主义观，马克思主义理论形态的多样性，马克思主义的文化生根，等等。

在中国的社会主义运动过程中，每个时期的人们都将首先直接面对着“我们需要怎样的马克思主义中国化，如何言说我们时代的马克思主义中国化”的问题，这就是马克思主义中国化的基本语境问题。基本语境问题是马克思主义中国化的实践和理论研究的重要前提问题，构成马克思主义中国化的重要根据。今天我们需要马克思主义怎样中国化，我们如何言说我们时代的马克思主义中国化，就构成了本章讨论的主题。

(一)马克思主义、民族化、中国化的逻辑与历史的辩证统一

众所周知，中国没有经过一个完整的资本主义发展阶段而走上了社会主义道路，这样的社会主义并非是许多教条主义者所认为的早产或先天不足，而是历史的必然与现实。同样不合逻辑的看法是以马克思主义为指导

能够保证革命成功，但不能保证能走上社会主义道路，真正建成社会主义。但是，马克思主义的实践逻辑却表明，只要社会主义是一个民族的真正自觉选择，这个国家就有可能建成社会主义，剩下的问题便是马克思主义的民族化实践。因此，几乎所有的国家要走社会主义道路都将面临着马克思主义民族化的过程，这根源于马克思主义实践逻辑的基础性和优先性。如果不是俄国和中国而是资本主义发达的英国走上了社会主义道路，英国也将面临着马克思主义的民族化过程。当然，历史是不能假设的，我们需要时刻面对的是中国如何建设社会主义的现实。把社会主义建设的主导逻辑定位于马克思主义中国化的实践过程，是一个民族国家建设社会主义的自觉。因此，由实践逻辑所决定的马克思主义的民族化是国际共产主义运动的基本规律，这就是马克思主义与各民族实际相结合的基本实践语境，它意味着实践逻辑必须在理论逻辑之上而不是相反，现实社会主义的科学性必须奠定在民族国家的现实实践的基础上，社会主义的本质是实践的，离开实践的社会主义只能是抽象的或直观的形而上学的社会主义，最终只能变异为一种简单的形式上的政治承诺。以此观之，马克思主义中国化就是中国建设社会主义的一大基本规律，这也是讨论马克思主义中国化的历史必然性的逻辑前提。但是，马克思主义中国化的实践语境还有一个众所周知的方面，即中国落后的经济文化的实际。

但是，单纯地强调落后的中国实际并以此作为当代马克思主义中国化的一个基本根据并没有抓住问题的根本。虽然马克思、恩格斯立足于19世纪西欧资本主义认为社会主义应该是建立在发达的生产力基础上，这是一种科学的逻辑预测。但在他们生前，这个科学预测并没有出现，而现实却是俄国、中国等落后国家走上了社会主义道路，在这种情况下我们必须承认除了马克思、恩格斯所指出的那种历史可能性外，更为重要的是必须遵循实践逻辑承认历史发展的多样性、复杂性。只要是在同一历史时代的国家都具有走上社会主义道路的现实可能性，只是俄国和中国等国家真正以坚决彻底的革命实践证实或实现了马克思主义所揭示的人类社会发展的基本趋势和规律，而其他的国家虽然有革命的情势但缺乏坚决而彻底的革命实践，因此发达国家没有发生革命不等于否定了马克思主义关于历史发展的一般规律，最终决定历史的仍然是实践。以此观之，中国革命作为国际共产主义运动的一部分，中国走上社会主义道路是实践逻辑的必然结果，这与中国落后还是先进没有必然联系，落后的中国实际只是中国建设社会主义的具体条件，"早产论"或"先天不足论"是一种无理性的教条主义。有人认为马克思主义中国化实质上是马克思主义在中国的变异性运用，[①]依此逻辑，现阶段中国“不合格”的社会主义也是马克思、恩格斯的科学社会主义的变异形式，经过长期的历史发展，中国的社会主义将逐渐向马克思、恩格斯的科学社会主义回归，这实际上隐性地否定了现阶段中国特色社会主义的科学性与合理性；马克思主义中国化的理论成果也就是马克思主义在中国的变异，它的历史演变过程最终将导向经典作家的马克思主义回归，这实际上否定了中国化的马克思主义对马克思主义的发展实质，这种看法并没有考虑到马克思主义中国化的现实性根据是马克思主义必然民族化的实践逻辑，本质上是一种深层的教条主义。

因此，马克思主义中国化的实践语境首先指的是实践逻辑的基础性与优先性，其次才是中国落后的经济文化的具体实际，这二者的地位和主次在理论上必须明确。从理论上看待马克思主义中国化虽然必须遵循国情第一的原则，但是仍然必须透过马克思主义中国化的历史进程深刻领悟马克思主义民族化的实践逻辑本质。马克思主义、民族化、中国化是逻辑与历史的总体性辩证图景，马克思主义作为彻底的唯物主义和彻底的辩证法，本身是理论逻辑与实践逻辑的内在统一，马克思主义的民族化是马克思主义实践逻辑的表现形式和现实路径，考察马克思主义中国化的实践逻辑首先要研究马克思主义民族化的实践逻辑本质，认识到马克思主义民族化是马克思主义中国化的最近的一般逻辑，理论上不能简单地越过这一逻辑中间环节将马克思主义与中国直接嫁接起来。实际上，邓小平立足于中国实践基础上的追问“什么是社会主义，如何建设社会主义”已经触及了这一问题，但邓小平并没有在理论上回答这一问题，他的社会主义本质论应该理解为中国特色社会主义本质论，也就是说它不一定适合于其他民族国家的社会主义。西方世界的社会主义理论普遍认为，社会主义国家把发展生产力放在重要位置上，这就使社会主义失去其真正的目标。[②] 还需说明的是，邓小平也认为改革前的中国的社会主义实际上是不合格的，但他并没有否定中国的社会主义性质，这是两个不同的问题，前者是社会主义的优越性没有充分发挥以及出现的历史失误，后者表明的是中国的社会主义仍然是一种实存。今天我们讨论马克思主义中国化，应该认识到强调落后主要是一种改革开放的政治动员，不是作为一个学理上的根据，是一个具体条件而不是这一问题的本质方面。

---

① 范洪亮.马克思主义中国化的基本分析与深层探索[J].湖北行政学院学报，2003(2).

② 李锦.马克思主义的新发现[M].济南：山东友谊出版社，2001:18.

(二)马克思主义中国化基本"语境"问题的实践方面

1. 实现社会主义在中国的软着陆

这一实践语境的重点在于中国的国情,是马克思主义中国化的主导方面。改革开放以前,由于没有充分认识到马克思主义中国化的这一实践语境特点,较短的时间内使标准化的社会主义制度和价值观念与中国的国情实现了结合,但这种结合还不是真正的融合,亦即这个过程主要是马克思主义"化"中国的单方面的历史进程,缺乏中国"化"马克思主义的历史维度,因此这个过程不是辩证的运动过程。中国国情与社会主义制度和价值观念不适应的方面在整个社会高度政治化的条件下得以较长时间的潜伏,这种内在性积累最终暴露出来,强制性要求重新审视马克思主义中国化的实际状况。马克思主义中国化的历史性失误表明,社会主义在中国的硬着陆最终是不可能成功实现马克思主义化中国和中国化马克思主义的良性互动的辩证局面。

马克思主义中国化的实践语境本质上是马克思主义化中国与中国化马克思主义的辩证运动过程,并且在社会主义初级阶段中国化马克思主义是这一历史进程的主导方面,中国化马克思主义的基本标准是社会主义与中国国情的融合,真正实现软着陆。正是在中国化马克思主义的过程中,马克思主义中国化为本民族化的马克思主义理论体系,而不是相反。因此,马克思主义中国化的实践语境要将中国化马克思主义摆在首要的位置。

2. 实现社会主义与现代化的内在融合

现实社会主义遭遇现代化的历史处境是马克思主义中国化实践语境的一个重要方面。马克思、恩格斯所设想的社会主义本身是建立在资本主义完成现代化的历史基础上的,因而也就没有现代化问题。因此,由马克思主义民族化过程所导向的现实的社会主义必然在与现代化的内在融合过程中使社会主义具有全新的内涵,换句话说,现实社会主义的科学性只能奠定在民族的现代化实践基础上。马克思主义中国化的历史进程内在地伴随着社会主义现代化的过程。马克思主义中国化的历史进程能否保证现代化的社会主义性质,这是当代马克思主义中国化的这一实践面临的重要问题。

迄今为止,世界历史上的成功现代化都是资本主义的现代化,社会主义现代化是一个全新的历史任务,正处在积极的探索之中,因而社会主义现代化的历史可能性的实践问题必须纳入到马克思主义中国化的历史进程中。一方面，现实的社会主义被证明没有现代化将在实践上自行终结，但是把社会主义的主要目标定位于生产力又被西方世界认为是社会主义走投无路羞答答地打着红旗回到资本主义轨道的标志。另一方面，马克思主义的中国化与社会主义的现代化只能是同一个历史过程，这个过程中马克思主义、中国国情、社会主义、现代化将处于长期磨合、融合、相互调适、相互渗透的过程，根据现实就可以确定这些因素的内在矛盾在现阶段是比较尖锐的，主要体现在社会主义的淡化、马克思主义的艰难发展困境、两极分化、社会结构的断裂现象等方面，这些现象是生产力标准无法覆盖的。因此，应该承认现代化的历史进程与马克思主义中国化在总体上一致的情况下还存在许多方面和环节的矛盾与冲突，造成马克思主义中国化实践的不彻底性和不平衡。

马克思主义中国化力图将现代化奠定在社会主义的基本制度、基本原则和价值目标的基础上，而社会主义现代化又对马克思主义的中国化提出了现实的挑战，表现为马克思主义中国化在持续深入推进的同时伴随着资本主义现代化的物化、异化，从而冲击和抵消马克思主义中国化的积极成果。马克思主义中国化伴随着历史的代价前进的同时，不得不在进一步的实践中考虑到避免资本主义的现代化困境。此外，积极的方面是"中国现代性建构，历史地确定了马克思主义中国化的起点、任务与方向"[①]。

3. 民族特色社会主义发展道路的探索

马克思主义中国化不仅要具体实现为社会主义的中国化，而且要保证社会主义的中国化真正与民族的发展目标相融合，形成有中国特色的社会主义制度、文化和价值体系，亦即中国特色的社会主义发展道路。这条道路的世界历史条件是当代经济全球一体化的事实，马克思主义中国化本身意味着坚持社会主义道路和为人类的美好前景而进行的一种伟大探索性。因此，这意味着中国将在资本主义的世界历史总体秩序中突出重围，在这个过程中必须"与狼共舞"，建立与资本主义共存的和平与合作的国际发展战略。但是，初级阶段的社会主义在实践的发展过程中，仍然存在着许多不确定性和高风险性，"一方面，社会主义基本制度具有很强的生命力，另一方面，它又很不完善。它可能过渡到合格的社会主义，也有可能中途演变或逆转"[②]。

---

① 邹诗鹏.马克思主义中国化与中国现代性的建构[J].中国社会科学，2005(1).

② 高金钿.国家安全问题为什么空前突出[J].新华文摘，2006(23).

因此,民族特色社会主义道路的探索将是马克思主义中国化的历史实践中最艰难的任务,是深层和本质的马克思主义中国化,是我国社会发展战略的核心价值目标。

当前,中国特色的社会主义道路已经初具雏形,但它自身的内在规律性还没有最终成型并被发现,它的外在不利条件还很多,如资本主义占据全球一体化的主导地位,而社会主义具有明显的弱势地位,其建设性的功能还没有真正发挥出来。例如,在经济基础的系统中公有制为主体的生产关系对非公有制的生产关系的积极影响没有得到发挥,在个别地区这种影响甚至可能是相反的。公有制为主体的社会经济功能还没有真正发挥“一种普照的光”的主导作用,非公有制经济中资本主义特征比较明显。

(三)马克思主义中国化基本“语境”问题的理论方面

1. 发展的马克思主义观

马克思主义中国化在理论方面首先意味着一种理论的觉醒和独立,是对马克思主义的理论特性的深刻反思。马克思主义在民族化过程中产生的教条主义几乎是世界各国的一种普遍现象,而且其生命力十分顽强。从马克思、恩格斯生前一直延续到当今世界,教条主义总是与马克思主义形影不离。在马克思主义中国化的历史进程中,形成了发展的马克思主义观与教条主义的马克思主义观的对立,因而真正认识到马克思主义的发展特质,将马克思主义的科学性、实践性、革命性等奠定在中国革命和建设的具体历史基础上,形成了中国化的马克思主义理论形态。更为重要的是在当代马克思主义中国化的过程中形成了全新的马克思主义观,认识到真正直接、具体指导中国革命和建设成功的是中国的马克思主义,而不是经典作家的马克思主义,树立了中国化的马克思主义在马克思主义一脉相承的理论体系中的独立的理论地位。在这个过程中,我们深刻认识到,改革开放以前长期主宰党和理论界的,仍然是教条主义,而马克思主义中国化事业的健康发展的理论基础是发展中的中国化的马克思主义。

发展的马克思主义观就是马克思主义中国化的基本理论语境。这种全新的马克思主义观及其主导下的中国化实践到目前为止仍然没有得到西方世界包括各国共产党的认可、理解和接受,他们将马克思主义的中国化形态视为异端或修正主义,部分国家的共产党如日本共产党等仍然处在教条主义的理论统治之下。[①] 因此,我党的发展的马克思主义观实际上站在了各国共产党的前列,真正开拓了马克思主义的新境界,这种新的理论境界构成马克思主义中国化在21世纪的基本理论语境之一。

2. 马克思主义理论形态的多样性

马克思主义中国化的成功实践确立了中国化的马克思主义理论的合法地位,同时也标志着马克思主义理论形态的多样性成为事实,中国化的马克思主义理论是其中重要组成部分之一。中国化马克思主义的伟大事业将自觉以具有本民族特色的马克思主义形态作为理论支撑,使彻底地摆脱教条主义的束缚成为现实的可能。这就是当代马克思主义中国化实际面临的重要理论语境问题。虽然当今世界上马克思主义理论的民族形态仍然处在逐渐成形和发展之中,并没有出现异彩纷呈的理论多样性局面,西方世界也普遍不接受马克思主义理论形态的各种民族化形态,但是马克思主义民族化的成功实践作为客观的历史事实是确立马克思主义理论各民族形态合法性的唯一标准,这是任何偏见、误解和教条主义所不能否认的事实。各民族形态的马克思主义的产生证明了毛泽东的看法即"没有抽象的马克思主义,只有具体的马克思主义"[②]的正确性。

马克思主义的民族化将极大延展马克思主义的生命力,也为马克思主义的发展拓展了全新的社会空间。正是在马克思主义中国化的历史实践过程中,我们逐渐改变了长期以来马克思主义研究以简单阐释和注解经典作家的学术视野,形成了马克思主义研究的多形态、多领域、多学科的分工和融合的研究格局,突破了原来教条主义的僵化理论局面。马克思主义中国化事实形成了理论内部相互观照的辩证图景,突破了先前抽象地强调在中国运用马克思主义的简单做法。强调对马克思主义的运用并没有错,关键在于这种运用一方面缺乏马克思主义民族化的中间逻辑环节,因而十分抽象,造成理解和接受的困难,使所谓的"运用"很容易滑向教条主义;另一方面不容易掌握群众并转化为他们的正确的实践观念,不能使马克思主义真正转化为既持久又强大的物质力量,这是我们反思马克思主义中国化的历史进程时必须深刻认识到的问题。虽然马克思主义中国化应当要坚持马克思主义的世界观和基本原则,但是在具体的中国化实践中能够真正起实质性作用并被实际运用的只能是本民族形态的马克思主义。

---

① 唐宝林.马克思主义在中国的曲折历程[J].广东党史,1998(5).
② 毛泽东选集(第5卷)[M].石家庄:晋察冀日报社,1944:20-21.

历史表明,经典作家的马克思主义在民族化的实践中不能被直接简单照搬地运用,这种运用必然使马克思主义陷入抽象的形而上学,形成教条主义。没有中国本民族形态的马克思主义即毛泽东思想和邓小平理论,中国的革命和建设就不可能取得最终胜利,这既是一个基本事实也是基本共识。因此,当代马克思主义中国化事业一方面必须以中国化的马克思主义为直接理论基础,另一方面又要以全新的开放性的社会实践不断推进中国化的马克思主义理论体系的发展和成熟,马克思主义的理论和学术的研究也应该以中国化的马克思主义为主导,推进中国化的马克思主义理论的科学化和哲学化,并直接服务于马克思主义中国化的伟大事业。

3. 马克思主义的民族文化生根

马克思主义中国化最坚实的基础和最终形成的标志是它在民族文化中生根,这种状态将意味着马克思主义作为一种西方文化最终融合为中国文化的重要内在性品质,升华为中国人民的普遍心理定势,并作为中国文化的内在积淀被不断传承下去;这种状态还意味着马克思主义的世界观和基本原则将真正十分自然、十分自觉地不需要借助任何中间环节就能够转化为中国人民的实践观念和价值追求,马克思主义、共产主义将成为我们自觉的社会意识和个人意识。

有人认为,佛教中国化历经了八百年,马克思主义的中国化将历经更为漫长的时间,不能看几十年,要看一千年。应该认识到马克思主义中国化的民族文化生根将会是一个漫长的历史过程,但也要看到马克思主义的中国化虽然不完善和不彻底但已经是一个基本事实,马克思主义的优势在于它是科学,它将伴随着以马克思主义中国化为发展战略的中华民族的伟大复兴而加速其中国化进程,虽然作为文化形态的马克思主义中国化有着特殊的内在规律性,但决定马克思主义文化的中国化的根本因素还是在于现实社会主义的发展水平。因此,马克思主义中国化是理论整体联动的中国化和实践的总体性历史过程,不能将马克思主义文化的中国化与马克思主义世界观和基本原理的中国化割裂开来。

当前,马克思主义理论的整体中国化还是初步的,很不完善,很不平衡,也不够彻底,这个过程所形成的实践的历史总体性也是初步的,还不完善、不彻底,马克思主义中国化的文化生根战略主要是靠主导意识形态来支撑的,并且受市场经济的影响和文化多样性、价值多元化的冲击,马克思主义的文化功能的发挥受到一定程度的阻碍。作为文化形态的马克思主义中国化的程度范围和水平直接影响和制约着中国实际的马克思主义文化。必须高度重视马克思主义中国化的民族文化问题，将之作为马克思主义中国化的重要组成部分具体地体现在中国特色的社会主义实践过程中。

二、马克思主义中国化的基本概念

马克思主义在中国传播与发展虽已历经百年，然而至今科学合理的马克思主义中国化观念却还未普遍形成，其概念化、范畴化程度仍然较低。这与长期以来马克思主义中国化研究对一些基本概念缺乏学理分析与建构，呈现粗放型的繁荣，又存在诸多简单化理解甚至误解，从而在方法的自觉性、合理性方面未有足够的注意和反思有关。从马克思主义中国化命题及史的角度看，“中国化”有广义与狭义之分，“传播”属于广义中国化的一部分，但与狭义“中国化”不等同，马克思主义中国化是“运用”不是“应用”。应突破把马克思主义中国化仅当作实践问题的观念，重视马克思主义中国化的基本概念及元理论的研究，尝试构建马克思主义中国化的理论学术观念体系。

反思三十多年来的马克思主义中国化研究，“传播”与“中国化”这对基本概念始终在没有进行充分辨析的情况下被混同使用。20 世纪 80—90 年代前期，“传播”概念使用频率较高，一些实质性梳理马克思主义中国化史的论著却被冠以“传播”之名；20 世纪 90 年代中后期以来，“中国化”概念居主导地位，“传播”概念仍然存在，并演变成“在中国”概念，与“中国化”相对应，在众多马克思主义(哲学)中国化研究论著中共存。然而，就在普遍混用“传播”与“中国化”概念的同时，少量的有关论著做了某种隐含的区分，或就“在中国”与“中国化”进行了明确界划，但没有引起学界足够的注意或更深入系统的分析。近年来，人们发现，经过三十多年研究的马克思主义(哲学)中国化史始终停留于传播学的水平，马克思主义中国化命题也被定格在“应用”、“话语”和“实践”的层次，对它的学理性探讨，特别是它的元理论意义价值，即发展马克思主义理论的特性认识远没有到位。对于马克思主义学科内部的非马克思主义中国化研究领域，对于非马克思主义学界，直至普通大众来说，马克思主义中国化观念远没有普遍形成，其概念化、范畴化程度整体上依然是较低的。

当前，马克思主义中国化的理论与实践相统一过程产生了复杂的分化现象，这一现象表现为在深化研究马克思主义中国化的内涵和实质的进程中，产了一系列的相互关联的概念群：马克思主义中国化与中国化马克思主义、马克思主义中国化与马克思主义哲学中国化、中国的马克思主义（哲学）与中国化的马克思主义（哲学），这三组相关联概念都是既有内在联系又有区别的，不同的概念表述或表达方式表明具有不同的研究对象、内容、范围和目标，不能混淆，更不能替代。对相互关联概念的辨析表明，马克思主义中国化研究作为当代中国马克思主义研究的一个重要组成部分，是具备了一系列概念范畴的理论体系，是马克思主义内部一门相对独立的科学，对这些概念进行严格分类和界定，有利于深化和拓展马克思主义中国化研究的问题阈和方法论视野。

在当前马克思主义中国化研究过程中，理论界对马克思主义中国化的内涵和实质进行了多方面和多层次的探讨，并且还将继续讨论下去。由于马克思主义中国化是一个理论与实践的丰富而复杂的辩证运动过程，这一运动过程在实践方面具有历史的总体性，而在理论方面因既作为实践过程的反映又作为理论自身的内在运动，而呈现出复杂分化的特征，表现为在马克思主义中国化的这一总体性分析范畴的覆盖之下产生了一系列相关概念，如马克思主义中国化与中国化马克思主义、马克思主义中国化与马克思主义哲学中国化、中国的马克思主义（哲学）与中国化的马克思主义（哲学），等等。在汉语的表述当中，以上列举的概念还有更加细分的现象，如“马克思主义中国化”与“马克思主义的中国化”、“马克思主义中国化”与“马克思主义化中国”、“中国的马克思主义”与“在中国的马克思主义”，等等。在马克思主义中国化的深化研究中出现这些关联概念群表明这个领域的研究已经从当初的理论表层进入到了学科内部的复杂性领域，开始了由政治性向学术性深化的重要转折。这些概念有一些在马克思主义中国化的历史展现中已经比较清晰，有的是在学术讨论过程中直接催生的，因而走在了实践的前面。随着马克思主义中国化实践过程的深入，以上概念将因具备更加丰富的历史基础而变得明朗起来，同时也可能会产生一些新的概念。当前，这些概念在马克思主义中国化的实质的讨论中经常被混用，其内涵和外延没有得到自觉的严格界定和分析比较。

实际上，在深化研究过程中出现的这些关联概念虽然看似无奇，似乎是相同的几个词颠来倒去的汉语游戏，但只要认真思考就会发现这每一个概念本身就是马克思主义中国化深化研究的一个新的领域和范围,而对它们的混用又将遮蔽马克思主义中国化的深刻内涵和实质。因此,这不能被视为马克思主义中国化由于语言转换和表述过程中所产生的简单问题,对这些关联概念群进行比较分析,不仅可以深化和拓展马克思主义中国化研究的问题阈和方法论视野,而且也将直接促进对马克思主义中国化的内涵和实质的深化理解。

关于概念的确定对科学思维的重要性,黑格尔曾说过:"我们的思维必须依据概念而限制自己,而概念却不应依我们的任意或自由而调整。"[①]可见,对概念的界定是科学思维的前提,也是学术研究规范性的基本要求。马克思主义中国化的学术研究首先要重视概念的确定和比较,以建立起这一学科基本的研究规范和理论基础。深化马克思主义中国化研究是学界将长期面临的十分艰巨的任务,[②]而对一些基本概念的比较研究是其一项基础性工作,本节将对这些概念的内涵和外延进行初步辨析。

(一)"中国化"的狭义与广义之分

据文献考证,"中国化"这一术语较早出现于20世纪20年代初期,[③]中间经历了30年代的"学术中国化"运动和中国共产党"马克思主义中国化"命题的提出与阐释,至今有九十余年。期间,虽有些争论、曲折和反复,但这一概念在中国现当代学界已获得较为广泛的认同,成为一个通约性相对较高的概念。世纪之交,中国化被普遍地运用于除马克思主义(哲学)中国化之外的众多学科领域。中国化符号化了,这一现象值得深刻反思。学界周知,众多学科所言说的中国化与马克思主义中国化存在诸多需要分辨的复杂关系。从历史起源上看,今天众多学科的中国化运动是在马克思主义中国化引领示范和积极影响下产生的;从理论诉求看,前者至少目前还主要停留在形式上,后者则追求形式和实质的统一,而根本的区别可能在于前者主要是思想学术领域的本土化运动,后者则是在感性的实践中化马克思主义理论为中国现实。虽然,历史上的马克思主义中国化是以西学中国化为背景的,但经过百年传播、运用和发展、创新的艰辛历程,今天的马克思主义中国化却很难归于西方中国化范畴,而今天的其他众多学科的中国化仍然只能归

---

① 黑格尔.逻辑学(上卷)[M].杨一之,译.北京:商务印书馆,1966:13.

② 陈金龙.深化马克思主义中国化研究中的几个问题[J].马克思列宁主义研究(中国人民大学复印资料),2006(2).

③ 王先俊."马克思主义中国化"提出的学理探源[J].马克思主义研究,2010(4).

于西学中国化范畴。因此，这样的理解可能是恰当的：马克思主义中国化的实践精神是高于优于其他学科中国化的，其理论学术精神和成果也是如此，又由于马克思主义中国化是中国共产党指导思想的基本原则，并已经形成较为深厚的历史文化传统，其他领域的中国化是在其外围、在其直接影响下形成一种思潮的，因而形成了"中心—外围"的中国化系统格局。如此看来，今天的中国化实际上可以划分为狭义的中国化和广义的中国化，前者即马克思主义中国化，后者即包含马克思主义中国化在内的中国各人文社会科学甚至包括自然科学工程领域的中国化。

区分狭义的中国化与广义的中国化，有利于认识当前的中国化现象，也有利于引导中国化运动的正确方向。狭义的中国化具体有所指，即马克思主义中国化，主要指马克思主义理论一级学科之下的马克思主义中国化研究二级学科，也指多学科视野的马克思主义中国化研究，[①]其实质不是传播，而是与中国实际的结合。由于马克思主义中国化具有广泛深远的影响和民众认同基础，中国化成为一种大众话语，人们通常所说的中国化就是狭义的马克思主义中国化。广义的中国化，是一种能指性称谓，主要存在于学术领域，如西方哲学、社会学、经济学、法学等的中国化，从历史和现实看，它总体上属于传播学范畴，主要关注的是译介的语言转换、传播的深度与范围，注重中西学术文化交流和对话、参考和借鉴。众所周知，自文艺复兴以来，世界学术的重心一直在西方，形成了西方向中国传播西学、中国引进西方学术文化思潮的格局，这也就是广义中国化的历史文化学术基础，因而广义中国化范畴反映了这一历史和现实，这在理论学术和文化观念上培养中国人应有的自觉意识具有重要理论现实意义。在西学东渐的历史背景下，作为一种学术思潮的马克思主义在中国的早期传播也可以归入广义的中国化范围。人们通常认为，佛教早已完成了中国化，成为了中国佛教，而据此以为马克思主义中国化也已经完成了中国化，然而实际上这二者不能相提并论，人们很难认同马克思主义已经完成中国化了，不再需要中国化，甚至认为毛泽东思想所实现的马克思主义中国化只是第一次巨大的飞跃，虽然毛泽东思想具有典范的意义，但它只是传播的质变、实质意义中国化的开始，中国化在实践的结合意义上是永无止境的，在此基础上的理论的中国化亦如此。因此，佛教中国化依然属于传播学范畴，属于广义的中国化，它在文化或信仰的领域的确已经基本完成了，中外佛教的交流当然需要继往开来。佛教的成功中国化在文化层面确有马克思主义中国化值得参考借鉴的经验，但

---

① 李映芳.多学科视野的马克思主义中国化研究[M].西安：陕西人民出版社，2006.

二者有实质的区别(关于佛教中国化与马克思主义中国化的比较研究,需要另文展开论述)。

此外,中国化的广义、狭义区分,也有利于梳理和反思百年来马克思主义中国化与西学中国化的复杂关系,如西学中国化的历史文化基础对马克思主义中国化的重要铺垫作用,马克思主义中国化又如何从中脱颖而出,由弱变强,由支流变为主流和主导,由一种学术思潮发展到承担变革中国的历史使命,从而反过来积极影响整个西学中国化进程,积累了成功的经验,也有深刻的教训。因此,狭义中国化与广义中国化的辩证运动和理论关系值得深入、系统研究,促使广义中国化的某些方面突破传播学范畴向狭义中国化方向发展,直至形成各个学科的狭义中国化的本土化局面,为最终构建“中国风格、中国气派的人文社会科学”积累学术文化基础,是值得期待和应努力的方向目标。

(二)“传播”是狭义“中国化”的前奏和基础

近年来的研究表明,马克思的名字、形象、思想学说在中国最初是以新闻或社会文化事件的简约形式在19世纪末的有关报刊媒体上出现的,这就是最初的传播源头。最初的传播影响十分有限,甚至没有引起知识界和政界的普遍注意。现有论著中关于马克思主义中国化历史起点的认定多在20世纪初至20年代的某个具体历史事件,主要的根据是马克思主义中国化主体的诞生或传播主体向初步具有无产阶级立场和共产主义思想的知识分子主体转移。这表明,无论是从历史的实情来看,还是基于理论上的认知,马克思主义在中国的最初传播还远不是中国化的开端,但传播又的确是中国化的前奏和基础。毛泽东的“十月革命一声炮响,给我们送来了马克思列宁主义”的说法,只是表明俄国无产阶级革命的胜利拓展了马克思主义传入中国的新渠道,并且极大地促进了马克思主义在中国的传播和影响,这并不是否认在此之前通过欧洲和日本渠道马克思主义在中国传播的二三十年的历史。十月革命使马克思主义在中国的传播具有强烈的政治性、实践性,从而改变了先前主要作为文化思想的马克思主义的传播性质。

因此,从传播到中国化,在历史层面表明传播的重大扩展和深入,并由此进入了一个飞跃的阶段,主要表现为传播主体由资产阶级及其知识分子向无产阶级及其知识分子的扩大和转移,从而由无意识的文化传播发展到政治上和理论学术上的新文化自觉,从零碎、片面到系统和较为全面,进而产生极大的社会反响和理论学术的更新效应。没有马克思主义在中国传播较为广泛深厚的社会文化基础，是很难产生突破文化思想学术的狭隘眼界和范围而具有政治实践效应的马克思主义中国化的。以马克思主义中国化的历史理论逻辑来看，五四前后盛极一时的实用主义始终停留在传播的水平层次而没有真正进到中国化，其他如生命哲学、无政府主义思潮等也都没有真正中国化，真正的中国化是转化为物质力量的实践，是以是否转化为成功的主体实践且实际地变革中国历史为实质标志的。

马克思主义在中国由传播深入到中国化有一定的线索可寻，学界也注意到了这一现象。“1926 年 6 月，由湖南现代丛书社出版的《现代社会学》一书，是唯物史观系统传播的标志和代表作。……代表了当时唯物史观在中国思想界的传播中所能达到的最高水平”，[①]“《社会学大纲》的诞生，从理论上标志着马克思主义哲学在中国传播期的基本结束”[②]，“总之，30—40 年代，马克思主义哲学深入而系统的传播，使马克思主义哲学这一外来的‘洋哲学’在中国大地终于牢牢扎根，它伟大的理论贡献和深刻的社会影响，既是中国马克思主义哲学传播史发展的最高阶段，也标志着马克思主义哲学传播期的终结，并为中国化的马克思主义哲学——毛泽东哲学思想的诞生奠定了良好的理论氛围和群众基础。毛泽东哲学思想的诞生是中国马克思主义哲学传播的必然产物和最高成就。”[③]不过，我们认为，虽然传播不等于中国化，但也不能割裂二者的客观联系，马克思主义包括其哲学在中国的传播始终是中国化的基本思想理论基础，是不会结束的，只是表现为一个传播阶段历史任务的基本完成，根据实际实践需要的下一个更深化系统传播阶段又即将开启。因此，建国前马克思主义（哲学）在中国的传播史表现为几个阶段和几次高潮，[④]或者说经历了“‘初步传播’、‘深化理解’、‘规范化’”[⑤]的三个阶段，然后才进入和达到中国化阶段，即毛泽东（哲学）思想的产生过程。

显然，中国化远远超越于和高于传播，在性质、范围和层次、水平上都大大深化了。“所谓‘中国化’，首先是指毛泽东思想把辩证唯物主义和历史唯物主义的基本原理具体地应用于中国革命的实践，从而实现了二者具体的历史的统一”[⑥]，“还指把马克思主义哲学的欧洲形式改变为中国形式，使之

---

① 卜祥记.哲海探航:20 世纪中国哲学的艰辛开拓[M].北京:西苑出版社,2000:81.

② 卜祥记.哲海探航:20 世纪中国哲学的艰辛开拓[M].北京:西苑出版社,2000:115.

③ 卜祥记.哲海探航:20 世纪中国哲学的艰辛开拓[M].北京:西苑出版社,2000:118.

④ 宋志明.中国现代哲学通论[M].北京:中国人民大学出版社,2008:200-250.

⑤ 宋志明,赵德志.现代中国哲学思潮[M].北京:中国人民大学出版社,1992:20.

⑥ 宋志明,赵德志.现代中国哲学思潮[M].北京:中国人民大学出版社,1992:80.

具有中国的民族风格和气派"[①]。反思马克思主义在中国一百多年的传播与中国化史,传播在最初的前奏和基础作用已经凝结为历史传统,并产生了马克思主义中国化的伟大理论成果即毛泽东思想和邓小平理论,但这并不意味着已经开启了马克思主义中国化历史进程,传播就结束了,或不再具有基础地位,21世纪的马克思主义中国化也不再需要马克思主义传播了。相反,历史的经验恰恰表明,马克思主义中国化必须以传播的深刻蕴涵为前提基础,才可能产生像毛泽东思想那样的新的伟大理论成果,中国化的创造离不开传播的基础。

(三)"运用"、"应用"与"中国化"

我们发现,通常人们说马克思主义在中国的传播与运用,经常被误用为"应用"。根据现代汉语词典的解释,"应用"主要指技术的使用,又形容直接用于生活或生产的文体或科学,叫应用文或应用科学;[②]"运用"指根据事物的特性加以利用,如运用自如、灵魂运用等。[③] 因此,撇开二者的联系看它们的区别,"应用"的主词主要指的就是各种自然科学和工程的技术,直接性是其基本特征,而"运用"的主词可能主要是科学,即各种自然科学和人文学科、社会科学,它要求根据事物的特性以实现结合和灵活的使用。这样看来,马克思主义理论作为科学,马克思主义中国化的结合,都应该是马克思主义在中国的传播和中国化相结合的运用,而不是类似于技术的直接应用。更具体地说,马克思主义在中国的运用,无论是从逻辑上讲,还是从历史现实的实际来看,都不可能直接应用,[④]而是要通过中国化的转换——包括语境的和历史实践的转换,才能与中国实际相结合,才是马克思主义在中国的具体化,不仅是传播,而且是在此基础上的创造,这样的中国化是双向辩证的——马克思主义中国化和中国化马克思主义的矛盾运动。

关于马克思主义在中国能否直接应用的问题,至今仍有争议,这与人们对教条主义的学理反思尚未根本彻底有直接关系。众所周知,1938年中国共产党提出的"马克思主义中国化"命题是直接针对和批判教条主义错误的,但此时对马克思主义中国化的逻辑论证并不是十分自觉和彻底的,批判

---

① 宋志明,赵德志.现代中国哲学思潮[M].北京:中国人民大学出版社,1992:82.

② 中国社会科学院语言研究所词典编辑室.现代汉语词典(第5版)[M].北京:商务印书馆,2005:1637.

③ 中国社会科学院语言研究所词典编辑室.现代汉语词典(第5版)[M].北京:商务印书馆,2005:1689.

④ 详见本书第35—40页。

具有强烈的实践性、政治性和党内斗争的特殊性质。又受特殊的历史环境等的限制，马克思主义中国化的经验总结倍受重视，虽然在经验中有一些学理发现和体会，但总体上自觉深入比较系统的学理探讨十分不够，与其说它是一个学理命题，不如说是政治命题，甚至是一个批判性的政治宣传口号。因此，总体上看，马克思主义中国化命题的学理分析是在改革开放以后才开始有所深入和展开的，马克思主义在中国不能直接应用，只能与中国实际相结合而灵活运用，或者说中国化的运用，这样的观念还没有普遍形成。当前，在马克思主义中国化学理的认识上，应注意从以下两点深入反思。

(1)单方面说马克思主义是放之四海皆准的普遍真理，过度彰显了马克思主义的科学性，不利于人们完整准确地把握马克思主义的辩证本性，因而很容易忽略马克思主义的实践性、人文性、价值性等内在属性，把马克思主义等同于自然科学，从而又把二者的运用看作是一回事，这样来理解马克思主义中国化，既与实际运用的复杂性、曲折性不符合，也在学理上难以成立。虽然马克思主义中国化观念始终在宣扬马克思主义普遍真理与中国实际相结合后转化和实现为具体真理，但我国新世纪以前的教科书大多沿袭了这一单方面(片面)的表述，这一传统观念可谓影响深远。因此，为抵消长期以来这一说法的消极影响，应特别突出马克思主义的人文价值和精神实质的研究和宣传，以说明马克思主义中国化的科学性之外的实践性和文化特性，从而逐渐改变运用马克思主义于中国实际的简单观念。

(2)马克思主义中国化不只是运用马克思主义于中国实际，还包括创造中国化的马克思主义，这不仅是一个实践运用的问题，而且是一个理论创新和再创造的重大学理问题。在许多人的思想观念里，马克思主义中国化就是马克思主义在中国的实际运用，二者完全等同，马克思主义中国化就是实践，马克思主义中国化的问题也是实践问题，不是理论学术方面的问题；研究马克思主义中国化，就是研究中国共产党革命、建设和改革的实践过程中的路线、方针和政策举措问题，是实践的学问，没有学术含量。马克思主义中国化实践过程中产生的毛泽东思想和中国特色社会主义理论体系，名为理论或理论体系，实际上只是与实践紧密联系的经验总结，甚至包括一些常识，顶多也只是一种半经验、半理论的东西，不具备真正的理论学术性。这种马克思主义中国化观念在普通民众心中有较为普遍的存在，在不少学者心中也是如此。这虽然是一种片面甚至是错误的观念，但与长期以来马克思主义中国化的理论学术化研究不足有重要关系。因此，当前应特别注意马克思主义中国化的理论学术特性的研究，把它当作一个学理问题，进行严格的逻辑和学术的分析论证，以加强马克思主义中国化的学理含量，增强其学术观念。

（四）“马克思主义中国化”与“中国化马克思主义”

学界一般都认为，马克思主义中国化包含着两个方面，即实践的（或政治的）层面和理论或学术的层面；[①]有学者认为马克思主义哲学中国化存在着实践版本和理论版本。[②] 因此，马克思主义中国化的内涵也相应地包含着马克思主义与中国具体实际相结合，以马克思主义的科学理论在实践中改造、建设和发展中国的基本要义，也包含着与这一过程处于辩证关系之中的理论方面的中国化了的马克思主义理论形态，即毛泽东思想、邓小平理论、“三个代表”重要思想和科学发展观与构建社会主义和谐社会理论等。因此，马克思主义中国化和中国化（动词）马克思主义是同一辩证过程的两个方面，[③]必须是也必然是一个双化的过程，这是马克思主义作为科学方法中理论与实践的内在同一性的必然要求和表现。如果这一过程是单方面的“化”，无论是对中国还是对马克思主义来说都将是片面的，而且这种单方面的“化”要么就无法结合根本“化”不了，勉强“化”了也很可能给中国和马克思主义都带来一定的负面影响。

把马克思主义中国化区分为实践版本和理论版本或政治层面和学术层面非常必要，但是这种区分还只是初步的，需要进一步深入到两个层面的内部做详细研究。在马克思主义的理论和实践相统一的辩证历史过程中，作为同一过程的理论内部和实践内部因其在与民族文化和时代背景的结合与融合过程中又产生了复杂的分化现象，在深化马克思主义中国化的研究过程中，这种复杂的理论与实践的同一过程中的分化现象开始显现出来。因此，为了学术研究中概念区分的必要性和中文理解的方便起见，也为了将马克思主义中国化的实践层面和理论层面做出更为明确的概念区分，中文可以分别称为“马克思主义中国化”和“马克思主义的中国化”，相应的，中国化马克思主义的实践层面和理论层面也可以分别称为“中国化马克思主义”和“中国化的马克思主义”。

可见，从实践层面来看，马克思主义中国化和中国化马克思主义是一致的，是同一个实践问题的两个对等的方面。但二者的区别又十分明显。因此，马克思主义中国化应该有一个与之对等的概念，即中国化马克思主义。

---

① 许全兴.马克思主义哲学中国化的若干新思考[J].中共中央党校学报，2004(1).

② 陈晏清，杨谦.马克思主义哲学中国化的实践版本与理论版本[J].哲学研究，2006(2).

③ 谭培文，汤志华.马克思主义中国化与中国化的马克思主义界域的哲学厘定[J].学术研究，2006(3).

但是,我们长期以来受教条主义的影响,强调在中国坚持马克思主义走社会主义道路时主要强调的是马克思主义中国化,而中国化马克思主义没有被提到应有的地位,更没有被充分强调,以至于实践方面我们过重地看重理论指导而忽略国情,如"大跃进"。从马克思主义中国化角度来看,不能说与我们长期缺乏中国化马克思主义的理论和实践的自觉意识没有一定联系。鉴于此,有学者认为马克思主义中国化是马克思主义研究的重要课题,但不是我们今天面临的主要任务。今天面临的主要任务是中国化马克思主义。① 马克思主义中国化和中国化马克思主义是同一实践过程的两个各有侧重的层面,必须同等重视这同一实践过程的马克思主义中国化和中国化马克思主义,否则理论与实践即使在表层没有脱节(片面强调马克思主义中国化层面),也很有可能在深层脱节(无视中国化马克思主义层面)。

从理论层面来看,马克思主义的中国化和中国化的马克思主义是相互促进、相互制约的。马克思主义的中国化主要表现为马克思主义的世界观和马克思主义的基本原理在中国的传播、理解和表述形态,具有很强烈的理论客观性,体现理论方面的客观制约性。中国化的马克思主义是中国人民,特别是中国共产党立足中国革命和建设的具体实际,运用马克思主义世界观和方法论,在坚持马克思主义基本原理与本民族国家的伟大结合性实践中产生的,具有本民族和时代特色的中国的马克思主义理论形态,体现了理论方面的自觉选择性和创造性。二者的内在联系在于一脉相承,马克思主义的中国化构成中国化的马克思主义的理论基础,同时马克思主义的中国化形态也随着中国化的马克思主义的丰富和发展不断地深化自身的理论内涵,体现自身的理论生命力。中国化的马克思主义受马克思主义的中国化的制约,使之保持与马克思主义的内在批判与继承关系,同时在这一过程中不断推进马克思主义的理论创新。马克思主义的理论创新主要是在民族化过程中实现的。

马克思主义中国化和中国化马克思主义只有处于相互促进、相互制约的关系中,其辩证进程的实践方面和理论方面才可能同步前进,片面强调某一方面都将影响这一进程的健康运行。因此,提出与马克思主义中国化对等的中国化马克思主义概念和问题是十分必要的,也是深化马克思主义中国化研究的必然要求。

① 常绍舜.当今的主要任务——中国化马克思主义[N].社会科学报,2006-09-07(1).

(五)"马克思主义中国化"与"马克思主义哲学中国化"

这一对概念的相互关系问题与马克思主义中国化的深化研究进程有直接关系。对于二者的内涵学界已经进行了多角度多层次的探讨,这里的探讨从研究的状况谈起。学界首先探讨的是马克思主义中国化,20 世纪 90 年代以后开始研究马克思主义哲学中国化。初期的马克思主义中国化研究的现实针对性在于从政治层面认识中国的改革开放和现代化建设,对中国特色社会主义实践特殊道路的合法性进行理论上的求证,与这一实践的起步阶段需要在政治上、思想上求得团结一致是相吻合的,因而其学术性诉求特别是哲学的反思还未浮出水面。可见,从中国特色社会主义的实践过程来看,从马克思主义中国化到马克思主义哲学中国化,是从政治理论层面上升到学术理解层面的逻辑递进,马克思主义哲学中国化的研究实际上是马克思主义中国化研究的深化和提升的必然要求。如此看来,马克思主义中国化和马克思主义哲学中国化对应于中国特色社会主义实践的历史进程,实质上具有历史与逻辑上的同一性,因而一方面绝不能将马克思主义中国化与马克思主义哲学中国化割裂开来,另一方面也不能将二者完全等同。但是,学界当前对这二者的内在关系确实存在着认识很模糊的状况,不清楚到底是马克思主义中国化还是马克思主义哲学中国化。①

马克思主义中国化与马克思主义哲学中国化是不能等同的,需要在概念内涵、研究范围和具体对象上进行严格区别。目前,大体上有两种不同的看法:①认为马克思主义哲学中国化只是马克思主义中国化的一个部分,虽然可以提马克思主义哲学中国化,但主要是针对马克思主义中国化过程中涉及的马克思主义哲学与中国哲学和传统文化的关系问题。这种看法本身就对马克思主义哲学中国化的研究对象、范围和目标进行了基本界定,即马克思主义哲学和中国哲学包括中国传统文化的比较与融合。因而,马克思主义中国化的提法更准确。②认为在马克思主义中国化不断深化的过程中,马克思主义哲学中国化虽然与马克思主义中国化在性质上是一致的,但是各自形成了分工比较明确、学科相对独立的研究范围、对象和目标。马克思主义哲学中国化已经突破了作为马克思主义中国化的一个部分的狭隘视域,甚至马克思主义中国化在理论整体上也是马克思主义哲学中国化的最直接的研究对象之一。马克思主义哲学中国化不仅需要认真研究马克思主

---

① 青年哲学论坛部分成员.一个未完成的计划:关于马克思主义哲学中国化的思考[J].哲学研究,2006(6).

义中国化过程中其哲学与中国传统文化的比较、融合与共生的问题，而且还需要具有世界眼光和人类意识，马克思主义哲学中国化的同时也是其世界化的过程，因而还需要研究马克思主义哲学与现代西方哲学、西方马克思主义、西方中国学等的相互关系，最终要建构既具有马克思主义哲学形式与实质又具有世界眼光和人类意识的中国化的马克思主义哲学。马克思主义中国化研究与马克思主义哲学中国化研究在确立分工的同时时刻保持着相互观照，本着建设性的原则展开平等的对话、交流和内在性批判，使马克思主义中国化和马克思主义哲学中国化处于和谐的辩证过程之中。马克思主义中国化仍然要担负着政治上确保中国特色社会主义实践的坚定方向，马克思主义哲学中国化则保持着对这一实践的既疏远又亲近的学术审视和反思，提炼出真正反映中国现时代精神的哲学问题，保持着用先进的问题意识引领着马克思主义中国化的健康运行。笔者赞同第二种看法。

明确马克思主义中国化和马克思主义哲学中国化的研究对象、范围和目标，是区别二者的前提。二者的研究方式和主要目标也是有重要区别的。马克思主义中国化研究的现实针对性主要是直接面对改革开放和现代化建设的实践，应该与之保持“零距离”接触，保持着实践上的政治敏锐性，首要的是时刻总结新鲜经验和教训，要直接服务于中国特色社会主义实践的现实需要，担负着马克思主义大众化、通俗化、具体化的任务，因而它的研究必须直接服务于党的路线、方针和政策的科学制定。马克思主义哲学中国化的研究必须是学术化的反思、批判与前瞻，它也必须面对中国特色社会主义现实，但必须保持一定的距离，使哲学的抽象思维成为可能，直接面对的应该是马克思主义中国化的各种理论成果，以此为中介实现对现实的积极干预，它与西方各种思潮相互关系的研究则主要采取的是哲学的学术交流方式；同时，由于众所周知的哲学与文化的亲缘关系，马克思主义哲学中国化还担负着变革、融合与提升中国哲学和传统文化、创造社会主义先进文化的历史任务。文化在全球化的进程中具有越来越重要的地位和作用，特别是其巨大的认同感是中国特色社会主义实践必须予以高度重视的。文化的先进性与认同感有可能成为社会主义与资本主义在21世纪共存竞争的一个重要方面，这为马克思主义中国化带来了比较有利的机遇。马克思主义作为一种先进文化一定程度上体现在其哲学方面，因而马克思主义哲学中国化是建构中国先进文化的重要支柱。如果社会主义的先进文化被西方世界广泛认同而具有普世价值，那么由马克思主义哲学中国化主导的社会主义先进文化很有可能成为构筑整个世界和全人类先进文化的“摇篮”。

综上可见，对马克思主义中国化和马克思主义哲学中国化从纯概念上进行比较还是不够的，必须从研究对象、范围、任务和研究方式上进行比较认识。这种认识有助于明确马克思主义中国化和马克思主义哲学中国化的分工和划界，相互促进，共同推进马克思主义中国化的理论创新。

（六）“中国的马克思主义（哲学）”与“中国化的马克思主义（哲学）”

众所周知，“中国的马克思主义”概念主要指称毛泽东思想、邓小平理论、“三个代表”重要思想、科学发展观和构建社会主义和谐社会理论等，是中国共产党在创造性地将马克思主义与中国革命和建设实际相结合的过程中逐渐形成的中国的马克思主义理论形态，既与时俱进又与经典作家的马克思主义一脉相承是其根本理论品质。这种看法在当代中国基本上是一种常识，已经被中国人民广泛接受和认可。但是，“中国的马克思主义”不等同于“在中国的马克思主义”，也就是说“中国的马克思主义”不仅仅是一个地域范围的界定，它的内涵要丰富和深刻得多，如马克思主义与中国实际相结合，既一脉相承又与时俱进等。在中国的西方马克思主义、前苏联东欧马克思主义等及其各种理解和阐述形态显然就不是“中国的马克思主义”。在马克思主义中国化的历史进程和学术研究不断推进的今天，不管我们今天如何看待西方、前苏联和东欧的马克思主义，将它们简单地视为非马克思主义并弃之不顾而封闭自己的时代已经成为过去，应该审慎地看到不仅当今世界上马克思主义的存在形态已经多元化，而且中国的改革开放和现代化建设也使得外域的马克思主义形态进入中国的马克思主义研究领域，并与“中国的马克思主义”进行学术上的交流，这种开放的态势将会越来越明显和深化。可以预见的是“在中国的马克思主义”形态将会更加丰富和多样化，这是一种必然趋势。因此，直接将“在中国的马克思主义”明确指称为在中国的西方马克思主义、前苏联东欧马克思主义等各种外域的马克思主义形态是比较恰当的。毫无疑问的是，“中国的马克思主义”作为国家主导意识形态将处于强势地位，“在中国的马克思主义”形态主要存在于学术研究领域，目的也主要在于作为学术参照促进“中国的马克思主义”的研究、发展和创新。

那么，什么是“中国化的马克思主义”呢？“中国的马克思主义”是不是“中国化的马克思主义”呢？这个问题首先涉及的是如何理解“中国化”。众所周知，理论和实践相统一是马克思主义理论的重要品格，也是一项重要原则，因此马克思主义中国化过程也有一个实践和理论相统一的两个方面。如果把“中国化”理解为马克思主义与中国实际相结合的实践过程，那么这种结合所产生的毛泽东思想、邓小平理论、“三个代表”重要思想和科学发展观当然也就是马克思主义中国化的三大理论成果，它们也就是“中国化的马克思主义”；如果把“中国化”理解为在学术研究领域正在建构中的学理层次的中国马克思主义的学术形态，则“中国的马克思主义”离“中国化的马克思主义”还有距离，或者说正在建构中的“中国化的马克思主义”学术体系正是以“中国的马克思主义”为直接研究对象的，而中国的马克思主义的直接研究对象就是中国特色社会主义实践本身，其主要形式是马克思主义中国化的实践经验总结。“中国化的马克思主义”学术体系至少应该是中国化的马克思主义哲学、中国化的马克思主义政治经济学、中国化的科学社会主义等的内在统一的完整理论体系，其分析范畴和概念体系应该具有完备的科学性。具体说来，“中国的马克思主义”既是又不是“中国化的马克思主义”，二者在本质一致的基础上处于辩证的运动过程之中；“中国的马克思主义”与“中国化的马克思主义”虽然在本质上一致但不能简单抽象地等同，应该具体情况具体分析。

再看“中国的马克思主义哲学”和“中国化的马克思主义哲学”概念。这一对概念是近几年来学界围绕“马克思主义哲学研究的合法性问题”出现的。有学者认为：“在当代中国，马克思主义哲学有两种形态，这就是‘中国马克思主义哲学’与‘在中国的马克思主义哲学’。”“‘中国马克思主义哲学’是在中国实践中学习、运用并加以阐发的马克思主义哲学；是继承和发挥中国优良文化传统，使马克思主义哲学与之相结合，因而具备了中国作风和中国气派的马克思主义哲学；是集中和升华中国人民的实践智慧，形成对马克思主义内涵的新阐释和新发展的马克思主义哲学。离开这三项特质而个性化研究的马克思主义哲学则是在中国的马克思主义哲学。在这两种哲学形态上有相互贯通和相互渗透的方面，因而必须相互尊重并在继承和发展马克思主义哲学的过程中实现分工合作。”[①]还有学者直接将当代中国的马克思主义哲学分为两种形态，即“党的指导思想形态”和“学术研究形态”。[②] 从“中国化”的实践方面来看，中国的马克思主义哲学主要指毛泽东哲学思想、邓小平理论、“三个代表”重要思想、科学发展观、构建社会主义和谐社会理论的哲学基础等，它们构成党的指导思想，由马克思、恩格斯原创的马克思主义哲学是其哲学根源，除此之外中国哲学和中国优秀传统文化也是其重

① 陆剑杰.正确处理“中国马克思主义哲学”和“在中国的马克思主义哲学”的关系[J].理论前沿，2005(3).

② 徐素华.论当代中国马克思主义哲学的存在形态[J].哲学研究，2005(7).

要来源。例如有学者比较全面地论证了毛泽东的“实事求是”的中国哲学和优秀文化渊源，[①]也有学者比较深入地诠释了邓小平哲学所体现的中国传统文化的“和合”思维等，[②]在马克思主义哲学中国化研究的不断深化过程中，这种看法已经得到学界的基本认可。关于邓小平理论所蕴含的哲学思想，当前学界有“邓小平理论的哲学基础”和“邓小平哲学”两种提法，前一种提法比较谨慎，主要突出一脉相承性，后一种提法则直接将其视为具有鲜明中国特色的中国马克思主义哲学。因而，从马克思主义哲学在与中国实际结合的实践过程中所产生的“中国的马克思主义哲学”也就是“中国化的马克思主义哲学”。

从中国化的理论过程来看，“中国的马克思主义哲学”是否是马克思主义哲学界正在期待的“中国化的马克思主义哲学”呢？如上所述，马克思主义哲学中国化存在着实践版本和理论版本。笔者认为，为了在理论上反映马克思主义中国化过程中的理论与实践的极为复杂的关系，有必要将理论版本的学术化形态直接指称为马克思主义哲学的第三个版本即相对独立的学术版本，这样处理不仅使得表述更为方便和准确，而且也有利于深入和深化马克思主义哲学中国化的研究对象和范围。这第三个版本，即学界正在探索中的马克思主义哲学中国化的新形态，亦即中国化的马克思主义哲学。可见，马克思主义哲学中国化应该有三个版本，其中实践版本和理论版本是一种现实化形态，学术版本是一个未完成的计划。“中国的马克思主义哲学”就是理论版本的中国化的马克思主义哲学。这个版本的中国化的马克思主义哲学直接源于中国革命和建设的经验总结，并且具有鲜明的方法论特征，即其核心是直接指导实践的思想路线问题。但是，对应于马克思主义哲学中国化的学术版本，作为与实践直接融为一体的理论版本的中国共产党哲学是马克思主义哲学在中国的实际应用形态，属于与理论哲学相对应的应用哲学，[③]它们还缺乏严格的学术性和内在分析性，或者说与学术意义上的马克思主义哲学的哲学形式与实质还有距离。因此，说中国化的马克思主义哲学就是毛泽东哲学和邓小平哲学思想是难以成立的，[④]甚至可以这样说，马克思主义政治层面的中国化已经历了三次历史性的飞跃，但马克思主义哲学中国化还不能说已完成了一次飞跃。此外，目前学术界也基本上

---

① 毕国明.毛泽东与中国传统哲学——实事求是思想路线的确立[J].云南师范大学学报:哲学社会科学版,2006(2).

② 李维武.邓小平与中国传统哲学的辩证智慧[J].毛泽东邓小平理论研究,2005(12).

③ 雍涛.马克思主义哲学中国化的历史进程[M].武汉:武汉大学出版社,2006:304-307.

④ 黄楠森.谈谈马克思主义哲学中国化问题[J].理论视野,1999(5).

认同毛泽东哲学思想的直接理论来源之一是前苏联的马克思主义哲学，或者说是以前苏联马克思主义哲学为中介的。[①] 因此，从学术层面来看，“中国的马克思主义哲学”与“中国化的马克思主义哲学”不能简单等同，当然也就不能混用。目前，学界主要研究的是“马克思主义哲学中国化”的实践版本和理论版本，而对于学术版本的“马克思主义哲学中国化”研究还处于探索阶段。“中国的马克思主义哲学”将直接构成建构“中国化的马克思主义哲学”的一个重要的研究对象和学术资源。

① 安启念.马克思主义哲学中国化研究[M].北京：中国人民大学出版社，2006:10-11.

三、马克思主义中国化的理论特性问题

(一)马克思主义中国化的理论性问题

近年来,马克思主义中国化研究的焦点由前些年的"实质"转向了"根本特征"的讨论,其中关于马克思主义中国化的话语特征的讨论最为引人注意,这一观点认为马克思主义中国化是中国共产党基于意识形态选择的政治话语,是马克思主义在被运用于中国实际所产生的一种话语实践。这一观点的言外之意或消极内涵即是马克思主义中国化不具备理论的特征(性),进一步引申则是根本否定在马克思主义中国化进程中产生中国化的马克思主义的理论创造(飞跃)的可能,或者即使产生一种类似理论的东西虽名之为理论其实只是一种实践话语,不够理论之"格"或算不上理论。

其实,这一观点具有一定的代表性,它背后有一种长期以来形成的马克思主义中国化的传统观念,即马克思主义中国化只是理论的运用和实践,不具有理论发展和学术创造的基础和可能,一部马克思主义中国化史就是马克思主义在中国传播和运用的历史,至于是否有真正意义上的理论发展是需要存疑和值得商榷的问题,毛泽东思想和中国特色社会主义理论体系只是马克思主义理论在中国的实际运用形态,不是严格意义上的理论体系,不具备理论的基本特征。

在当代国外学界,也存在这样的观念,中国共产党领袖的思想被简单地当作中国共产党的政治策略和经验总结,实际上没有给予中国化的马克思主义以真正的理论尊重和地位。例如,被誉为"对20世纪马克思主义的经典叙述"的《马克思以后的马克思主义》这样看待毛泽东思想:"从许多方面来看,毛泽东对当代马克思主义的理论和实践最富于独创性的贡献,是他的游击战术思想和军事上同强大的敌人长期斗争中所采取的战略思想。”[①]这样的概括和评价显然是比较低的，与我们自己对毛泽东思想的理论性质和地位的看法有很大的差距；又如，被视为直接了解“马克思璀璨星空”的窗口、反映最近二十多年来马克思主义思想潮流和趋势的谱系的《当代马克思辞典》[②]则根本没有当代中国马克思主义理论的章节和人物介绍，这与我们自己对中国特色社会主义理论体系的理论性质和地位的看法大相径庭。这表明，国外马克思主义学界对中国化的马克思主义的理论特征的注意研究得十分不够，这值得我们深入反思。

需要指出的是，近年提出的马克思主义中国化的话语实践特征，可能正是以中国化的马克思主义理论为当然前提的，是想表达一种与中国化马克思主义理论不同的另一重要特征。简言之，中国化马克思主义具备理论特征，而马克思主义中国化则只具有话语（实践）特征，中国化马克思主义理论是马克思主义中国化实践（话语）的结晶。笔者认为，从逻辑上看，要对“马克思主义中国化”和“中国化马克思主义”都做命题和概念（名词）的区分比较。

当“中国化马克思主义”作为概念或名词理解时，它指的就是毛泽东思想和中国特色社会主义理论体系的中国化的马克思主义理论，通常的表达习惯是省略了“的”字；然而，“中国化马克思主义”本身也是命题，“化”作为动词（这时不是省略而是不需要“的”字）解，它与“马克思主义中国化”是同义的、一体的，是互为定义的，严格来讲是应该这样表达的：“马克思主义中国化—中国化马克思主义”，这是一个词，不是两个词的并列，而是一而二、二而一的概念。这就如同理想中的社会主义市场经济本是一个概念，不能当作两个概念理解一样，这就是马克思主义中国化概念的学理研究应该周全考虑和表达的。如同人们通过把“中国化马克思主义”当作名词解，忽略它也是命题一样，人们通过把“马克思主义中国化”当作命题解，而忽略了它同时也是名词，这时它与“中国化的马克思主义”也是同义的、一体的，是互为定义的，本节提出的马克思主义中国化的理论特征，也有针对这一忽略而有所感发的意思。由此看来，只有这样的辩证理解，才可能全面认识马克思

① 戴维·麦克莱伦. 马克思以后的马克思主义（第3版）[M]. 李智，译. 北京：中国人民大学出版社，2004：232.

② 雅克·比岱，厄斯塔什·库维拉基斯. 当代马克思辞典[M]. 许国艳，等译. 北京：社会科学文献出版社，2011.

主义中国化的语义和语用逻辑。[①]

回到本题,强调马克思主义中国化的话语特征即是以马克思主义中国化做命题为前提的,而马克思主义中国化的理论特征的提法除逻辑上以之为名词外,还有更深的意义和所指有待分析,这可以从有关疑问切入。

1. 马克思主义中国化实践过程能不能创生理论,准确地说,是中国"底"马克思主义理论

当前理论界总体承认马克思主义中国化的理论根据在于马克思主义的实践本性,马克思主义应用于中国或中国运用马克思主义都在于实践,这也就是马克思主义中国化。由此,马克思主义中国化最为根本的特征在于实践性,至于理论在结合中国实际中是朝着实践方向最终要彻底化为实践的,实践当然产生经验,总结经验也会产生一些思想,但主要是一些实践战略和策略之类的路线方针政策,期间也会有理论的翻译、理解、阐释和宣传教育,但这也是理论运用于总体实践的一部分,不具有相对独立的意义。总之,马克思主义中国化的根本是实践,这一过程产生的主要是经验的总结,谈不上理论,硬称为理论是意识形态的需要,是很牵强的,或者说是不够格的理论,至多是一种半经验一半理论的东西。

我认为,对马克思主义中国化的这种朴素感知同样源于实践,然而,从实践层面产生的这一感知还有待于上升至对马克思主义中国化的全面认识,这就需要深入马克思主义中国化历程及其成果的理论反思和分析建构,而这一过程就有可能展现马克思主义中国化理论创生的一面,而这一面是需要超越于马克思主义中国化实践,即把它作为一个研究对象进行理论分析而得以呈现的。从这个意义上讲,认为马克思主义中国化只有实践,没有理论创造,本身只是一种经验感知,固执于此就难免武断。且不说人类的认识包括理论的基础都在于实践,就马克思主义产生发展史来说,不仅马克思主义理论本身源于19世纪无产阶级国际共产主义实践,而且马克思、恩格斯本人也是不断总结提升新鲜经验为理论的,这几乎是一个常识。

更何况,佛教中国化可以给我们以启示。"禅定本来在印度瑜伽修行中、在佛教中,都是一种实践的方法,是教人如何数息、静坐、排除杂念,达到安心的方法,而不是一个理论体系或者佛教宗派";然而,其在中国化过程中,却"从印度禅学形成中国禅宗","从单纯的佛教的实践方法,变成一个有关人生的宗教理论,甚至包含了对于整个宇宙、社会和生命的理解,并且在

---

① 姜喜咏.深化马克思主义中国化研究中的关联概念群的初步辨析[J].青岛科技大学学报:社会科学版,2007(3).

6—9 世纪逐渐发展成为中国最有影响力的佛教宗派"[①],其标志就是《坛经》。印度禅定传入中国至形成中国禅宗的《坛经》经历了三百多年,实现了从实践方法到理论创制的转化和飞跃。类比佛教中国化,暂且撇开毛泽东思想和邓小平理论是不是理论不谈,马克思主义中国化近百年实践完全没有理论创造可能是令人难以置信的,又以历经三百多年才诞生《坛经》来看,就马克思主义中国化短暂百年时间而论,下这样的结论也许尚早。总之,佛教中国化理论创造的历史经验,对于我们思考马克思主义中国化能不能创制中国人自己的本土化马克思主义理论,应该是值得重视和反思借鉴的。

2. 中国化的马克思主义理论理论性不强、是否够得上理论的问题

这需要深入分析其理论的特性和实际的内容。这是一个学术性很强的问题,也是一个重要的研究课题,需要专门研究。不过,对于今天的这一疑问,我们也许可以从艾思奇六十年前的观点中得到一些反思和启示,他认为中国的马克思主义理论是"真正活的理论","是真正有黄金价值的"。[②] 这里先提出一个关于读马克思主义原著比较阅读问题来引发的思考。在读马克思、恩格斯原著时,结合中国化的马克思主义经典著作,从其中体会毛泽东、邓小平原著的理论价值,这不仅是读马克思、恩格斯原著的内在性方法之一,而且是读中国马克思主义经典著作的一个重要的内在性方法。就后者而言,只有真正读懂了马克思、恩格斯等经典作家的原著,才能真正读懂毛泽东、邓小平的著作,反过来也一样。这就是说,要把二者结合起来读,对照着读,进行比较性阅读,相互观照,不要厚此薄彼。现在看来,唯有如此,读马克思主义经典著作的方法才能算是全面系统和深入深刻的。这也就是说,对于当代中国学者来说,只有将马克思、恩格斯原著与毛泽东、邓小平的著作互读,才能也才算读懂读通了马克思、恩格斯和毛泽东、邓小平的著作,只有贯通着读,互文互达,才能真正领会"既一脉相承又与时俱进"。

有人认为读毛泽东、邓小平著作是一件非常容易的事,而读马克思、恩格斯著作却是非常难的,这种看法本身就是没有把二者结合起来读导致的片面体会。毛泽东、邓小平著作作为中国化马克思主义理论的文本,具有中国作风、中国气派、中国风格,当然从字面更好懂,但就其蕴含的马克思主义精神而言,与马克思、恩格斯著作无异,真正读出这样的精神非要深度阅读不可,甚至可能比读马克思、恩格斯著作还要难得多。若有这样的体会,读

① 葛兆光.明镜与风幡:六祖坛经[M].北京:文化艺术出版社,2010:48.
② 艾思奇.艾思奇全书(第3卷)[M].北京:人民出版社,2006:312-313.

到了这样的高深层次，可能才算真正读懂了毛泽东、邓小平著作，这种高境界的阅读是我们专业工作者应该追求的。

总之，将二者结合比较阅读是作为中国人学习马克思主义原著的基本要求，这要求我们在思想观念上要明确：不仅马克思、恩格斯、列宁的原著博大精深，而且中国马克思主义原著即毛泽东、邓小平的著作同样是博大精深的，只有读出这两个博大精深，我们的原著阅读才是真正抓住马克思主义一脉相承、与时俱进的精神品质的。看来，我们只有在实际阅读中才能体会到这一点。

由马克思、恩格斯创立的马克思主义世界观方法论是成熟完善的，它本身作为理论是全面的、科学的，马克思主义中国化只是对其进行选择和应用，只是它的实践运用和理论证实，这里没有也不需要另搞一套理论，若真产生了新的理论，那要么是对马克思主义的消解，要么所谓"理论"只不过是对马克思主义的一种理解或喻解，舍此二者就是不可理解的。

（二）从马克思主义理论基本特点看马克思主义中国化

马克思主义中国化的历史进程和基本经验为彻底反思马克思主义理论本身的基本特点创造了一定的历史条件，并且这种反思又直接构成科学合理地推进马克思主义深度中国化的前提和基础，中国化的实践和理论反思的辩证运动构成马克思主义中国化的一个良性运行机制。以马克思主义中国化的历史实践和经验来看，马克思主义的科学性、实践性、阶级性等特点在理论的现实化过程中表现出具体的丰富性、鲜活的生命力、内在的调节与发展的机制等独特的理论品质，这也就是马克思主义获得创造性发展的内在的直接根据所在。对马克思主义理论基本特点的中国化反思，应是当前马克思主义中国化研究的重大课题。

马克思主义中国化的历史进程不仅是对马克思主义科学的运用与证明，而且是对马克思主义理论的深刻反思、科学坚持、创新发展的过程，其中面对中国现实的深刻的理论反思既是科学合理地推进马克思主义中国化实践的前提和基础，又是马克思主义理论自身与现实国情寻找结合点与平衡点的关键环节。对马克思主义理论基本特点的中国化反思应是当前马克思主义中国化研究的重大课题，这既是将马克思主义全面具体化的要求，也是推进中国化的理论研究和理论创新的基础性环节。本节将从马克思主义的科学性、实践性、阶级性等基本特点，进行中国化反思的具体分析。

1. 马克思主义的科学性

何谓“马克思主义的科学性”？传统的理论解释主要定义为三点：①马克思主义有一个科学的研究对象，实现了研究对象的革命；②有科学的研究方法，彻底的唯物主义与彻底的辩证法；③有一个完整严密的逻辑体系。由此马克思主义被视为放之四海而皆准的普遍真理。根据全世界无产阶级革命和社会主义建设的基本经验，特别是马克思主义中国化与社会主义中国特色化的实践，我们认为马克思主义的科学性仅仅由其理论的内在逻辑特性决定是抽象的、不全面的，马克思主义的科学性还必须在实践中获得历史性的具体化的证明、充实与完善。马克思主义的科学性不是被给予的，而是在人类的文明长河中和永恒的实践中被历史性建构的；不是相对于我们的经验而先验存在的，而是本身向根源于这种理论指导的实践经验无限开放的包括我们的经验以及后来者的经验在内的与时俱进；不仅直接观照以马克思主义为指导的实践经验，而且涵含整个人类的包括一切非马克思主义的文明与经验。

除了以上所述传统的马克思主义科学性的解释模式外，以中国化的实践审视马克思主义的科学性，其科学性的内涵在当代具体化至少蕴含着以下几点。

(1)自觉吸取和改造人类每一个时代的一切优秀文明成果，实现文化的历史性融合，化为自身的文化生命力。列宁认为：“马克思主义这一革命无产阶级的思想体系赢得了世界历史性的意义，是因为它并没有抛弃资产阶级时代最宝贵的成就，相反却吸收和改造了两千多年人类思想和文化发展中一切有价值的东西。”[①]这一原则的直接体现是马克思主义作为文化的开放与包容的气势，使马克思主义在每一个时代具有文化的优势与亲近感，能与受众的文化心理与情感交融和谐，也就是通常所讲的掌握群众，这就是马克思主义科学的文化规定。马克思主义在中国化过程中吸收和改铸了中国传统文化，形成了具有中国特色、中国风格和中国气派的马克思主义理论著作，构成了现代中国先进文化的主体。正是对中国传统文化精华的吸取和创造性转化，马克思主义科学理论的中国化真正掌握了群众，化为自觉的革命实践，极大地促进了革命的成功，这本身就是被建构和实现了的科学性。中国化体现了马克思主义海纳百川的气概和文化特性。

(2)始终代表人民群众的根本利益。马克思主义的产生直接源于无产

---

① 列宁选集(第4卷)[M].北京：人民出版社，1995：299.

阶级利益与人类利益的根本一致的科学分析，最广大的人民群众始终与人类利益具有根本一致性，因此始终代表人民群众的根本利益是马克思主义科学性的现实化与具体化。这也就是我们通常认定的马克思主义的鲜明的政治立场，但必须注意人民群众的根本利益是全面的，政治立场或政治利益只是其中一个方面，二者不能等同。维护好实现好人民群众的根本利益就是马克思主义的科学性实践，是维护和建设其科学性的最真实的步骤和最好的表达形式。

(3)始终以人的自由全面发展为原则推动历史前进与社会发展。人的自由全面发展原则和目标的历史性具体化，代表和体现的是马克思主义的历史性和科学性。以人为本，科学发展，寻找历史和社会发展的特性与人性的平衡点，实现发展的共享与共享的发展，是现阶段中国化马克思主义的科学实践原则。

2. 马克思主义的实践性

马克思主义理论要转化为实践的物质力量，最终改造现存的世界，因而其实践性是其重要的理论本性之一。马克思主义理论的实践性总是由其现实性决定的。马克思主义的现实性又决定于现实的存在是否需要马克思主义或者为马克思主义的实践转化提供了成熟的条件，而现实的历史状况是不断地发展变化的，因此我们只能在一定的历史条件下理解和认识马克思主义的实践性。具体地说，马克思主义的实践性总是具体的，在特定的历史条件下马克思主义的实践性必须具体化，它包括马克思主义的实践方向与形式、过程与目标、结果与评价等多方面的结构性要素。总之，理解马克思主义的实践性需要正视现实并进行客观公正的理论研究。

从马克思主义中国化的历史经验来看，马克思主义的实践性经过了革命斗争、建设实践和改革开放的中国化历史性变迁，这一过程明显存在着对马克思主义理论宝库的以适应于我们需要的选择，这种选择体现的就是马克思主义的现实性。强调历史条件与我们的现实需要，表明丰富而复杂的马克思主义理论体系有可能只有一部分符合我们的需要和适应特定的历史条件，其他部分则被暂时搁置。这种情况一直是客观存在的。因此，正是马克思主义适应了我们的现实需要和历史条件，因而马克思主义就能成功中国化，并产生中国化的马克思主义理论创新的发展成果，中国革命、建设和改革的目标得以基本实现。认真严肃地追问和正确地了解我们的现实需要，科学合理地分析现实的历史状况，是确立马克思主义中国化实践选择、方向、目标等的基本前提。

可见,马克思主义的实践并不一定意味着整个理论的实践化,而是有选择的实践化,这种选择性实践的成功恰恰证明马克思主义理论的实践调适性和力量。那么,这里的问题是:这种有选择的中国化实践是否与我们通常强调的马克思主义的理论整体性相悖?其实,强调马克思主义的理论整体性,目的在于防止对马克思主义的具体理论的片面、分化和孤立、抽象的理解(这种理解是违反马克思主义本真精神的)。对马克思主义有选择的中国化同样要求将被我们选中的具体的马克思主义学说放在马克思主义理论整体中做完整的科学理解,而且应该把这一理论整体性的观照贯彻于马克思主义中国化的实际过程中。这恰恰是与马克思主义整体性要求相符合的,目标在于完整、准确、实事求是地把握被选择的马克思主义具体理论,这种理论要求直接构成马克思主义中国化科学化实践的前提。可见,对马克思主义有选择的中国化与马克思主义理论的整体性素质与要求并不矛盾。死守马克思主义理论的整体性而拒绝在中国化过程中对马克思主义进行适应需要和现实的选择,这仍然是教条主义的。

总之,实践马克思主义的中国化历程表明,马克思主义的实践性是具体的,需要具体化、具体情况具体分析,特别强调对马克思主义的中国化选择和历史条件的状况。因此,当马克思主义中国化的实践由革命向建设转变也就是十分自然的,而理论本身及其实践性绝没有革命与建设和改革的对立,当然也就从根本上不存在理论本身所谓由革命范式向建设范式的全面转换问题。马克思主义的实践性是向历史开放的现实性,实践的主题的变换要求理论适应这一变化并实现创新发展,而这恰恰是马克思主义实践性的要求和体现。

3. 马克思主义的阶级性

马克思主义的阶级性恐怕是当今世界最具争论性也是直接关涉其命运的理论特性了。从马克思主义中国化的革命、建设和改革实践来看,马克思主义的阶级性的实质是一种现实的人道主义精神,具有强烈的人文性,这是马克思主义在19世纪产生的重要的人文出发点,它以关注现实存在的无产阶级及其解放来思考整个人类的最终解放。因此,马克思主义的阶级性与人文关怀在深层次上是一致的,只要现存的这个世界还存在各种形式的压迫、剥削、不自由、非公平正义,完全忽视或否定马克思主义的阶级性思维方法和话语模式就难以真正地理解和切实解决人类当前所面临的问题。阶级性同样不是抽象的,需要根据历史条件的状况来确定。马克思主义的阶级分析曾经为科学认识中国社会的性质和革命道路所证明,当革命是历史的必然条件时,革命斗争就是正确处理阶级关系的实践形式,在建设和改革时期,处理阶级关系的形式当然以实现合作、共同发展为目标。今天从马克思主义中国化的实践反思马克思主义的阶级性,要注意以下几点。

(1)应该大力挖掘马克思主义阶级性的人文关怀维度和现实的人道主义精神,展现马克思主义阶级性的完整准确内涵。长期以来,把马克思主义的阶级性简约为阶级斗争和暴力革命学说,是马克思主义中国化过程中的历史性需要,但这种简约完全遮蔽了马克思主义阶级性的人文出发点和人道主义精神,特别是将人性与阶级性等同,造成了严重的失误。事实证明,不是马克思主义错了,而是我们对其理解和研究不够,对其片面把握,因此还原马克思主义阶级性的本真面目,合时宜地处理好现行阶级关系,是马克思主义中国化的重要任务。简单地回避和淡化阶级话语以适应建设的需要只能是认识水平尚未提高的政治策略,不能代替理论上的研究和反思。

(2)阶级合作、共同发展和阶级和谐是社会主义初级阶段的现实需要。一定要看到,即使在马克思的时代,无产阶级和资产阶级也有阶级合作的一面,甚至是革命高潮未来时的主导方面,但这并不妨碍西欧的无产阶级将阶级斗争视为革命的根本形式。初级阶段的社会主义社会还存在阶级,阶级合作与和谐有独特的历史条件,阶级之间也需要合作而且不得不合作,否认这一点就不是真正的马克思主义者,而是教条主义的遗老遗少。现实社会主义还有阶级存在,但不要阶级斗争,要阶级合作,这是现实的可能和全社会各阶级阶层的共同需要。中国的社会主义和平改造实践的成功本身就是很好的证明。

(3)阶级关系只是人们丰富复杂的社会关系中的一个方面,这一个方面是否占主导是由现实的条件和需要决定的。中国人谈阶级色变是因为历史的经验指认阶级总是与残酷的斗争等同或联系在一起,虽然价值观念的多元发展倾向对此有所冲淡,但只要理论上没有根本的突破与创新,这个问题就像幽灵一样驱之不去。人和人的交往的直接性、全面性和自由性是我们所向往的,和谐的思维模式应该是看待马克思主义阶级性的当代选择。

总之,历史地、完整地理解马克思主义的阶级性是马克思主义中国化的实践经验、基本结论和当代需要。当前,关于马克思主义的价值性、人文性的中国化研究正在兴起,是否用价值性和人文性取代阶级性呢?笔者认为,这三者本来具有内在一致性,可以把价值性和人文性视为马克思主义阶级性的中国化、当代化表述。

马克思主义中国化的历史进程和基本经验为彻底反思马克思主义理论本身的基本特性创造了一定的历史条件,并且这种反思又直接构成科学合理地推进马克思主义深度中国化的前提和基础，中国化的实践和理论反思的辩证运动构成马克思主义中国化的一个良性运行机制。马克思主义的理论属性绝不仅是本节所述的三方面，对马克思主义理论基本特性的深刻的中国化反思是当前马克思主义中国化研究的重大课题。

(三)"中国化"、"幽灵化"与马克思主义的运用问题

马克思主义必须经过民族化的中间环节才能够被运用，这个运用是一个理论和实践的辩证运动过程。马克思主义运用的中国化，避免了其幽灵化的命运，马克思主义获得新的生命形态，也使社会主义的中国特色实践获得中国化马克思主义的合法性根基。

马克思主义的运用问题始终是马克思主义中国化历史进程中的核心、实质和关键。正确合理地运用马克思主义于中国实际，将直接推进中国实际的马克思主义化和马克思主义理论及其精神实质的中国化。中国共产党在马克思主义中国化的实践过程中已经积累了许多运用马克思主义的一些基本经验，如调查研究、反对教条主义等，形成了解放思想、实事求是的思想路线以及指导工作的群众路线。实践无止境，运用马克思主义于中国实际也将是无止境的。今天，我们用马克思主义中国化的基本原则取代了关于马克思主义运用于中国实际的素朴认识，体现了中国化马克思主义的实践自觉和马克思主义中国化的理论自觉。因此，从中国化的学术(学科)视野重新审视和深化认识马克思主义的运用问题，将中国共产党运用马克思主义的实践经验和理论认识升华为马克思主义中国化的基本规律，对于当代中国坚持、继承、发展和创新马克思主义，推进马克思主义中国化事业具有重要的理论意义和现实意义。

1. 马克思主义运用于中国实际的过程实质是"中国化"

对于中国来说，运用马克思主义的实质是中国化，其主要内涵包括三个方面。

(1)马克思、恩格斯的马克思主义不能直接应用于中国实际，这并不否认马克思主义的国际性。马克思、恩格斯的马克思主义的确是国际主义学说，具有划时代的人类历史意义，对人类社会的长远发展具有普世价值，因此马克思反复强调 19 世纪的共产主义运动是国际化的无产阶级革命。20 世纪的俄国、中国等民族国家的革命实践却表明，只有将马克思主义与各民族国家实际相结合，产生具有本民族文化特性、符合民族革命需要、富有民

族实际内容、探寻具体民族国家革命的具体规律为特质的民族化的马克思主义才真正有用处,能取得实效,而企图直接将马克思、恩格斯的马克思主义学说简单机械地应用于民族国家的革命,否认本民族马克思主义的可能性、现实性与合法性,都遭到了残酷的失败。因此,毛泽东认识到:“必须将马克思主义的普遍真理和中国革命的具体实践完全地、恰当地统一起来,就是说,和民族的特点相结合,经过一定的民族形式,才有用处,绝不能主观地应用它。”[①]通过民族化的创造性转化,马克思、恩格斯的马克思主义的国际性才真正具体地落到了实处,马克思主义也就从“天上的幽灵”转化为“人间的共产主义运动”(包括无产阶级革命和社会主义建设实践),成为具体的、有用的马克思主义。因此,“马克思主义必须通过民族形式才能实现。没有抽象的马克思主义,只有具体的马克思主义。所谓具体的马克思主义,就是通过民族形式的马克思主义,就是把马克思主义应用于中国具体环境具体斗争中去,而不是抽象地应用它……离开中国特点来谈马克思主义,只是抽象的空洞的马克思主义。”[②]不仅马克思主义中国化的理论形态与马克思主义的国际性不矛盾,而且中国化的马克思主义是与之既一脉相承又与时俱进的坚持、继承、发展与创新,是马克思主义发展的延续而不是断裂或异化,是真正地运用马克思主义于实践,而不是抽象地运用马克思主义将其蜕变为远离现实的幽灵,中国化恰恰是马克思主义的国际性要求与确证。

(2)运用马克思主义于中国实际,要经过从世界观、方法论、思想路线到实践观念的中国化逻辑链,在理论上是一个复杂的再生产过程,马克思主义中国化不仅在于运用,更在于坚持、继承、发展和创新马克思主义。教条主义地运用马克思主义于中国实际的过程就是一个没有任何中间环节的简单的理论对应,马克思主义理论机械地比附于中国革命和建设的实践,二者实质上未建构起内在有机的具体化联系,没有为调查研究、实事求是提供内在合理根据,将马克思主义“先验化”(实际上是将其视为神圣的幽灵),也就省去了艰苦的理论研究和探索过程。中国化的马克思主义运用则与之完全相反,它要求首先要将马克思主义的世界观转化为方法论(而不是简单地将二者等同),将辩证唯物主义中国化为实事求是的思想路线,将思想路线最终转化为中国共产党及其领导下的人民群众的实践观念,直接作用于马克思主义中国化的具体实践。可见,这个过程体现的是理论的自觉和实践的自觉相结合的内在性辩证运动过程,是一个艰辛的马克思主义的民族化理论

---

① 毛泽东选集(第2卷)[M].北京:人民出版社,1991:707.

② 毛泽东.论新阶段[A].中共中央文件选集[C](11),657-659.

创造性转化和再生产过程，最终形成中国化的马克思主义理论新形态，体现的是运用马克思主义的主体性自觉。当然，要长期保持这种理论自觉并始终完全内化为党和群众的思维方法和实践观念，仍然需要不断提高中国化的水平。因此，运用马克思主义于中国实际绝不是将马克思主义原封不动（即使其他条件具备，事实上植根于文化的无意识也不可能做到原封不动）地移植（翻译、介绍、传播等）于中国，中国化的运用必然是中国化马克思主义的理论再生产，即毛泽东思想、邓小平理论、“三个代表”重要思想、科学发展观和构建社会主义和谐社会等中国化的既一脉相承又与时俱进的马克思主义理论体系。

（3）运用马克思主义于中国实际，将马克思主义中国化，目标直指社会主义，即为中国特色社会主义实践奠定合法根基与科学方向。运用马克思主义于中国实际，不是为了解决个别的细枝末节的具体问题，而是要解决一个发展中的人口大国如何通过新民主主义革命和社会主义革命走上社会主义道路并建设中国特色社会主义的大方向、道路和目标问题。因此，离开中国特色社会主义谈马克思主义的中国化运用仍然是抽象的、空洞的和没有实际用处的。中国特色社会主义是中国化马克思主义的社会主义，是科学社会主义的中国化现实形态，运用马克思主义于当前中国实际，就是将马克思主义应用于中国特色社会主义实践，也就是马克思主义中国化。

2.“幽灵化”与运用马克思主义的问题

在实际运用马克思主义的过程中，客观上存在着将马克思主义幽灵化的现象，或者说马克思主义存在着难以避免的幽灵化命运。这主要表现为以下几种情况。

（1）将马克思主义圣化、神化、先验化、教条化。这种做法视马克思主义为放之四海而皆准、抽象的、一般的普遍真理，马克思主义应用于实际仅仅是高悬于天的理论“降世”或“投射”，正如耶稣降临人间。在运用马克思主义的基本态度上，情感上的认同化为盲目信仰，替代或隐匿了理智的分析和对现实的批判审视。同时，基于历史性实践和思想解放的马克思主义的真理实体化为权力（意志），基于马克思主义科学性和实践性之间内在张力的内生政治性颠倒为外在政治权威统治一切，泛政治化代替了科学的认识论和人的自由全面发展的意志自由和实践活动。马克思主义被幽灵化了，基于历史性真实的马克思主义始终没有着地或出场。

（2）将马克思主义妖魔化。这种做法视马克思主义为反人类（性）的激进思潮，认为运用马克思主义于实际等同于回到人类的集体本能（如哈耶克），激进的政治革命是对人类历史传承的粗暴践踏，在文化上也将陷入极端的保守主义。总之，马克思主义的应用必然导致历史虚无主义、文化虚无主义和由文明向野蛮的复归。对于马克思主义的中国化运用来说，就是将马克思主义中国化视为马克思主义的封建化、儒学思想的马克思主义异化。面对现实，将社会主义的失败和挫折归因于马克思主义的非理性逻辑及其应用，进而攻击、诬蔑、丑化甚至根本否定马克思主义，将马克思主义妖魔化。

(3)将马克思主义虚无化。这种做法实际上是将马克思主义的指导地位和应用于实际形式化、表象化、虚无化，顶着运用马克思主义之名，行着非马克思主义之实，千方百计将马克思主义拒斥于现实之外，与生动鲜活的实践隔绝，将其请进书斋、请进博物馆。这种对马克思主义的运用主要是迫于政治压力的意识形态策略，实际上不是真用，而是将马克思主义非现实化。

对于中国这样一个以马克思主义为指导思想和立国根据的国度，运用马克思主义过程中所产生的幽灵化现象则极其有害，它涉及的不仅仅是马克思主义的理论命运，而且是中国自身的民族国家战略问题。历史和事实证明，马克思主义中国化并不必然产生幽灵化的马克思主义，虽然马克思主义中国化过程中的幽灵化马克思主义的现象在一定条件下存在或可能存在，中国也始终根本不存在任何形式的幽灵化的马克思主义理论形态，正确合理地推进马克思主义与中国实际深度有机地内在结合是避免马克思主义被幽灵化的主要路径。从改革开放以来的马克思主义中国化新的历史进程来看，马克思主义的中国化运用从根本上避免了像德里达所描述的马克思主义在西方世界的幽灵化命运，不仅在理论上产生了中国化的马克思主义新形态，而且初步地探索出一条不断发展壮大走向成熟并受世人尊重的中国特色社会主义道路(西方世界称为“北京共识”或“中国经验”)。

3. 作为运用马克思主义理论自觉的中国化的重大意义

今天强调马克思主义的中国化，或者说用马克思主义中国化代替马克思主义的运用，并不意味着二者存在矛盾。恰恰相反，二者是与马克思主义中国化的历史进程合乎逻辑的发展。从历史和逻辑反思的角度看，对马克思主义的运用是一门综合性的大学问，即今天合乎马克思主义中国化实际的马克思主义中国化二级学科的成立。在马克思主义中国化早期历史阶段，强调对马克思主义的运用，今天我们特别强调立足于现时代和民族实际对马克思主义的坚持、继承、发展和创新，实质上是运用的逻辑继续和深化。马克思主义中国化二级学科的理论建设和学术研究，就是一方面深化研究对马克思主义的历史性认识，补上早期马克思主义运用中国实际时的对理论自身系统学习研究的认识不足这一课，做到在马克思主义中国化的历史新阶段理论自觉和实践自觉的辩证统一。历史证明，仅有运用马克思主义的实践自觉，缺乏科学认识马克思主义的理论自觉，马克思主义中国化事业仍然具有一定程度的盲目性，可能付出比较大的历史代价，如教条主义及其危害，“文化大革命”的全局性错误，改革前社会主义建设的盲目、机械和僵化等。因此，作为运用马克思主义理论自觉的中国化意义重大。

(1)中国化过程将马克思主义运用于中国的实际经验自觉地系统化、理论化为中国化的马克思主义理论新形态，并自觉地认同它与马克思主义的既一脉相承又与时俱进的理论特质，使中国共产党和中国的马克思主义者自觉地承担起坚持、继承、发展、创新马克思主义的历史性责任，并真实地找到和践行了中国化马克思主义的理论方法。

(2)为马克思主义的民族化实践和理论确立了合法根据。正确、合理和科学运用马克思主义的中国化过程取得了举世瞩目和广泛认同的伟大成就，马克思主义中国化的成功实践证明了在当代世界民族化既是马克思主义现实的实践模式又是科学的理论新形式。因此，马克思主义中国化体现的是用民族特殊性确证理论普遍性的合法道路，不仅直接具有民族国家和地域的意义，而且具有一定的普世价值，证明了马克思主义中国化的历史经验绝不是狭隘偏执的东方古老民族的特殊经验，而是当代马克思主义世界化值得重视的民族经验。

(3)为马克思主义避免幽灵化命运找到了现实出路，因而中国化将是马克思主义生命延续的重要保障和现实标准。苏东剧变后，西方世界自由主义人士认为社会主义、资本主义实质上都终结了，进而推及马克思主义也终结了(如福山)。当时的西方世界普遍将苏联、东欧的存在视为马克思主义现实生命(“肉体”)的象征，马克思主义虽不死却只剩下幽灵了，因此马克思主义变为一个单纯的学术流派和激进思潮，马克思主义也只能附着于形形色色的现代西方人文社会科学，以纯粹的幽灵来诠释自己的理论生命了。德里达对当代马克思主义的幽灵困境的表述，显然忽视了马克思主义的中国化运用的民族化实践诠释和民族化理论新诠释的重大事实。诚然，马克思主义的历史合法性的根本在于其能否保持自身的实践诠释逻辑并不断发展壮大这一逻辑，只要不抱偏见地面对马克思主义中国化的历史进程和伟大成就，至少在中国马克思主义仍然具有十分强大的正常生命力。当然，必须正视马克思主义在中国同样遇到的实践障碍和理论困境，但也要同样正视马克思主义中国化的正确实践的确找到了避免马克思主义幽灵化的现实道路，那就是马克思主义与中国实际的内在、有机、深度地结合，始终走这一结合之路，就是彰显、更新和创造马克思主义的新生命。

（四）历史唯物主义中国化之思

马克思主义哲学内含着具体而丰富的理论内容，其中国化是一个复杂艰难的过程。马克思主义哲学中国化首先要使其核心内容和精神实质即历史唯物主义中国化，以历史唯物主义的中国化统摄其他理论内容的中国化。当前，历史唯物主义的中国化至少要做三个方面的基础性工作：①重新阐释马克思历史唯物主义的内在逻辑和理论特质，这是实现其正确合理中国化的理论前提；②确立历史唯物主义的全新研究对象和内容，这是实现其中国化的主要路径；③重新建构一个相对统一的中国化的学理体系，这是中国化的基本理论目标。

1. 问题的提出

如何实现马克思主义哲学的中国化？这是明确马克思主义哲学中国化的历史必然性和逻辑必然性后必然面临的问题。本节认为，不能抽象化、表象化、简单化地讨论马克思主义哲学中国化，理由有四。

(1)马克思主义哲学自身具有比较具体并且十分丰富的理论内容，因而必须首先明确马克思主义哲学的基本内容及其内在结构，然后在此基础上确定中国化的具体内容的优选逻辑秩序，逐步推进马克思主义哲学的整体中国化。否则，我们就会无意识地步入抽象讨论实现马克思主义哲学中国化的陷阱。

(2)马克思主义哲学的中国化首先也是最为关键的是其核心内容和精神实质的中国化，因而也必须首先确定马克思主义哲学的核心内容和精神实质。到底什么是马克思主义哲学的核心内容和精神实质？从学界对马克思主义哲学的中国化阐释来看主要有辩证唯物主义、历史唯物主义、实践唯物主义、实践哲学等以及借助现代西方哲学的存在论阐释等多种不同观点。但是，只要我们仍然坚持马克思主义哲学中国化的社会主义实践方向，历史唯物主义在马克思主义哲学中的核心地位就是毋庸置疑的。因此，马克思主义哲学中国化的关键是历史唯物主义的中国化，这是马克思主义哲学中国化由抽象走向具体的第一步。

(3)既然马克思主义哲学中国化具有主体满足自身现实需要的选择性，那就不仅要在哲学形式而且更为重要的是在哲学实质上中国化，即真正是中国社会主义实践经验的理论升华和具体内容的哲学化。因此,历史唯物主义中国化的实质仍然是历史唯物主义与中国特色社会主义实践的"说汉语的马克思主义哲学"(虽然这也是十分重要的理论环节),因为仅仅是形式上的中国化因其没有体现主体选择性的历史性而仍然是抽象的理论,而要实现批判性与建设性功能的统一,始终保持对中国特色社会主义实践的哲学观照,引领马克思主义哲学中国化事业的方向和目标。

(4)马克思主义哲学中国化体现的主体的选择性并不意味着马克思主义哲学只需要十分简单的"拿来主义"的碎片化的中国化,而是在历史性的中国化过程中实现理论整体的中国化,否则这种体现主体选择性的简单化的马克思主义哲学中国化看似十分具体,实则在马克思主义中国化的历史过程中无法体现马克思主义理论实质的总体性,因而实际上仍然是抽象的。

以上是本节讨论历史唯物主义中国化的基本前提,当前历史唯物主义的中国化至少要做三个方面的基础性工作。

2. 理论前提:重新阐释历史唯物主义的内在逻辑和理论特质

为何要对历史唯物主义进行重新阐释?理由至少有三。

(1)马克思的历史唯物主义思想表现为一个历史性的理论生产过程,前后跨越近四十年,这其中每一个阶段的理论任务和目标都是十分具体的,主要表现为早年的异化理论和人的解放学说唯物史观基本原理的确立,着眼于政治经济学批判和作为历史唯物主义科学化的《资本论》理论体系的建构三个重要组成部分,因此马克思的历史唯物主义不仅没有贯彻始终的完整的理论体系,而且其内在的逻辑结构自20世纪30年代马克思早年手稿的公开发表以来一直存有争议,而历史唯物主义的中国化实践又必须旗帜鲜明地坚持一种符合中国社会发展需要的正确合理理解,因此对其中国化阐释是理论和现实的需要。

(2)马克思主义的科学性和实践性的内在张力决定了其在向历史和文化的敞开过程中,必然产生作为理论逻辑分析的马克思主义与历史经验分析的马克思主义的差别,比如马克思主义中国化的理论成果如邓小平理论、"三个代表"重要思想、科学发展观、构建社会主义和谐社会等就主要属于后者,它与前者的差别处于显性待解释和论证的境地,即必须从理论逻辑上分析其与马克思主义特别是历史唯物主义具有一脉相承和与时俱进的性质,马克思主义中国化的理论实质是坚持和发展,不是民粹化,更不是去马克思主义化。对马克思的历史唯物主义的重新阐释的直接目标之一就是要使其能够涵盖或覆盖中国的马克思主义,证明马克思主义中国化的理论成果继承和发展了马克思主义,使历史唯物主义的理论逻辑性与经验分析性在中国化的历史条件下实现新的统一,因此,历史唯物主义的中国化新释有十分具体的问题和目标。

(3)马克思的历史唯物主义自身作为世界性的学说和人类共同的精神财富,也需要立足于当代世界的全球化发展及其问题、科学技术对人类社会发展和人自身的存在的深刻影响、人类共同的生存和发展问题等进行新的阐释,吸收和提炼人类新鲜的生活经验,保持理论逻辑与经验分析的统一,体现历史性和现实性的统一,增强马克思主义在当今世界的解释力和说服力,切实体现这一世界性学说的生命活力。在当今世界政治经济多极化、文化多样性的历史条件下,中国化具有基本的方法论意义,因而立足中国化的世界化是历史唯物主义当代阐释的现实选择和基本方法。

如上所述,要被中国化的历史唯物主义是需要重新阐释的历史唯物主义,或者说重新阐释历史唯物主义是实现其中国化的基本理论前提,这样的历史唯物主义才是具体的而不再是抽象的,这样的中国化也才可能是具有结合实质的、具体化的和有的放矢的。

如何对历史唯物主义进行中国化阐释?当前学界对马克思主义哲学新形态的阐释已经明显多样化,①其中不乏深刻精辟之论,这些阐释对于纯粹的学术研究来说无疑是十分必要的。存在的问题是:①这种随意和散漫的解读基本上都蕴含着对传统的马克思主义哲学范式的解构,就连历史唯物主义这样的概念也在被解构之列,取而代之的是各种光鲜时髦的新概念,似乎马克思主义哲学存在根本性的范式危机;②远离现实的学院化倾向,背离马克思主义哲学改造世界的批判性和革命性的理论旨向。

因此,对马克思历史唯物主义的当代中国化解读,应该坚持三个原则。

(1)历史性的基本原则。历史性原则是马克思主义理论彻底性的重要表现。马克思曾说:“理论只要说服人,就能掌握群众;而理论只要彻底,就能说服人。所谓彻底,就是抓住事物的根本,但是人的根本就是人本身。”②历史唯物主义的哲学理论因其高度的抽象性使之不能直接通达实践,因而其理论理性的彻底性不能顺利地转化为掌握群众的实践彻底性。马克思主义的彻底性在于将哲学的理论理性通过政治经济学的建构路径转化为理论感性,正是因为政治经济学的理论感性特质,使无产阶级的科学世界观真正

① 孙伟平,贺林华.近年来马克思主义哲学新形态探索评析[J].社会科学管理与评论,2006(1).

② 马克思恩格斯选集(第1卷)[M].北京:人民出版社,1995:9.

转化为无产阶级的历史使命感和实践力量。只有哲学具有指向外部现实的历史性，才可能真正担当起改造世界的功能，才是其实践性的真实内涵，哲学的彻底性只能通过哲学转化为实在的物质力量来体现。

马克思主义哲学的历史性是真正具体地向现实实践开放的，不是像黑格尔绝对精神一样虚假的抽象历史性，不理解马克思主义哲学的历史性原则就无法理解马克思主义的理论整体性或总体性，因而也就不可能把握马克思主义的本真精神。学界坚持对马克思主义哲学的当代性价值取向的解读的前提是对马克思主义哲学的历史性有完整、准确的认知，否则便难免抽象。例如，马克思主义哲学是立足现代大工业生产基础上的现代哲学形态，其基本范畴如实践、生产力、生产关系、物质生产、社会经济形态等本身都是对现代社会的哲学抽象，这些概念体现了怎样的历史性，把它们推广于人类的前现代社会是否合法，将它们推向后现代社会又需要怎样建构其历史性内涵？历史性原则体现了历史唯物主义的方法实质，它的确如恩格斯所说的是进一步科学研究的指南，不是教条。

深入开掘历史唯物主义基本范畴的历史性内涵体现了其实践性、革命性特征，而实践性、革命性既是科学性的基础又是确证。传统的历史唯物主义恰恰忽视其历史性实质，如将生产力和生产关系的矛盾运动规律机械地推广于前现代社会，虽然这种后推机制并不是完全没有道理，但无法还原历史的本真面目，简单、抽象、歪曲、虚无、虚构和错构历史可能成为“理性的狡计”的逻辑恶果。只要仔细阅读原著就可知马克思的实践概念的经验基础是大工业生产，生产力和生产关系正是现代经济社会的基本社会结构，物质生产只是现代社会的基本实践形式，前现代社会实质上只有“人”的生产，与其说是生产，不如说是其生命活动的原始展现，也没有生产力、生产关系这样的社会经济结构，宗法、血缘、地域、民族关系是社会的基本关系。因此，的确不能曲解马克思所讲的“人体解剖是猴体解剖的钥匙”的研究方法暗示。[①]

事实上，从现有的材料看，马克思主要根据的是《德意志意识形态》里确立的社会存在决定社会意识的基本观点来研究古代社会的。没有一劳永逸的解决方案，唯一的方法是坚持历史性原则，在掌握具体材料基础上老老实实地艰苦研究。对于当代世界来说，坚持历史性原则首先就要做到“世界观在场”和“方法在手”，然后在观照现实的基础上确立鲜活的事实，恰当地将立场、方法和新鲜的历史性内容融为一体，在现实性基础上建构历史唯物主

① 俞吾金.人体解剖是猴体解剖的钥匙——历史主义批判[J].探索与争鸣，2007(1).

义的历史性内涵。

(2)价值性原则。历史唯物主义的价值立场和原则不仅有基于无产阶级的阶级分析,也有着眼于人类前景的人类解放目标设计,二者的内在统一构成马克思主义的基本价值体系,也正因为这种严格的历史性分析,使得这种价值体系既有鲜明的大众立场,又不显得狭隘和偏执,至今仍然是这个时代无法超越的立场、方法和目标。历史唯物主义产生的主观动因、客观过程和理论体系及其内在结构等都体现的是无产阶级及其人民大众的阶级立场。一系列相互贯通、互为定义的基本概念,如无产阶级、群众、现实的人、劳动、感性、实践、生产力、生产关系等,没有价值立场的奠基是无法跳出抽象陷阱而具体生动地呈现的。历史唯物主义的逻辑结构为何如此严谨,科学的体系固然是其表征,但始终贯彻于整个科学体系的价值立场作为灵魂的实在统摄力量本身就是无法动摇的重释或建构历史唯物主义的价值体系是将其中国化的重要内容,也有学者提出了唯物史观价值维度的当代建构问题。① 价值立场并不是一个简单的政治立场,虽然价值立场最终要转化为政治立场,但它首先要转化为科学的理论逻辑体系,是科学的研究和理解,不是简单的政治宣告。长久以来,历史唯物主义的科学性被片面地突出和强调,而其价值性原则或被简单地等同于政治立场或被判定为资产阶级的唯心主义理论禁区。因此,面对发展变化了的时代,历史唯物主义的价值原则和理论体系同样需要重新阐释和建构,这也是中国化的基本要求之一。

(3)面向中国实际的原则。历史唯物主义是方法与内容的辩证统一体。坚持历史唯物主义的方法是各个历史时代坚持历史唯物主义的首要方面,具有面向未来的恒久价值,而内容却因历史性必须随着时代和文化的发展而更新。如果内容没有适时更新将影响方法的生命力,内容的过时陈旧直接制约着方法的革命性功能,会缩隐方法的历史性价值,蜕变为仅仅是组织内容的逻辑学方法,又回到了黑格尔的概念辩证法,其实质即无产阶级及其人民大众解放自己和最终解放全人类的思想武器逐渐丧失。因此,单纯地强调方法的命运而不实现内容的与时俱进将是徒劳的,面向中国实际的原则是历史唯物主义中国化的当然选择。中国最大的实际在于社会主义的历史新传统和民族特色的现代化取向实践,这应该是中国化的历史唯物主义的基本内容,具有鲜明的时代感和民族文化性质。中国哲学的精华和优良的传统文化是历史唯物主义中国化的文化支援背景,中国风格、中国气派是其文化依归,中国传统文化也需要在历史唯物主义的中国化过程中深化整

① 陈新夏.唯物史观价值维度的当代建构[J].马克思主义研究,2005(3).

理、分析和科学评价。在当代世界，文化性是任何理论的合法性根基之一，历史唯物主义的中国化最终要成为中国新文化的基本内涵，这也是判定其中国化的一个重要标准。中国特色的社会主义实践所产生的中国经验、中国模式引起世界瞩目，这被有人认为恰恰是符合马克思主义理论构想的重要经验。①

3. 主要路径：确立历史唯物主义的研究对象和内容

历史唯物主义中国化不仅要还原其一个真实的历史性内涵，更要走向当代中国。如何走向当代中国？学界普遍认为，马克思主义哲学的中国化最根本的方面仍然是要坚持将马克思主义哲学与当代中国实际相结合，因而历史唯物主义的中国化更应如此。马克思主义哲学的中国化如何实现这一结合在理论上有很多不同的看法，这固然与马克思主义哲学的内涵的极大丰富性和人们对它的实质的理解有不同因而会产生不同的结合路径设计有关，但根本原因仍与长期以来人们对马克思主义哲学特别是历史唯物主义的研究对象的偏颇认识有关。历史唯物主义的历史性研究对象和内容体现的是马克思主义哲学的实践性，即直面现实前瞻未来的开放气质，反过来说马克思主义哲学的实践性并不是抽象强调改造世界，而是从研究对象到内容本身就具有具体的实践性。如果从哲学史角度来看，现代西方哲学并不是完全远离西方现实的纯形而上学运作，不同的哲学流派的产生正是以全新的方法、研究对象、内容、体系出现的，但是现代西方哲学的这种历史性研究对象的重新确立是以不断地解体既有哲学的方式来实现的。流派众多，各领风骚数十年，哲学似乎也具有商品化的潮流倾向，反映了西方社会的文化困境和骚动取向。毫无疑问，历史唯物主义必须紧跟时代调整和变革自身的研究对象，这种调整和变革不是要模仿现代西方哲学的更新方式而瓦解历史唯物主义，而是要让其走向当代，特别是中国化。在"冷战"结束前，马克思主义的民族化实践事实上一直存在，而由于教条主义和僵化的历史唯物主义思维模式，这些十分宝贵的民族化实践经验或被视为共产主义的异化实践，或没有得到应有的重视，也就没有成为历史唯物主义的全新研究对象和内容，这不能不说是一件十分遗憾的事情。

历史唯物主义中国化的新形态应该以什么为研究对象？有人认为，"三个代表"重要思想对此给予了重要启示，当前马克思主义哲学应该确立人类

① 特奥托尼奥·多斯桑托斯.马克思主义理论构想与中国经验[J].教学与研究，2005(10).

社会发展规律、共产党执政规律和社会主义建设规律为主要研究对象。[①] 笔者认为，以寻找规律为主旨的确是马克思主义哲学的理论目标之一，也符合哲学的学科性质。但是，从改革开放以来马克思主义中国化实践的现实需要来看，问题的实质是一方面要大力推进马克思主义中国化的实践水平和层次，在解决中国自身重大历史和现实问题中摸索出中国特色社会主义实践的基本规律；另一方面又要始终遵循、科学理解和合理实践马克思主义所揭示的基本规律，为切实解决中国经济社会发展的现实问题确立原则、方向和目标，以共产主义的崇高理想和目标将中国特色社会主义推向前进。因此，历史唯物主义中国化首先要确立以中国特色社会主义实践及其理论创新形态为研究对象，在推进以人为本的科学发展观、在构建社会主义和谐社会的具体实践中将实现经济社会全面进步和人的自由全面发展结合起来，以中国社会主义的健康发展、人民的生活幸福为现实目标。唯有如此，中国化的历史唯物主义才是与中国当前实际紧密结合的。当前，最大的和最符合我们需要的是中国特色社会主义实践的各种内在规律，即中国共产党执政规律、中国人民的自由全面发展规律、中国社会和谐发展的规律等具体化、民族化的规律，通过这些规律思考中国特色社会主义的世界意义和探索21世纪人类社会发展的基本倾向。可见，寻找规律的确是历史唯物主义的理论目标，但不应是直接的研究对象，规律并不是现成的，它孕育、形成和发展并隐藏于中国特色社会主义实践之中。只有以中国特色社会主义实践及其不断创新的理论形态为现实的研究对象，才有可能探求共产党执政规律、社会主义建设规律和人类社会发展规律。此外，不要以为能够轻而易举地发现、理解和实现某种客观规律，对于马克思主义哲学的历史唯物主义中国化来说，务实的做法是在寻找正确合理解决中国重大现实问题的方法和路径中不断摸索，老老实实地研究问题，积累、总结、提炼和升华成功经验和教训，化经验为理论，化理论为方法，将方法上升为世界观的创新理论形态。在规律还不十分明朗的情况下，问题探究应该是历史唯物主义中国化的基础性长期性的工作，即使规律在手，要正确合理地践行规律，着眼于以人为本也要以群众利益无小事的务实精神扎实推进马克思主义中国化事业。

4. 基本目标：重新建构一个相对统一的中国化的学理体系

为什么马克思主义哲学的历史唯物主义的中国化最终要建构一个相对统一和完整的学理体系？从根本上说，学理体系既是科学自身的目标和象

---

① 李荣海.“三个代表”重要思想与历史唯物主义研究对象的拓展[J].求实，2004(2).

征,也是现实需要。根据以上所述,中国化的历史唯物主义有一个十分明确的研究对象和基本内容,这就要求理论研究要围绕研究对象和内容进行全面整体的内在逻辑分析与架构,形成从基本的概念范畴到原理观点、思想体系的理论整体性和融贯性,因此,内在分析性的逻辑体系是思想和学说达到整体性科学水平的重要标志。如果中国化历史唯物主义停留在散漫的思想和观点的水平层次,即所谓的“非体系化”,将无法保证其整体上的科学性。人们通常以《德意志意识形态》为根据,认为马克思主义哲学本身就是非体系化的哲学形态,马克思本人也反对建构哲学体系,因而中国化马克思主义哲学也不应该以建构体系为目标。其实,马克思反对的是完全脱离现实的纯粹思辨的旧的形而上学体系,而从理论的内在整体性看,马克思主义哲学仍然有一个相对统一和完整但有待完善和改进的理论体系,[①]其中历史唯物主义的完整性和系统性更是如此。还有一种看法认为,马克思主义哲学中国化具有主体选择的重要特征,既然是有选择的中国化,也就不可能完整地中国化,即使马克思主义哲学及其历史唯物主义有一个相对完整的理论体系,中国化马克思主义哲学的历史唯物主义也不可能是体系化的。这些看法似是而非。

显然,既然是中国化马克思主义,当然是中国作为实践主体从现实需要出发的主动选择,而中国人对马克思主义的需要具有强烈历史性。着眼于解决实际问题和马克思主义在中国的早期传播的历史条件,先进的中国人无法全面系统地理解马克思主义的思想和学说。这种根源于历史条件限制的中国化虽然因为抓住了关键而取得了举世瞩目的历史成就,但也必须正视这个过程存在的历史局限性及其失误,主要表现为对马克思主义无法避免的片面理解根本上损害了理论的内在统一、完整的科学性,由此指导下的实践也有历史局限性。历史的经验表明,只有坚持理论整体的中国化,马克思主义中国化事业才能长远健康发展。马克思主义哲学的历史唯物主义作为一个理论整体的中国化,也不能是有选择、有放弃的,否则其中国化将是碎片化、形式化的,马克思主义中国化的实践也就不具有历史的总体性,这不是我们需要的马克思主义中国化。如果说选择论在马克思主义中国化初期是一种历史限制的话,那么今天的马克思主义哲学包括历史唯物主义的中国化则要求坚持理论的总体性进行整体中国化,今天的中国也基本上具备了这样的历史条件。建构一个相对统一和完整的中国化的历史唯物主义

---

① 黄楠森.哲学的科学之路——马克思主义哲学的科学体系研究[M].北京:北京师范大学出版社,2005:15-25.

的学理化的理论体系是符合实际的现实需要的。

建构一个相对统一和完整的中国化的历史唯物主义理论体系将是一个长期的复杂的过程,这个过程必须坚持一些基本的原则和方向。

(1)必须严肃认真地反思中国社会主义的历史传统,同时将其置于世界历史进程中进行哲学思考。这个新传统有别于在此之前的旧的历史传统。社会主义在中国的历史进程无疑具有深远的历史意义,是20世纪乃至21世纪人类社会的十分重要的历史典范,它的发展道路和内外关系、民族性与世界性、文化与传统、历史地位和发展趋向等都需要从哲学上深刻反思。对中国社会主义新历史传统的深刻反思是把握现实和着眼于未来的基点。

(2)必须始终将马克思主义中国化事业统一于中国特色社会主义实践的发展轨道,同时坚持马克思主义哲学中国化的历史唯物主义核心价值取向。中国特色社会主义实践是马克思主义中国化的基本现实根据、价值目标和发展方向,这也是马克思主义哲学的历史唯物主义中国化的历史和现实基础,只有在这个基础上,马克思主义中国化与马克思主义哲学中国化才能实现统一。因此,虽然不能完全否定将马克思主义哲学诠释成存在论、生活哲学等的某种合理性,但必须认识到坚持历史唯物主义是实现马克思主义哲学中国化的关键和根本所在,在任何情况下都应该坚持马克思主义哲学中国化的历史唯物主义核心价值取向。这种根源于中国特色社会主义实践的理论逻辑是马克思主义在中国生长、发展和壮大的基本路径和发展规律,根本上有别于马克思主义在当代西方的发展逻辑。

(3)认真总结和提炼中国化的马克思主义理论和人文社会科学成果。马克思主义中国化的历史进程产生了毛泽东思想和中国特色社会主义理论体系两大理论成果,在此影响之下也形成了许多中国化的马克思主义历史学、文艺学、社会学、法学、经济学等人文社会科学成果,这些都构成历史唯物主义中国化的基本经验素材。不仅要看到马克思主义中国化的理论成果当然地形成历史唯物主义中国化的理论基础,也要看到凡是有利于推进中国特色社会主义事业的发展和壮大、有利于推进中国人民的自由全面发展的现代西方先进文明成果都是与马克思主义一致的,是符合马克思主义的现实价值取向的,因而也应该成为历史唯物主义中国化的重要理论参考和借鉴。

四、中国化的马克思主义:意义、内涵与实质

将毛泽东思想、邓小平理论定义为中国化的马克思主义,具有深远的理论意义和现实意义。理论方面:这是对马克思主义的运用论、"源"与"流"的当代中国的马克思主义的理论定位的深化和发展,赋予了其更为深刻的内涵,为马克思主义在21世纪的民族化发展拓展了更为广阔的空间。中国化的马克思主义内蕴着其相对独立的发展规律和经历独特的民族发展道路,这也为其自身的发展开辟了更为宽广深厚的理论资源和发展空间。实践方向:为中国特色社会主义事业的发展奠定了更为科学和坚实的理论基础,同时也标志着我党坚持马克思主义化和中国化的内在统一的实践自觉,使党的执政实践更具有民族性、科学性、合理性和亲和性,也利于增进西方世界对中国的理解。中国化的马克思主义并不是中国化的终结,而是意味着中国化的新的理论和实践的起点,当前需要继续深度中国化,最终建构科学、完整、系统的中国化的马克思主义哲学、政治经济学和科学社会主义理论体系。

江泽民同志在"七一"讲话中明确指出:"以毛泽东同志为核心的第一代中央领导集体和以邓小平同志为核心的中央第二代领导集体,带领我们党将马克思列宁主义基本原理同中国具体实际紧密结合,形成了毛泽东思想、邓小平理论这两大理论成果,是中国化了的马克思主义,既体现了马克思列宁主义基本原理,又包含了中华民族的优秀思想和中国共产党的实践经验。"[①]这种中国化的马克思主义的全新理论定位意义重大,它克服了马克思主义运用论的抽象化、机械化和简单化的缺陷,更是对"源"与"流"的理论定位的当代中国的马克思主义的认识的深化和发展,具有全新的科学内涵,本

① 江泽民文选(第3卷)[M].北京:人民出版社,2006:270.

身就是理论创新。因此,有必要深刻认识中国化的马克思主义的全新理论定位(以下有的简称"中国化的理论定位")及其深远的理论意义和现实意义。

(一)中国化的马克思主义理论定位的重大意义

1. 理论意义

(1)中国化的马克思主义的理论定位既克服了马克思主义运用论的抽象、机械和简单化的缺陷,赋予了马克思主义的运用以更为深刻的内涵,又表明将马克思主义正确运用于中国革命和建设,最终的结果必然产生中国人自己的马克思主义理论形态。

中国共产党早期在领导革命的过程中强调的是对马克思列宁主义的运用,可以称为马克思主义的单纯运用论,还没有形成本民族的马克思主义。这个阶段的国际共产主义运动领域基本上认为世界上的马克思主义是只有一个理论形态,即马克思、恩格斯的马克思主义,构成各民族国家革命的直接指导思想。我党早期在以马克思主义为直接指导的革命遭遇失败以后,开始自觉地将马克思主义与中国实际相结合,在探索适合本国国情的革命道路的成功实践中产生了本土的马克思主义,以它为直接理论指导的革命胜利,使这种本土的马克思主义不再被视为异端,从而认识到毛泽东思想是唯一正确运用马克思主义的中国形式;其实质是马克思主义的中国化,教条主义是对马克思主义的先验性运用,这种先验性将马克思主义神秘化为可以脱离具体实践而放之四海而皆准的普遍真理,这种"不着地"的马克思主义的实质是非马克思主义。强调对马克思主义的正确运用就是强调马克思主义要科学合理地中国化,摆脱了对马克思主义的抽象运用陷阱。

在20世纪的国际共产主义运动史上,作为中国化的马克思主义的毛泽东思想的理论定位曾是一个十分敏感的问题。只有国际性的没有民族化的马克思主义,民族化被视为对马克思主义国际性的异化与否定,因此我党很长时间也主要以马克思主义在中国革命过程中的具体运用来界定毛泽东思想。但是这种政治策略上的考虑没有旗帜鲜明地标明马克思主义能够被中国化,进而标明民族(中国)化本身就是普遍规律。

在运用论的逻辑强化下,马克思主义被认为是放之四海而皆准的普遍真理,它似乎不需要有任何中介环节就能够在整个世界发挥其作用和实现其力量,似乎在永恒的普遍真理的"普照之光"的照耀下民族国家和民族文化等都将自然而然地马克思主义化。历史和现实却表明：一方面，民族国家及其文化是马克思主义的普遍真理所不易同化的，特别是民族的文化的生命力是顽强的，它与马克思主义的外来文化的融合并不是自然而然的，而是必然要经历一个由初始的结合到融合、最终趋向和谐的长期历史过程；另一方面，现在看来，虽然强调自觉运用马克思主义于民族国家实际并没有错，但是不能离开具体的民族化抽象地强调运用，否则必定是简单化和庸俗化。"必须将马克思主义的普遍真理和中国革命的具体实践完全地、恰当地统一起来，就是说，和民族的特点相结合，经过一定的民族形式，才有用处，绝不能主观地公式地应用它。"①

具体的实践过程表明马克思主义的普遍真理是不能够被直接用于各民族国家实际的，它必须有民族化的中介，必须转化为民族国家的人民在文化上和心理上能认同、接受和理解的东西，最终才能真正转化为实践的物质力量。经典作家的马克思主义对于中国的实际来说，不是具体的马克思主义，仍然是抽象的马克思主义。"马克思主义必须通过民族形式才能实现。没有抽象的马克思主义，只有具体的马克思主义。所谓具体的马克思主义，就是通过民族形式的马克思主义，就是把马克思主义应用于中国具体环境具体斗争中去，而不是抽象地应用它。……离开中国特点来谈马克思主义，只是抽象的空洞的马克思主义。"②这种民族化首先作为马克思主义运用于各国实际的中介，而后在进一步的发展中将逐步发展为相对独立的民族化的马克思主义理论形态，这种形态的马克思主义才能真正被直接应用于本民族国家的实际最终指导民族国家的革命、建设和改革取得胜利。换言之，马克思主义的正确运用，实质上就是马克思主义的中国化，而不是其他。

(2)中国化的马克思主义的理论定位真正突出了马克思主义作为理论之"源"的"元学科"地位，打开了马克思主义在全世界各民族国家及其文化中的发展通道，为其自身发展开辟了广阔的社会实践空间。共产国际解散以后，国际共产主义运动实际上形成了各民族特色的革命发展道路，从理论上对中国化马克思主义的伟大理论成果即毛泽东思想的定位也就时机成熟。刘少奇在1945年中国共产党第七次全国代表大会上所做的修改党章的报告中指出，毛泽东思想是马克思主义民族化的优秀典范，是"发展与完善着的中国化的马克思主义"③。中国化的马克思主义的理论定位第一次真正

① 毛泽东选集(第2卷)[M].北京：人民出版社，1991：707.

② 毛泽东.论新阶段[A].中共中央文件选集[C](11)，657-659.

③ 刘少奇选集(上卷)[M].北京：人民出版社，1981：335.

解决了马克思主义民族化的发展方向和目标问题。

马克思主义的理论之“源”就是我们这个时代无法超越的社会理想和价值追求之根，但我们面对的是具体的历史时代，马克思主义的发展的主要形式只能是民族化，而不是守成作为理论之“源”的马克思主义。如此看来，更加突显了马克思、恩格斯所开创全新世界观的哲学社会科学的伟大革命意义，即一方面它将人类过去的一切意识形态和唯心主义怪想在全新的世界观和方法论的指导下转变为真正关于“现实的人”的“历史科学”；另一方面几乎人类的一切实践领域都需要重新研究以获得全新的科学认识，因此马克思主义将开辟人类思想史的新篇章，马克思主义的确是人类思想史上的“壮丽日出”。然而，这个新篇章在马克思、恩格斯的时代只能是服务于最紧迫的无产阶级革命的理论需要，这个新篇章的计划还只是写了一个“序言”，还远未完成，它历史地落在其后继者身上。马克思主义的理论之“源”作为马克思、恩格斯的遗产，发展它是最好的继承，发展的形式只能是民族化，各民族化形态的马克思主义将构成马克思主义发展史上的伟大篇章，马克思主义的世界性和普世价值、生命力和与时俱进的发展特性得以延续和证实。

中国化的马克思主义的理论定位是在坚持“源”与“流”的合法性理论定位的基础上彻底突破单一的马克思主义形态论的理论思维方式，旗帜鲜明地承认中国化的马克思主义理论体系是对马克思主义基本原理的坚持和发展，是解决了合法地位的进一步的“坚持、发展、创新”的理论定位。“源”与“流”的理论定位重在强调毛泽东思想，特别是邓小平理论与经典作家的马克思主义既一脉相承又与时进俱进，既坚持了马克思主义的基本原理，又坚持了我党注重实践经验总结和吸收中华优秀文化的传统；是坚持不是倒退，是对马克思主义的发展不是离经叛道；是当代中国的马克思主义不是马克思主义的异端形式。因此，这种理论定位主要解决的是当代中国的马克思主义的同脉同宗的合法性问题，理论界和学术界也主要是围绕着合法性问题展开探讨。在毛泽东思想、邓小平理论、“三个代表”重要思想、科学发展观和构建社会主义和谐社会理论也已经构成中国化马克思主义的既一脉相承又与时俱进的理论体系的当代，中国化的定位重在发展与创新。

(3)中国化的马克思主义的理论定位将中国哲学和优秀传统文化作为马克思主义发展的重要文化资源，这必将为马克思主义增添无限新鲜的活力，使马克思主义在民族化的形态中真正成为“活的灵魂”，也标志着中国化的马克思主义将相对独立地具有自身的发展道路和基本规律，在民族文化和创造性实践中吸取营养，因而有更为宽广深厚的理论资源和发展空间。传统的观点都认为马克思主义有公认的三大理论来源，即德国古典哲学、英国的古典政治经济学和英法的空想社会主义，毫无疑问作为马克思、恩格斯开创的马克思主义来说，其来源基本上可以是确定的。但是，正是由于长期固守马克思主义的这三大理论来源，马克思主义的民族化内容要么不被承认，要么将民族国家的传统文化视为与马克思主义不相容的东西而遭到否定或拒斥，马克思主义的民族化发展因此受到很大的制约，也制约了马克思主义本身的发展。

中国化的马克思主义的理论定位明确将中华优秀传统文化视为本民族的马克思主义的理论来源之一，这既为马克思主义的中国化发展增加了生动鲜活的理论资源，加固了马克思主义中国化的民族文化支撑，必将强化马克思主义的文化自觉，又为传统文化的现代化创造了条件。传统文化自身因其自然经济的历史基础决定了它很难独立地走向现代化，借助外来的强势现代文化是其实现现代化的现实途径，而马克思主义的现代社会功能恰好可以作为传统文化现代化的有效载体。因此，中国化的马克思主义不仅是马克思主义的民族化实践，而且只马克思主义深深扎根于民族文化的土壤之中，中国化的马克思主义将具有相对独立的发展道路和基本规律，这意味着民族化的独立自主发展将成为历史的必然。

2. 实践意义

(1)中国化的马克思主义的理论定位必然极大促进中国特色社会主义实践的自觉性和增强马克思主义中国化事业的创新意识。中国化的马克思主义的理论定位将突破传统的马克思主义发展观，开辟全新的民族化的马克思主义发展路径，因此必然更加坚定地将马克思主义的科学性奠定在社会主义的中国特色实践基础上，重视马克思主义的“本本”，但更重视本民族的社会主义实践经验的总结和理论升华，最终将改革开放以来长期绕开或悬置的理论问题在中国化的马克思主义理论体系中给予解决。改革开放和社会主义现代化建设必须有本民族的马克思主义理论作为长远的坚实理论支撑。实践的坚实性最终依赖于理论的坚定性，民族化的实践被传统理论逻辑所不容的情况必须得以根本改变。[①] 否则，我们每前进一步将总是面临着方向的判断和道路的选择，甚至可能出现在这个全球一体化和高风险性、高度不确定性的世界上偏离社会主义方向的危险。中国从来就没有所谓的改革反对派，但改革的方向和目标却至今都是有争议的，理论的缺位是造成这种局面的一个重要原因。正如没有中国化的马克思主义即毛泽东思想无

① 王秉言.改革的深入呼唤坚实的理论支撑[J].理论界，2006(11).

法设想中国革命的最终胜利一样，如果没有更加科学化的中国化的马克思主义，那么改革开放和社会主义现代化建设的最终目标也将可能面临着某种不确定性的风险。事实上，对于未来中国将走向何方这个重大问题，是这个发展中的大国和整个世界必须关注的世纪问题，没有科学系统完整的中国化的马克思主义理论作为支撑是难以想象的。

其实，对于马克思主义的民族化事业来说，科学的理论始终应该走在实践的前面。这种总体上理论先行的状况并不否定实践第一性和基础性，而是保证共产党领导下的民族特色实践在创造历史方面的真正科学和自觉，在推动历史发展方面不付出代价或尽可能避免过大的社会代价，将人民群众实践的物质力量纳入执政党的理论视野中，历史不再是盲目的异化的类似于自然的外在于人的物质力量，而是可控制、可调整的人民群众的自觉的实践活动，这样的历史的最终的结果就可以与我们的社会目标和最终理想相吻合。因此，中国化的马克思主义的发展将最终成为中国特色社会主义实践的科学理论基础，中国人的事情最终还要靠中国人自己的马克思主义理论来把握方向开辟道路。

(2)中国化的马克思主义作为中国共产党的理论基础将是对党的执政合法性和中国化的实践自觉的重要支撑。中国化的马克思主义具有鲜明的民族特色，对于人民群众来说更具有基于民族文化生态的天然亲和力，更容易被理解和接受并比较自然地内化为群众的实践观念，并最终转化为物质力量，因此中国化的马克思主义的意识形态功能十分强大。毛泽东思想就是将马克思主义的辩证唯物主义与历史唯物主义成功地转化为中国人普遍能够理解和接受的实事求是的思想路线，把唯物辩证法成功地转化为中国人所喜闻乐见的矛盾论，赢得了广大人民群众的拥护和支持，人民群众在中国化的马克思主义的指引下最终取得了革命的胜利。

中国共产党作为马克思主义中国化的最初直接成果，并不意味着它的中国化过程在党成立以后就结束了。恰恰相反，党在1921年的成立是其马克思主义化的开始，之后的漫长历程是党的马克思主义化和民族化的深化，党在把握中国国情寻找革命道路制定正确的方针路线等方面越来越成熟，其实就是党的中国化的深化和提高的过程。因此，中国共产党的成立是马克思主义中国化和中国化马克思主义的辩证过程的真正开始，党的历史命运和中国化的马克思主义的发展可以视作同一个问题，党的马克思主义化和中国化是同一个问题的两个相互联结的方面，党的马克思主义化是中国化的深化发展，党的中国化同时是马克思主义化的深度推进，党的马克思主义化和中国化是同一个辩证的历史运动过程。因此中国共产党虽然已经是中国的，但它也有一个不断中国化的过程，这似乎不合逻辑，但只要明确中国化的马克思主义的程度、范围和水平直接制约着中国共产党的执政能力，即把握中国国情并将之与马克思主义结合的能力，代表、把握和实现人民群众根本利益的决心和能力，把握和整合中华优秀文化的能力等，中国共产党的进一步中国化将是一个必须正视的问题。党的中国化是马克思主义中国化事业的龙头，直接影响和制约着其他一切方面的中国化。因此，中国化的马克思主义的理论定位作为重视思想建设的中国共产党来说，意味着执政党的中国化实践更加科学和自觉。

(3)中国化的马克思主义的理论定位及其发展，有利于西方世界增进对中国发展道路和模式的理解和尊重，有利于增强中国的软实力和促进世界的和平。中国化的马克思主义理论是中国社会主义现代化的直接理论基础，是中国模式和中国经验的理论原型。长期以来，西方世界坚持传统的马克思主义评判标准，认为中国已经抛弃了社会主义，中国特色社会主义实际上是"变相资本主义"，至于理论指导则是打着马克思主义的旗号，行着民族主义和实用主义(也有人认为是现实主义)之实，以此逻辑推断中国的民族主义伴随着综合国力的提高必然对整个亚洲乃至世界形成威胁，因此不相信中国"和平崛起"，更不相信中国将是维护世界和平的力量。例如，美国对中国的现行发展的深层忧虑主要表现为无法理解中国发展的速度、规模和势头，根本的问题是中国到底走向何处？中国的发展有多种可能性，美国无法用一种思维框架来解读整合它们，也无法在任何一种可能性上下赌注。中国的发展模式挑战了美国所认为的成功经济所需要的元素和认知模式，如机制化、自由主义的经济观等。[①]

中国化的马克思主义的理论定位及其深化发展将旗帜鲜明地向全世界表明，中国的现代化和发展道路的理论基础就是本民族的中国化的马克思主义及其不断发展的理论形态，这为美国等西方世界理解现行中国提供了一个重要的参考，有可能使他们从重视中国经验和中国模式到自觉重视中国理论，认识到只有全面地理解和研究中国化的马克思主义才能真正理解这个属于世界的中国及其发展态势的积极意义。从经济全球化的实践来看，中国化的马克思主义的发展也将为中国经验增添软实力，使不仅具有民族理性而且具有发展着的马克思主义理性的中国特色的社会主义实践作为一种有别于资本主义实践的人类生存和发展样式，对 21 世纪人类继续探索更好的前途做出独特的贡献。因此，着眼于人类的长远发展，中国化的马克

① 邱美荣．美国人看中国的和平与发展[J]．国外社会科学，2006(4)．

思主义的理论定位及其发展也就具有特殊的世界意义。

3. 中国化的马克思主义仍需要继续中国化

众所周知,马克思主义已经中国化了,毛泽东思想和邓小平理论等是中国化了的马克思主义。但是,这一历史进程是马克思主义化中国和中国化马克思主义的双向辩证运动过程,不仅中国化是一个辩证过程,而且中国化的思维也是辩证思维。因此,作为“中国化了的马克思主义”不是中国化过程的终结,而是中国化的新的理论和实践的起点。因此,毛泽东思想、邓小平理论还需要深度中国化,这在语法逻辑上看似是矛盾的,但恰恰是中国化的辩证思维所必然要求的。有人说:“在马克思主义中国化的这一理论命题语境中,毫无疑问,‘马克思主义’就是指的是狭义的马克思主义及列宁主义。”[①]这种对中国化的语法理解,是片面的。

经典作家的马克思主义在中国化过程中同时伴随着中国哲学和优良传统文化在马克思主义的推动下的当代化,即表现为在实践中推动中国走向民族解放的历史作用。因此,对于中国哲学和优秀传统文化的当代化、现代化实质上也构成了中国化的过程,马克思主义中国化的历史进程同时是民族走向现代的进程,如果说独立的中国哲学和优秀传统文化不存在中国化问题的话,那么在马克思主义的影响下中国哲学和优良传统文化的马克思主义化就当然是马克思主义中国化的不可分割的重要组成部分。还有人认为,毛泽东思想和邓小平理论的诞生标志着马克思主义中国化已经基本完成,当前的主要任务不是马克思主义的中国化,而是中国化的马克思主义即毛泽东思想和邓小平理论的应用和研究,说中国化的马克思主义还要中国化是同义反复。[②] 因此,必须明确中国化的主语不仅指经典作家的马克思主义,而且更为重要的是已经中国化的马克思主义,即毛泽东思想、邓小平理论等。这种语法逻辑上的“矛盾”恰恰反映了马克思主义中国化的时代性、民族性要求。

诚然,马克思主义中国化的实质是结合,经典作家的马克思主义作为外来文化需要与中国实际相结合,即民族化,经过一定的民族形式才有用处,经典作家的马克思主义被“化”为中国的马克思主义,这个过程是完全符合马克思主义的科学抽象法,即从理论抽象到理论具体。但是,中国的马克思

① 李建勇,刘庆森.“源”与“流”:关于马克思主义中国化的内涵的解读[J].长春师范学院学报:人文社会科学版,2006(3).

② 常绍舜.当今的主要任务——中国化马克思主义[N].社会科学报,2006-09-07(1).

主义的本真精神与经典作家的马克思主义是一脉相承的，其实质是解放思想、实事求是和与时俱进，中国化的马克思主义理论本身也是历史的产物，因此它也有一个同中国实际相结合的问题，即中国化的马克思主义的“现实化”问题，否则有可能产生对中国化的马克思主义的新教条主义。

当前，面对现实存在的许多社会问题，部分人将其在理论上片面地归咎于邓小平理论的某些观点，如把两极分化问题的理论根源归于邓小平鼓励“一部分人先富起来”，把出现的新自由主义归于邓小平的“警惕右，主要是防‘左’”，把国有企业发展的困境和非公有制的迅猛发展归于邓小平的社会主义本质论中没有“公有制”等。[①] 这表明加强邓小平理论的整体性研究和阐释，在结合当代中国实际的过程中并不是已经彻底完成了中国化，而是还需要深度推进邓小平理论的中国化。中国化了的马克思主义继续深度中国化的方向和目标是什么？就是自觉确立中国化的马克思主义思维方式，最终建立科学、完整、系统的中国化的马克思主义理论体系，包括中国化的马克思主义哲学、马克思主义政治经济学、科学社会主义理论等基本理论形态。毛泽东思想、邓小平理论、“三个代表”重要思想和科学发展观以及社会主义和谐会理论等已经是初步中国化了的马克思主义，这些理论为在学术层次进行深度的中国化奠定了基础。

当前，科学社会主义的中国化水平和状况是比较理想的，马克思主义哲学的中国化还是一个远未完成的计划，[②]马克思主义政治经济学的中国化状况情况比较糟糕，甚至有学者认为是“西化”现象已经相当严重。[③] 因此，必须正视中国化马克思主义的理论发展还十分不平衡，还不能很好地适应为中国特色社会主义实践提供长远的坚实理论支撑的现实需要。当前深化改革呼唤坚实的理论支撑，只有建立学术层面的中国化的马克思主义才能真正确保中国特色社会主义实践的科学，中国化的马克思主义的发展必将承担起这种历史功能。

从实践来看，马克思主义的中国化必然要经过政治化、科学化和哲学化的漫长的辩证运动过程。从共产党执政的各社会主义国家的情况来看，中国在马克思主义的民族化的理论和实践方面都是走在前面的，各个国家在化马克思主义方面大同小异，[④]这表明马克思主义的民族化是有基本运行规

---

① 雷云．以科学的态度对待邓小平理论[J]．浙江社会科学，2007(1)．

② 青年哲学论坛部分成员．一个未完成的计划：关于马克思主义哲学中国化的思考[J]．哲学研究，2006(6)．

③ 刘国光．经济学教学和研究中的一些问题[J]．经济学研究，2005(10)．

④ 崔桂田．共产党执政国家的马克思主义民族化比较[J]．山东社会科学，2005(4)．

律的。不断深度推进马克思主义的中国化，将是对马克思主义在21世纪的民族化事业的一个巨大的贡献。

（二）"三个代表"重要思想的实践内涵

科学理解"三个代表"重要思想的实践内涵是实践"三个代表"重要思想的一个不容忽视的重要环节。"三个代表"重要思想的实践内涵与马克思的实践观具有内在一致性，是马克思主义实践观在当代的重要发展。发展先进生产力和先进文化是当代工人阶级的历史使命和实践形式，是当前人民群众的根本利益。实践"三个代表"重要思想，要大力发扬集体主义精神，不断实现理论创新，不断加强党对社会主义市场经济实践的领导。

1."三个代表"重要思想的实践内涵与马克思主义实践观的内在一致性

"三个代表"重要思想作为马克思主义一脉相承的理论体系，其实践内涵与马克思主义实践观具有内在一致性。因此，重温马克思实践观的内涵对于正确理解"三个代表"重要思想的实践内涵是很有必要的。马克思主义实践观的确立实现了哲学的根本变革，使历史唯物主义建立在坚实的理论基础上，在实践上使人类进入了一个崭新的历史时代。

(1)马克思的实践观，首先的内涵是对理论自觉和真诚的追求，理论在实践面前真正地显现出真理的力量，显示出对人类社会发展目标的科学计划性和对历史发展方向的科学预测性。人们不再简单地把理论当作知识和工具，而是把理论作为个人存在和社会发展的内在需求。理论不再敌视人、分裂人、压迫人。正是在这层意义上，马克思坚决反对和批判法国那种敌视人的"唯物主义"[①]，并把历史唯物主义的出发点归结为"现实的个人"，恩格斯直接将历史唯物主义视为"现实的人及其历史发展的科学"[②]。因此，马克思的实践观在人类思想史上第一次将理论与实践在"现实的人"这样一个出发点和归宿点上统一起来。理论的属人性反作用于人本身，便是人们对理论的自觉、胸怀坦荡、永无止境、永不满足的追求。马克思认为只有无产阶级才具备这样的品格。诚然，资产阶级也需要理论，但这个阶级对理论的追求只服务于自身狭隘的阶级利益。这个阶级崇尚的是直观的、经验的、个体、自私的实践，这种实践和理论的品格根本对立，因而，严格说来，这个阶

① 马克思恩格斯全集(第2卷)[M].北京：人民出版社，1957:164.

② 马克思恩格斯选集(第4卷)[M].北京：人民出版社，1995:241.

级是害怕理论的，从本能上排斥理论的。理论掌握在这个阶级手中，理论就失去其应有品格而变成抽象的理性或理念。

(2)现实的普遍的利益亦即人民群众的根本利益是实践的出发点，这是马克思实践观的价值取向。马克思以前的实践观都是着眼于市民社会个人的狭隘的、自私的利益，不承认存在着现实的普遍利益，即使承认也视之为抽象的人类利益，因而是虚假的。马克思通过研究发现了现实的普遍利益的客观实在性。①历史，特别是法国大革命史表明，任何一个试图领导革命的阶级，其阶级利益必然这样那样地和人类的普遍利益相一致；②无产阶级本身就是人类普遍利益的代表，这个阶级是"非市民社会的市民社会阶级"[①]，它没有自己自私的、狭隘的阶级利益，它的利益本身代表着现实的普遍利益及其发展方向。人民群众的根本利益是现实的最高利益。马克思的这一发现彻底超越了抽象的实践观和感性直观的实践观；结束了旧的利益观，第一次科学地表明真正的历史是人民群众的历史，无产阶级及其人民群众的利益就是历史发展的出发点、目标和动力，彻底结束了劳苦群众没有自己"历史"的历史和谎言，使无产阶级认识到自身的历史主体地位，预示着现实的历史必然走向灭亡，一个无产阶级及其人民群众的历史时代已经来临。这就是马克思实践观的革命性、批判性之所在。

(3)马克思实践观内涵着对社会历史发展和人民群众根本利益的自觉维护和身体力行，将个人有限的生命融入伟大的人类解放事业中去的自觉的、积极的、乐观向上的人生价值导向。马克思的实践的根本性质是无产阶级作为阶级的崭新的历史实践，这个实践也是无产阶级领导的伟大的人民群众的历史实践。实践的形式也不像资产阶级狭隘利益和眼光所局限的榨取剩余价值的实践，它包括伟大的阶级斗争实践、生产斗争和科学实验的实践。个人的发展和个人的利益只有在社会发展和现实的普遍的利益得到实现和保障时才是现实可能的，因而个人的生命和价值体现在推动历史前进、实现现实的普遍的利益的"洪流"之中。由此，马克思的实践观打破了个人在历史上无所作为和个人崇拜的英雄史观，使得个人的生命和价值与现实的普遍利益统一起来，并得以历史地实现。

"三个代表"重要思想的实践内涵与马克思的实践观的内涵在本质上是一致的，但随着历史的发展，它又有新的时代内容。

---

① 马克思恩格斯全集(第1卷)[M]. 北京：人民出版社，2002：213.

2."三个代表"重要思想的实践观是马克思主义实践观在当代的重要发展

"三个代表"重要思想的实践是新的历史条件下工人阶级的历史要求和历史使命。

应该承认,我们所处的时代与马克思的时代相比已经有了很大的变化,但马克思提出的人类解放的时代主题从总体上讲并没有发生变化。当代仍然处于人类解放的历史时代中。当然,对应于马克思时代的无产阶级实践,当代工人阶级实践的形式和内容已发生了改变。马克思时代无产阶级实践的首要内容是争得政治解放的阶级斗争,这也是无产阶级及其群众的根本利益所在。当代工人阶级作为国家和社会的主人,又处于相对和平的国际环境之中,社会主义和资本主义的较量归根结底表现为综合国力的竞争,因而工人阶级实践的首要内容不再是阶级斗争,而是高效合理地发展先进生产力和先进文化,这也是当代工人阶级的根本利益之所在。

发展先进生产力和先进文化的实践是在社会主义市场经济条件下进行的,因而是十分复杂和难以把握的。在马克思时代,无产阶级的团结是十分自觉的,共产党成为阶级战斗的堡垒。单个工人什么也不是,只有在阶级队伍里他才能显示出自己的力量。作为一无所有的雇佣劳动者,单个工人也没有自己特殊的利益,他的个人利益和所属的阶级的利益完全一致。这种利益的单一性和同一性使得无产阶级的阶级利益十分突出,单个工人的阶级归属感也十分强烈而鲜明,因而对阶级利益的认识和维护是十分自觉的。在当代,特别是在社会主义市场经济条件下,社会利益多元化趋势十分明显。虽然工人阶级的性质没有发生变化,但工人阶级内部层次多元化了,最明显的是知识分子成为了工人阶级的一个组成部分。利益主体、层次、结构等都多元化和复杂化了。所以,对于人民群众根本利益的认识和认同绝不是简单的感性层面所能解决的,这就需要马克思主义的立场、观点和方法,需要理论的抽象。什么是当代人民群众的现实的根本利益?"三个代表"重要思想提出的先进生产力和先进文化就是当前人民群众最根本的利益。

特别指出的是,马克思认为无产阶级是历史上第一个具有自我意识、有文化的阶级,在革命年代,文化权和教育权主要是资产阶级出于自身利益的需要被迫赋予无产阶级的,当代工人阶级在理想信念教育和科学技术的普及中已经是一个有文化的自主阶级;因此,文化的属性是工人阶级阶级属性的当然内容,也是工人阶级精神力量的体现,先进的文化就是工人阶级的根本利益的重要内容之一。

如果说，先进文化是“三个代表”重要思想明显创新的话，代表先进生产力和人民群众的根本利益实际上也不是简单的重申，同样是基于准确把握新的历史时代和历史方位的重大理论创新。所以在这个意义上，“三个代表”重要思想的实践内涵与马克思主义实践观的内在一致性，突出地表现为马克思实践观在新的历史条件下的重要发展。由此看来，理解“三个代表”重要思想的实践内涵绝不能望文生义，做简单化、工具化的解释。如果把它理解为简单的重申，除了在理论上讲不通造成思想混乱外，更会导致实践上的失误。因此，科学理解“三个代表”重要思想的实践内涵要十分自觉地将马克思主义实践观和历史时代相结合，理论与实践相结合；唯有如此，才能发现“三个代表”重要思想的深刻的实践内涵。

3. 认识和实践“三个代表”重要思想需要注意的几点

结合当前社会主义市场经济的历史实际，在贯彻落实“三个代表”重要思想过程中要特别注意以下几点。

(1)在发展生产力的同时，要大力宣扬集体主义精神，加强国家对社会主义市场经济的宏观调控，防止个人主义泛滥成灾。和马克思的实践观一样，“三个代表”重要思想的实践的精神力量也来自于共产主义的理想和信念，社会主义和集体主义精神是应有之义。市场经济的自发性必然产生对感性、直观、个体实践的崇拜，导致狭隘自私的个人主义和商品拜物教，对集体和社会的漠不关心，是不可能自发形成集体主义精神的。大力宣扬集体主义精神，凝聚人心，激发人们的社会主义精神和道德观念，是保持市场经济社会主义方向的重要思想保障。同时，在实践过程中要特别加强对社会主义市场经济的宏观调控，引导先进生产力和先进文化的健康发展，使得社会主义市场经济的实践真正服务于人民群众根本利益的维护和发展上。

(2)要在实践的基础上不断自觉实现理论创新，防止只要实践、弱化理论甚至不要理论的现象。在社会主义市场经济条件下，强调理论的重要性和理论的创新是十分必要和紧迫的。“三个代表”重要思想的实践内涵着对理论的渴求。与时俱进首要的内容就是理论创新。如何在“三个代表”重要思想的指导下，把握当代实践的历史大趋势和方向，克服市场经济条件下出现的盲目的、个体的、自私的、感性直观的实践，实现社会主义市场经济实践的自觉性，实现理论的不断创新，是当前摆在执政党面前的重大课题。马克思主义和历史时代的相结合孕育着理论创新的必然规律。当前，社会主义正处于伟大实践的历史时代，理论上的不断创新应该是我们这个时代的重要特征之一。正是在这个意义上，党反复强调了理论创新的重要性、紧迫性和现实意义。理论的滞后及不要理论是十分有害甚至是十分危险的,它将直接导致我们的实践可能偏离正确的方向,失去自觉性变成自发盲目的实践,使得共同富裕的目标落空,使社会主义走上邪路。

(3)共产党要不断加强对社会主义市场经济实践的切实领导。共产党对"三个代表"重要思想的伟大实践的领导是这一实践特性的应有之义。大家知道,在社会主义市场经济不断深入的历史条件下,我党在政治体制改革和经济体制改革过程中,本着党政分开、政企分开和充分发挥人民群众自主性、积极性和创造性的原则,将可以由市场完成和运作的领域都交给了市场。尊重科学和市场经济规律,党集中精力加强自身建设,这无疑都是好的。但是,也应该清醒地看到,市场经济的"看不见的手"并不能解决人们所期待的所有问题,何况现代市场经济的结构、要素和功能越来越复杂而社会主义市场经济的实践又没有现成的经验可供参考和借鉴。从理论上讲,"三个代表"重要思想的实践绝不是与市场经济的实践完全统一的。实践的方向、进程、目标和发展中矛盾的解决没有党的领导是难以想象的。在这种情况下,避免西方资本主义早期市场经济的社会灾难,保持改革、稳定和发展的良好势头,最终实现共同富裕的目标客观上都需要党坚强有力和科学的领导。当然,必须指出,不断加强党的领导,绝不是主张走计划经济的老路。

(三)"三个代表"重要思想的哲学基础

理想和现实的统一,是一个理论和实践相结合的问题,既需要科学的哲学基础,也要有具体的历史实践条件。近代哲学世界观的非科学性和历史条件的局限使得人类的这一目标无法实现。只有无产阶级的世界观和历史实践才能真正实现理想和现实的统一。"三个代表"重要思想和中国当代工人阶级的实践集中体现了新的历史条件下理想与现实的统一。

如何将理论与实践、经验与超验、现实与理想统一起来,是哲学领域的一个重大问题,这个问题集中表现为如何真正实现理想与现实的统一。这个问题的解决直接关系到人类的前途和命运,因而它又是人类的重大认识问题和实践问题,是不得不面对、无法回避的问题。

1. 理想和现实统一的基础是什么

如何实现二者的统一的关键是找到统一的基础。这个基础是什么?近代唯理论认为,一切事物只有符合理性才具有真理性。而理性是什么呢?理性并不以感觉经验为基础和材料,它是人的思维所固有的能力,它对事物的把握靠的是人内心的反省和构思，莱布尼茨是这一理论的集中代表。这样的理性是抽象的、神秘的。

理性成了上帝和神等超自然力量的代名词。理想和现实的统一的基础只能是人的理性，这等于将人的理想和追求诉诸天国，人在实践中无所作为，人类的命运操纵在神灵手中。经验论认为，人的感觉经验是衡量一切事物的标准。但感觉和经验具有个体性和心理体验的多样性，因而是极不确定的。为此，休谟提出了怀疑论。经验的不可靠性决定了将理想和现实统一于感觉经验，实际上是危险的。①经验只具有历史性，未来的现实性无法证明，而理想是未来的现实性，所以这在逻辑上是荒谬的；②经验具有个体性，以经验为标准来实现理想的实践只能是个人的盲目的实践，这样的实践是狭隘的，极易导致经济上的剥削以及政治上的压迫和霸权主义、弱肉强食和战争。

面对唯理论和经验论的困境，康德从人类的认识是如何发生的这一源头来解决一切科学是如何成为可能的。他认为只有首先把人类的认识是如何开始的，亦即人为什么可以有认识这一基础问题予以科学回答才有可靠的基础来谈人类已经取得的认识成果，否则是毫无结果的。其次才能回答人可以有哪些认识，再次回答人应该如何去认识。康德把一切事物分为物自体和现象，给人的认识划定了严格的界限。康德认为人的认识只能局限于现象的范围，自然，人类的理想和实践也只有在现象的领域才有统一的可能。如果定位于物自体在逻辑上就是矛盾的，因为人的认识根本无法达到。要么信仰上帝，要么无所作为。理想和现实的统一于现象界，实际上把人对世界的本质和规律的探索看作是人无法实现的。人类也就无法认识自己所生活的社会及其运动规律，也当然谈不上改造不平等的现实社会，也无法确定一个健康的社会理想，理想和现实的统一无从谈起。

黑格尔认识到了劳动在社会历史中的作用，但他把对象化等同于异化，把整个世界的生成和运动看作是绝对精神自己实现自己的运动。人只是绝对精神实现自己的工具而已，历史的规律就是绝对精神异化运动的规律，人在绝对精神面前没有任何主动性，谈不上作为人的主体性。人类没有理想，如果说有那就是顺应绝对精神的运动规律，否则只有失败和灭亡。人类的实践当然也就是顺应绝对精神的实践活动。黑格尔所说的绝对精神的运动是思辨的概念运动。实践也只是概念的运动。理想和现实统一于绝对精神，人类是既无理想，又无法把握现实，更谈不上将理想和现实真正统一起来。

为什么无法实现理想和现实的真正统一呢？所谓“真正的统一”，即是人类的远大理想和光明前途的真正实现，是整个人类的利益的集中和完整的体现。它不是哪个阶级或个人的狭隘利益的实现。整个人类的根本利益将是消灭阶级和国家，实现共产主义，使每个社会成员能获得自由全面的发展。要实现这个伟大理想和现实的统一，关键是要找到这样一个历史主体，它的利益代表着人类的整体利益，它的现实运动同时代表着人类的远大理想，它的理想已经蕴含在现实的历史条件中。

2. 只有无产阶级的实践才能实现理想和现实的真正统一

(1)统一的基础不能是理想(或理论)本身，也不能是现实本身，因为它们本身的可靠性还是需要证明的。统一的基础只能是第三者，而这个第三者必须与理论和现实具有必然的关联，而不是偶然的联系，更不能没有联系。所谓"必然的联系"(关联)就是与理想的主体性和现实的客体性具有确定不移的关联，这种关联是主体性、客体性的统一，而不是其中的哪一方面。能够将主体性和客体性统一起来并将二者融为一体的只有实践。

(2)只有无产阶级的实践才具有主体性、普遍性和直接的现实性，只有这种实践才具有将理想和现实统一起来的真正品格。原始人类的实践与其说是实践活动，还不如说是近似动物的本能活动，还谈不上人的主体性。奴隶劳动实践首先因奴隶不具有人格而只是"会说话的工具"而不具有真正的主体性，社会的理想操纵在奴隶主手中，而奴隶主要实现自己的理想却只能借助于奴隶的实践，自己却厌恶、鄙视、远离劳动，因而这里的主体性的现实性是一种绝对对立的，谈不上普遍性而只有极端的狭隘对立性，不仅没有直接的现实性，间接的现实性也只是偶然的；伴随着生产的一定发展必然是奴隶的主体性的觉醒和奴隶主理想的幻灭。农民的实践因其具有人格而具有某种主体性，但农民又受土地和宗族关系的束缚，而具有小生产的意识使其理想具有极端的保守和落后性，这对其实践做出了严格的限定，它的革命可能是极其壮观的，但结果却总是改朝换代，甚至被地主阶级利用而丧失其本有的主体性。资产阶级提出的理想第一次具有全人类的外观，它初期提出的人道主义和革命的口号比较广泛地调动了整个人类的实践(特别是革命的)热情，它第一次把整个人类的力量调动起来用来从事大规模的生产活动，创造了巨大的财富，使人类在自然面前第一次具有很大的发言权，人的主体性得到了极大的张扬。但是这个阶级的理想虽然借助于无产阶级和其他阶级的力量取得了革命的胜利，但这本身只能是代表人类实现人类理想过程中的一个必要的阶段，它还不是人类理想的实现。资产阶级理想和现实的统一的基础恰恰不是本阶级的实践，因而这种统一本身一开始就包含着对抗,代表瓦解的倾向。所以,资产阶级实践是根本无法承担理想和现实的真正统一的。

3. 无产阶级实践的具体规定

无产阶级是这样一种阶级,它的理想不是一个政治的目标,而是一个全人类的目标,因而它不能仅仅赢得政治上的解放,它还要达到人类的解放。否则,它自身的解放便不能实现,因而政治解放只是实现自身理想的一个手段和环节。之所以如此,是因为无产阶级没有任何自身的特殊利益,如果说有,那就是它的利益又和全人类的利益相一致。所以无产阶级的理想是人类的理想,与以往阶级的阶级理想有着本质的区别。

无产阶级的实践,无论是革命斗争(变革生产关系),还是生产和科学实验(变革自然),都和自己的理想具有必然的联系。而且这一实践和实践的主体是完全一致的。实践本身是群众的实践,历史也是人民群众的历史。无产阶级实践是主体自觉自为的,它不需要假借其他力量来实现,这种实践本身就是它的存在。

无产阶级实践所依据的理想不再仅仅是口号,它的理想的人类性质必然吸引其他各种力量加入,因而它的同盟军是广泛的。它的实践,不仅理论上具有人类性质,而且本身就突破了阶级局限性,具有全人类的普遍性,或者说有无限开放的性质。这一理想和实践的特性决定了它的理想和实践对现实的不断超越,之所以能超越,就在于它的实践的真实主体性(理想性)、普遍性(人类性)和无限开放性。理想具有超前的性质,虽然当下不具有直接现实性,但实践的历史开放性为它的实现提供了广阔的空间,包括心理上的想象空间,使理想能够充分焕发出群众的激情和热情,理想主义激发英雄主义,历史实践的美学感还可以充分满足或者升华人民群众的非理性的情感心理需要。因而理想和现实统一于无产阶级实践才是可能的。

4."三个代表"重要思想将理想与现实的统一推进到了历史发展的新阶段

先进生产力和先进文化代表了当代中国工人阶级的根本利益和现实理想,为当代工人阶级的历史实践指明了方向和目标。作为马克思主义的政党,中国共产党的先进性也集中表现为工人阶级及其人民群众的理想与现实的具体的、历史的统一。所以,党的先进性的标准不仅仅表现为一个党的性质和党的纲领,不仅仅表现为一个理论问题;也就是说,党的先进性不仅仅是一个行动的口号和纲领,更为重要的是党领导下的工人阶级及其人民群众的历史实践。马克思主义的生命力的源泉在于共产主义理想与现实统一于无产阶级历史实验。“三个代表”重要思想作为马克思主义一脉相承的理论体系，集中地体现了中国当代工人阶级的理想。在《共产党宣言》中，马克思认为工人阶级不仅是先进生产力的代表，它还是历史上第一个有文化的劳动者阶级。整个工人阶级的运动历史表明，先进生产力和先进文化始终相辅相成，历史地统一于工人阶级的伟大实践中，并始终推动着社会历史的进步和发展。

“三个代表”重要思想在科学判断历史方位的基础上，明确提出了发展先进生产力和先进文化的要求。应该指出的是，“三个代表”重要思想不是简单地重申《共产党宣言》关于无产阶级先进生产力、先进文化的阶级属性，而是集中体现了当代工人阶级的理想和历史使命，并在此基础上不断保持和发扬工人阶级的先进性，发展和壮大工人阶级队伍和力量，推动工人阶级在新的历史条件下发挥更加伟大的历史作用，在实现共产主义的历史征程中既树立远大理想，又注重基础，脚踏实地，实现理想和现实历史的、具体的统一。因此，“三个代表”重要思想为当代工人阶级发展先进生产力和先进文化拓展了新的理想境界和历史活动空间，这一思想和当代工人阶级的历史实践相结合，体现了新的历史条件下理想和现实的统一。

(四)“三个代表”重要思想的党性特征

“三个代表”重要思想是对马克思主义唯物史观和工人阶级理论的丰富和发展，是无产阶级世界观在新的历史条件下的集中体现和科学概括，是新时期共产党党性的集中体现。中国共产党要以“三个代表”重要思想为理论指导，树立艰苦奋斗的价值观和执政为民的权力观。准确把握“三个代表”重要思想，必须深刻理解中国共产党党性和阶级性的历史变化。

在共产党所从事的革命与建设的伟大实践的各个不同历史阶段中，中国共产党的党性特征的具体的表现形式以及内涵也在不断发展完善。“三个代表”重要思想是对新的历史时期党性原则的新概括，是对马克思主义建党学说的丰富与发展，是中国共产党的党性原则之精髓所在。

1.“三个代表”重要思想是唯物史观和工人阶级理论在当代的发展，是无产阶级的世界观，是新的历史条件下中国共产党的党性

唯物史观认为，人类社会的历史发展是有规律可循的，历史发展的总体方向是前进的、上升的。推动历史发展的根本动力是由人民群众所创造的社会

生产力,这一社会生产力集中体现了人民群众的根本利益和要求,因而人民群众在创造历史的过程中能够始终坚持自觉的能动性和积极的创造性;同时又代表着历史发展的前进方向和必然趋势。人民群众之所以是创造历史的真正主体和力量,关键在于人民群众的根本利益与社会历史发展的总体要求的根本一致性,这是一个客观的历史发展规律。所以,把握历史时代的先进性的关键要看社会生产力的发展是否与人民群众根本利益相一致,判断一个阶级和政党的先进性关键在于是否始终代表人民群众的根本利益。

唯物史观是无产阶级世界观的理论基础。马克思认为:"哲学把无产阶级当作自己的物质武器,同样地,无产阶级也把哲学当作自己的精神武器。"[①]无产阶级这个被资产阶级认为是"没有教养的"、代表着赤贫和粗野没有前途的阶级恰恰被马克思"发现"为真正能够实现人类解放和代表人类美好前途的阶级。马克思不是没有看到现象层面的无产阶级的赤贫和粗野,而是透过现象深入本质,发现了无产阶级最根本的特质,那就是这个阶级真正代表了人民群众的根本利益,代表了全人类的利益,它不仅没有自身的特殊阶级利益,而且它最终要消灭自身;它的物质生产和革命斗争的最终目标不是政治解放,而是全人类的解放。所以这个阶级真正突破了以往任何阶级的局限性,真正始终如一地代表着人类历史的前进方向。这个阶级的根本特质和远大理想决定了它具有最彻底的革命性,同时这个阶级本身就是社会化大生产和先进生产力的代表。从这个意义上说,唯物史观和无产阶级具有统一性,无产阶级既是时代精神的集中体现,又是推动历史前进的主体力量,共产党作为工人阶级的先锋队,理所当然是领导革命和建设的核心。

共产党党性的哲学理论基础就是马克思的唯物史观,共产党的党性集中体现在它的思想路线中。思想路线是共产党的根本认识路线,是党始终站在时代前列和历史前沿把握社会历史发展方向和时代脉搏的理论保障,是党捍卫真理、追求真理、发现真理的理论源泉和方法论基础。所以,共产党在领导革命和建设的过程中,始终面临着双重的任务和挑战:一方面,既要时刻关注前进中历史的发展情势,科学地判断时势,又要发现新情况、新问题,适时总结新鲜经验,使马克思主义始终保持与时俱进的理论品格而不至于僵化成教条主义,更为重要的是使全党始终保持与时俱进的精神状态,不断开拓马克思主义理论的新境界;另一方面,既要领导人民群众进行历史实践,激发群众的自觉性、主动性、积极性、创造性,同时还要遵循科学规律,处理好人和自然的关系,并克服和解决实践过程中各种十分复杂的具体困

---

① 马克思恩格斯选集(第1卷)[M].北京:人民出版社,1972:15.

难和矛盾。毛泽东思想、邓小平理论和“三个代表”重要思想就是中国共产党领导中国人民在革命和建设过程中实践经验的总结和理论创造的结晶。

“三个代表”重要思想是唯物史观在当代的重要发展。(1)我们时代所面临的课题仍然是马克思那个时代所提出的人类的解放，当代的历史的发展变化总体说来并没有超越马克思主义得以产生、存在和发展的历史条件，在 20 世纪 60 年代面对西方世界的共产主义的低潮有人提出马克思主义的“过时论”时，萨特深刻地指出，马克思主义“仍然是我们时代的哲学：它是不可超越的，因为产生它的情势还没有被超越”[①]。中国共产党并不是立足于时代课题的改变，而是立足于时代的发展变化和新的特征，即和平与发展的时代主题、世界多极化和经济的全球化的政治经济格局，立足于中国共产党新时期的历史任务和中国社会主义发展所面临的时代的机遇和挑战，总结新鲜经验而提出的。“三个代表”重要思想的理论基础仍然是马克思主义的唯物史观和无产阶级的解放理论。坚持本身就是创新。由于实践对于理论的直接现实性的优越性，实践总在不断发展和变化，理论面对新的历史实践的阐发的解释必然内含着坚持、继承、发展，它赋予了马克思主义新的理论解释力和说服力，这本身就是了不起的创新。

(2)“三个代表”重要思想科学地判断了工人阶级在当代的新发展，丰富和发展了马克思的工人阶级理论。虽然“三个代表”重要思想字面上并没有提到工人阶级，但是工人阶级实际上就是这三个方面在新时期的代表。从某种角度也可以说“三个代表”重要思想是马克思主义关于工人阶级理论的新发展。应该承认，当代的工人阶级已经不同于 19 世纪的无产阶级了，虽然他们的阶级本质和历史使命是相同的。当无产阶级取得革命胜利以后，就成为全社会生产资料的主人，因而转化为工人阶级。工人阶级本身的状况发生了重要变化。一方面，知识分子在工人阶级这个先进生产力和生产关系的“普照之光”的影响下，转化为工人阶级的一个组成部分，工人阶级的知识分子始终站在高新科技的前沿，引领着整个工人阶级始终代表着先进的社会生产力；另一方面，社会主义社会的工人阶级的整体文化素质因理想信念教育和科学技术的教育而大大提高，工人阶级在党的领导下形成了自己的整个文化教育系统并创造了大量优秀的文化，培养了一代又一代的人民艺术家，并始终引领着时代精神前进。

可以说，工人阶级不再赤贫，而且有文化、有品味，并且正在创造先进文

---

① 让·保罗·萨特. 辩证理性批判(上卷)[M]. 林骧华，等译. 合肥：安徽文艺出版社，1998:28.

化，始终以自己文化的先进性引领着整个社会的文化前进。马克思始终认为工人阶级是人类历史上第一个有文化的劳动者阶级，这是因为在斗争中，“资产阶级自己就把自己的教育因素即反对自身的武器给予了无产阶级”，一部分统治阶层被抛到无产阶级队伍中来，“给无产阶级带来大量的教育因素”，一部分人和“已经提高到从理论上认识整个历史运动这一水平的一部分资产阶级的思想家转化到无产阶级方面来了”①。在新民主主义革命时期，在中国共产党的领导下，形成了“无产阶级领导的人民大众的反帝反封建的文化”②，无产阶级及其政党始终代表了当时中国先进文化的发展方向。因此，无论是就当代中国工人阶级的发展现实，还是新民主主义革命文化的历史事实，或是经典作家的论述而言，“三个代表”重要思想都是对唯物史观的丰富和发展，是中国共产党的始终如一的无产阶级世界观在新时期的集中体现和精确表述，是新时期中国共产党的党性。

(3)“三个代表”重要思想是对当前时势的马克思主义的科学判断，更加适应在解决同一时代课题的历史过程中中国共产党由领导革命到领导社会主义建设和长期执政兴国的历史任务的改变，代表了工人阶级在新的历史阶段的历史使命和要求，是共产党在新的历史时期保持工人阶级先锋队性质的必然选择，是党的立党之本。工人阶级在革命胜利以后，历史使命由革命转向建设，面对的是如何更快更好地解放和发展生产力的历史任务，同时又要创造和享受先进的文化，工人阶级的利益需求也随之发生了变化。同时，全世界共产主义运动总体上处于低潮，社会主义必然卷入由资本主义所发端的经济全球化(及其所带来的文化渗透)的新的历史浪潮中，工人阶级不仅要求快速发展社会生产力，而且更重要的是发展先进的生产力和先进的文化。共产党必须适应工人阶级的这一历史转变，不能抽象代表工人阶级的利益，要把代表工人阶级利益落实到解放和发展先进的生产力和先进的文化上来。“三个代表”重要思想适应了工人阶级的新情况和新的历史使命，是中国共产党党性在新的历史条件下的具体表现和必然要求。

2.“三个代表”重要思想是中国共产党在新的历史条件下的利益观的基础，本质在于执政为民

(1)“三个代表”重要思想是在新的历史条件下的人民群众根本利益的集中体现。人民群众的根本利益在一定历史条件下是具体的、历史的，绝不

---

① 马克思恩格斯选集(第1卷)[M].北京：人民出版社，1972：261.

② 毛泽东著作选读(下卷)[M].北京：人民出版社，1986：532.

是抽象的,这就要求党在决策和行动过程中,首要的任务是树立科学的利益观。党必须适时准确地把握在不同的时期、不同的方面人民群众的具体利益和要求,并且要善于把握人民群众的利益变化,在此基础上科学地决策。例如,在计划经济条件下,人民群众的利益需求相对简单也相对容易满足,但在社会主义市场经济条件下,人民的利益结构、层次都多样化、复杂化,市场那只“看不见的手”是不能解决全部问题的,如公平和效率、两极分化、地区不平衡、共同富裕等问题。

此外,新时期人民群众的范围不断扩大,各个阶层的人民群众的利益也不像改革开放以前那样相对统一,如何有效地处理好方方面面的利益矛盾本身是一个科学问题;在国际交往中,由于“冷战”结束,世界走向多极化,中国加入世贸组织,不断融入全球经济一体化,同时服务于我们的根本任务,体现人民群众的根本利益主要的不再纯是意识形态的斗争,而是如何更好地利用相对和平的国际环境发展壮大自己的经济和科技实力,吸收人类创造的先进文化和优秀文明成果。

(2)中国共产党自身要以“三个代表”重要思想为标准,在新的历史条件下树立正确的利益观。共产党作为工人阶级的先锋队,它自身的存在既是人民群众根本利益的要求,也是人民群众根本利益的集中体现,它自身没有任何特殊的利益。在革命时期,赢得生存空间的压力和民族解放的目标使得党和人民群众血肉相连,利益统一,党除了拥有人民群众以外没有任何凌驾于人民利益之上的东西,党和人民群众的利益是一种自在和自为的统一。解放以后党取得了国家政权,人民群众的利益一方面掌握在自己手中,另一方面利益的实现方式、实现程度又更多地要依赖党的路线、方针、政策。党和人民群众的利益不再是一种自在和自为的统一,两者之间可能会产生矛盾。党有可能形成自己的既得利益集团,少数党员干部会放松世界观的改造而腐败堕落。因此,是否能够真正始终如一地代表人民群众的根本利益就成为摆在执政党面前的一个重大的历史实践问题。

“三个代表”重要思想作为唯物史观在当代的重要发展进一步表明,人民群众的根本利益代表人类历史前进的方向和动力,任何偏离这一方向的行为都是违背历史发展规律的,任何偏离和阻碍甚至侵蚀人民群众的根本利益的集团或政党终将被历史淘汰和被人民抛弃。“三个代表”重要思想科学地判断了党在新时期的历史方位,这其中一个重要的含义就是在新的历史条件下,党应该如何树立正确的利益观。在社会主义市场经济条件下,党面临着严峻的利益考验,几乎所有的决策都必然牵涉到利益的甄别、取舍和选择的问题。怎样的利益观直接导致怎样的利益抉择。要时时刻刻在错综复杂的利益面前保持清醒的头脑,没有正确的利益观是不可能做到的。所以,正确的利益观不仅仅是一个决策和行动的观念,归根结底是一个世界观和方法论的问题。

(3)贯彻"三个代表"重要思想的本质在执政为民,这是衡量新时期党性的最终标准。人民支持不支持、满意不满意、是否真正得到实惠是我们党贯彻"三个代表"重要思想的重要实践标准。这就要求全党必须既在理论上要弄清楚"三个代表"重要思想的世界观意义,坚持解放思想、实事求是、与时俱进,更要落实到实践中,最终体现在人民群众的利益实现和共同富裕这一根本点上。这是我党保持长期执政的实践基础和群众基础,是关系到巩固党的执政地位的核心问题。

执政为民也不能仅仅是一个政治口号,应该看到它是一个十分现实的实践问题。人民群众可以在一些特定时期发挥高度的政治热情和思想觉悟,牺牲眼前的现实切身利益以巩固革命和建设的果实,但这并不能作为一种长期方针;否则,就只会打消人民群众的积极性,丧失政治热情,最终违背人民群众的根本利益。

列宁在苏俄初期被迫改战时共产主义政策为新经济政策即是很好的证明。可惜前苏联并没有上升到执政为民的高度来反思列宁的这一执政实践,而是长期实行"高积累、低消费",重工轻农、比重严重失调,大搞军备竞赛,以致人民群众最基本的生活必需品长期匮乏,实际上违背了人民群众的根本利益,在最关键的时刻苏共失去了人民群众的支持而垮台也就是必然的了。苏共的历史教训是我党如何执政为民的活教材。可见贯彻"三个代表"重要思想的本质在于执政为民,体现人民群众的根本利益,不能仅凭主观愿望,而首要的是要向群众学习,以人民群众的根本利益为准绳,把握好群众的情绪,真正反映人民的愿望、心声和要求。

3. 准确把握"三个代表"重要思想,必须深刻理解党性和阶级性的历史变化

(1)要坚持与时俱进,从唯物史观、历史辩证法的高度去认识"三个代表"重要思想。"三个代表"重要思想从字面上没有提到工人阶级,如果我们停留在抽象的三句话去理解共产党的党性,恐怕极有可能产生疑问:中国共产党还具有工人阶级先锋队的性质吗?党是不是要变成全民党、社会党?这一新的提法是不是有意在淡化党的阶级基础?之所以会有这么多的事关党性的疑问,关键的问题是没有从与时俱进、马克思主义唯物史观、历史辩证法的认识高度去理解"三个代表"重要思想。从性质上看,产生这些糊涂

认识绝大多数属于认识上的偏差,也绝不能排除少数人的价值偏好和利益使然,具有意识形态斗争的因素。因而,对这个问题首先要有一个准确的判断和清醒的认识,以便于对症下药。

对于认识上的偏差,我们可以通过学习来提高和理顺,还可以借助这个机会掀起一个学习马克思主义理论的高潮,可以说是件好事。马克思主义独特的理论品质就在于其既能提供极其精致的世界观和方法论,又能提供简单易行、通俗易懂的行动口号,为普通群众所理解。所以,通过学习,无论是知识分子,还是普通的人民群众,都完全可以通过各自的方式理解"三个代表"重要思想的涵义并领会其精神实质。

具体说来,认识"三个代表"重要思想的核心问题是我们的工人阶级是否还具有先进性,是否还是先进生产力的代表。我们不能只局限于某些所谓的"新现象",如部分工人下岗失业、招商引资、民营企业家等,谁先进,谁落后?这里的关键是要区分"先进生产力"标准和"有利于生产力发展"的标准。[①] 从现象上看,各种积极的因素都会有利于生产力的发展,马克思就充分肯定了早期资产阶级的革命性作用。如果仅从现象上看,马克思是无法发现工人阶级的先进性的,这就需要理论研究;马克思为了从理论上论证这一点,奉献了毕生的精力,可见这并不是凭肉眼能看出来的。

工人阶级的先进性根源于无产阶级的特质,蕴含在解决时代课题中,它是不可替代的历史主体力量,肩负着神圣的历史使命,真正代表了人类解放的前途(前面已具体论述)。从本质上、历史总体上、解决时代课题的未来指向上看,工人阶级的先进性就不是一个疑问,而是一个必然。当然,不可否认,工人阶级也有发展变化,如总体上不再是赤贫,受教育水平总体提高等;但是发展变化并不意味着工人阶级自身就丧失了先进性质,或者工人阶级走向自我解体。事实上,这种随着社会化大生产发展而来的工人阶级的发展变化恰恰是工人阶级的历史发展方向,从这种发展适应看其历史使命也完全符合其阶级属性(前面已经论述,工人阶级本身就是人类历史上第一个受教育的劳动者阶级)。此外,马克思主义所揭示的时代,现在看来,不仅没有过时,而且越来越彰显,如西方后现代主义对人和人类的前途和命运的特别关注,"9·11"事件后美国的反恐斗争使得世界格局扑朔迷离等。从这个角度看,工人阶级的先进性应该是越来越突出了,在这样的时刻重提工人阶级的先进性有着重要的历史意义。所以,准确理解"三个代表"重要思想,要有唯物史观和历史辩证法的眼光。

---

① 侯惠勤.试论把握"三个代表"思想的方法论原则[J].马克思主义研究,2001(6).

(2)怎样看待党的阶级基础的扩大也是理解“三个代表”重要思想作为党性原则的一个突出问题。我们党的基础首要的是工人阶级，这是没有任何疑问的。但是着眼于某一个具体的历史阶段和历史任务，应该把党的阶级基础和群众基础加以区分。阶级基础直接决定党的根本性质，是含糊不得的。不能以扩大党的阶级基础为名降低党的标准，使党非无产阶级化。党的阶级基础也是根源于历史的形势发展而发展的。

毛泽东顺应革命的形式，将贫下中农视为工人阶级一个部分，邓小平在新历史条件下将知识分子视为工人阶级的一个组成部分，都来自于对历史形势的科学判断，都极大地壮大了党的力量，增强了党的活力。在新的历史条件下，吸收一些阶层的先进分子入党首要的标准还是基于理想、信念的思想条件，所以才提出打破职业、劳动方式、财产限制等条件，防止关门主义的倾向。这不是降低入党标准，实际上是新的历史条件下重提党员标准。否则，党的工人阶级先锋队性质将不复存在，党就有可能变成所谓的“全民党”、“社会党”。党的阶级基础的适时扩大是保持共产党的时代特色和活力、优化工人阶级队伍结构、提高工人阶级整体素质和良性发展的重要步骤，本身就是新时期加强党的建设的重要内容。相比较而言，党的群众基础的扩大却有很大的空间，凡是坚持“一个中心，两个基本点”的都可以纳入这个范围。

(五)“三个代表”重要思想是共产党利益观的基础

利益观本质上是一个世界观、方法论的问题。“三个代表”重要思想作为马克思主义一脉相承的理论体系，是对工人阶级利益发展的科学概括，是共产党科学利益观的基础。学习和贯彻“三个代表”重要思想首要的是要进行马克思主义利益观的教育。

1. 利益观不仅是一个决策或行动的观念，更为重要的是一个世界观、方法论问题

始终代表、集中体现人民群众的根本利益，是中国共产党的一切工作的根本出发点。代表谁的利益、为谁的利益服务是党性原则首要的标准。因此，利益观既是我们一切行动的思想观念，更是一个世界观、方法论问题。“三个代表”重要思想的落脚点在于代表最广大人民群众的根本利益，这不仅仅是一个简单的重申，更为根本的是它表明“三个代表”重要思想是与马克思主义一脉相承的理念体系，是唯物史观的当代丰富和发展，因为科学的

利益观是历史唯物主义的思想前提。

马克思历史唯物主义的创立与无产阶级利益观的确立是必然相连的。从某种程度上说,无产阶级的利益的科学界定是马克思新世界观得以突破的关键入口之一。在马克思的历史时代,无产阶级被资产阶级的一部分思想家认为是"没有教养的"、代表着赤贫和粗野、没有前途的阶级。从历史表层来看,无产阶级确实是一个受苦受难的阶级,但本质上无产阶级却是真正推动历史前进的主体力量,是人类历史上最有前途也是最后的一个阶级。然而无产阶级的本质是什么?怎样发现无产阶级的本质?毫无疑问,历史的社会存在本身是人们的活动和创造,它无论如何是不能通过像对自然界的感性直观那样去认识的,它需要科学的抽象力。马克思的科学抽象抓住的是利益,通过利益来识别不同的阶级及其属性。马克思发现无产阶级作为一个阶级它没有自己的特殊利益,因为这个阶级的财产除了它本身的肉体和历史的使命感外就一无所有,它的最终目标不是简单的政治解放,而是全人类的解放;它不是要消灭资产阶级而保存自己的阶级,它消灭资产阶级是为了最终消灭自身;利益上的坦白和无私直接决定了这个阶级革命的彻底性和具有最伟大的历史力量。所以无产阶级的当前运动始终代表着运动的将来。只有无产阶级才是真正始终如一推动历史前进的历史主体。资产阶级借助人民群众的力量赢得了政治解放,为资本主义的发展扫清了障碍,形成了居统治地位的阶级利益,这个既得利益集团追求的是狭隘自私、无止境的抽象财富。狭隘的阶级利益妨碍了资产阶级的历史眼光,历史在它的眼里是永恒的,这个阶级最终构成了历史的保守和反动。正是因为科学的利益观,根据各个阶级的利益属性分析,马克思发现了无产阶级的历史地位,也正是因为真正胸怀全人类的利益观使得无产阶级超越资产阶级成为历史的必然趋势。同样是抽象,古典经济学家虽然具有科学意义的劳动价值论,但他们最终抽象的结果是把工人视为同任何商品一样没有主体性、创造性的物性存在,无产阶级在他们眼里只是被资本消耗的附属物。更不用说根本不懂得抽象法的一般思想家把无产阶级视为社会的累赘和负担了。马克思正是通过科学的利益观发现无产阶级的历史主体地位,在政治经济学的深入研究中通达唯物史观的。所以,归根结底,利益问题绝不仅仅是感性层面的社会物质存在,也不仅仅是简单的思想和行动的观念,而是一个世界观、方法论问题。

唯物史观作为无产阶级的世界观,是无产阶级利益观的科学提炼。世界观从某种程度上讲又是方法论,在实践层面上,世界观和方法论就转化为决策的观念和行动的口号。马克思主义的独特品质就在于它既能提供科学精致的世界观，又能转化为简便易行、通俗易懂的行动口号。问题的关键是在学习、理解马克思主义的过程中，要十分认真和自觉地把马克思主义的这两个方面的特征很好地结合起来，防止出现将这两个方面割裂开来的倾向。“三个代表”重要思想作为马克思主义一脉相承的理论体系同样具备这两个特征，所以我们在学习和理解“三个代表”重要思想，特别是实践“三个代表”重要思想时一定要做到将两个方面结合起来，既要从世界观的高度来学习和理解、丰富和发展马克思主义，又要在实践中真正贯彻“三个代表”重要思想，扎实、有效地做好每一件具体工作。只有这样，党和群众才既具备坚定的信仰、高昂的斗志和饱满的精神力量，又能在实践过程中不断开拓创新，将中国特色社会主义事业不断地向前推进。反之，“三个代表”重要思想就会流于“工程学”的操作意义而失去唯物史观的哲学立场和无产阶级的价值取向，这种简单化的理解等同于庸俗化，具体表现为有人会把“三个代表”重要思想当作标签作为一种时髦到处张贴。另外一种倾向就是片面强调其哲学和价值立场，回到以前凡事都问个姓“资”和姓“社”的思想僵化的境地。这两种倾向对真正实践“三个代表”重要思想都是不利的。

2.“三个代表”重要思想是共产党利益观的基础和精确表述

共产党的利益首先要追溯到工人阶级的利益。工人阶级的发展本身就表明它的利益也在发展变化，这是共产党利益观的现实历史根据。虽然“三个代表”重要思想字面上并没有提到工人阶级，但是工人阶级实际上就是这三个方面在新时期的代表。从某种角度也可以说“三个代表”重要思想是马克思主义关于工人阶级理论的新发展。应该承认，当代的工人阶级已经不同于19世纪的无产阶级了，虽然他们的阶级本质和历史使命是相同的。革命胜利以后，无产阶级成为全社会生产资料的主人，因而转化为工人阶级。工人阶级本身的状况在社会主义建设过程中发生了重要变化。“三个代表”重要思想适应了工人阶级利益发展的新情况和工人阶级新的历史使命，是中国共产党对自身的利益观进行历史定位的现实和理论依据，构成中国共产党利益观的历史的和理论的基础，也是共产党利益观在当代的精确表述。

3. 实践“三个代表”重要思想关键在于树立科学正确的利益观

“三个代表”重要思想就是共产党科学正确的利益观。学习和贯彻“三个代表”重要思想首要的是对共产党员和人民群众，特别是党员干部进行马克思主义的利益观教育，只有这样，“三个代表”重要思想的精神才能真正转化为我们的强大精神动力，才能真正在中国特色社会主义实践中贯彻落实。

(六)科学发展观的马克思主义中国化实质

科学发展观继承了马克思主义中国化以发展中国为主题和现实目标的历史传统,是对马克思主义中国化的发展中的经验教训的系统总结和理论升华,坚持了马克思主义的发展理想与中国当前社会发展实际相结合,初步实现并发展了马克思主义的发展观,实质上是马克思主义中国化的当代化和具体化。科学发展观之"科学"是马克思关于科学的本质,是"人学"的中国化,科学发展观就是当代中国"人学"的现实形态。科学发展观的研究应该坚持构建社会主义和谐社会的实践定位,要使之成为构建社会主义和谐社会的理论基础。

中国在21世纪初提出的科学发展观是推进马克思主义中国化事业的伟大纲领和基本原则,是体现在解决中国发展问题过程中的对马克思主义的坚持和发展,同时也是对当代人类社会发展问题的回应,体现了普遍性和特殊性、时代性和民族性、理想性与现实性、中国化与世界化的统一。由于发展问题的人类普遍性与民族现实性,世界各国对发展问题给予了极大的关注,同时,也就有着不同的发展观念及其争论。发展是人类在每一个前进阶段所面临的十分现实的问题,因而人们总是朴素地追问:"我们需要怎样的发展"、"需要建设一个怎样的社会"、"需要怎样的生活"、"什么样的发展才能给我们带来真正的幸福生活"等这样一些常问常新的问题。对于中国人来说,如此现实又能激起强烈共鸣、如此复杂又需要迫切解决的发展问题,显得尤为突出。认识科学发展观,首先需要坚持科学的世界观和方法论,认识到其实质是马克思主义的中国化,在此基础上深化对科学和科学发展的认识,将人们对现实发展问题的关切升华为对共同理想的认同、期待和实践,确立关于"现实的个人"的科学发展观念,并将其贯彻到构建社会主义和谐社会的实践中。

1. 科学发展观的实质:马克思主义中国化的当代化和具体化

邓小平曾经用"发展是硬道理"打破了在关于中国发展问题上的改革之争,发展的目标直接定位于解放和发展生产力,迅速地改变贫穷、落后和封闭的现实状况。这一发展观既具有直接感性的朴实无华,又具有将马克思主义中国化的理论气魄和境界,成功地开启了具有中国特色社会主义的发展道路。三十多年来的发展成就实现了生产力的质的飞跃,使社会主义摆脱了贫穷和僵化的困境,奠定了中国特色社会主义发展的全新物质基础,也将马克思主义中国化事业推进到了一个新的历史阶段。科学发展观直接面对的是初步发展了的中国特色社会主义现实，这个现实已经不满足于解放和发展生产力的硬道理，而且要求建立发展的软道理，即强调经济发展由“又快又好”到“又好又快”的转变，将现实的人作为发展的出发点和归宿，要求将社会和谐作为立体的、动态的、辩证的社会过程建设的现实追求。科学发展观作为全新的发展观念，是关于中国特色社会主义发展的硬道理和软道理的统一，其实质是当代马克思主义中国化的当代化和具体化。

(1)科学发展观继承了马克思主义中国化以发展中国为主题和现实目标的历史传统。在马克思主义中国化的初始阶段，先进的中国人就将中国社会的发展定位于马克思主义的科学实践，这最初的艰难选择奠定了经新民主主义革命走向社会主义不断推进中国社会历史发展的理论基础。中国哲学和传统文化的民族性和地域性决定了它无法看到近代的中国已经是世界历史结构的一部分，具有世界性、科学性和实践性的马克思主义给了我们以世界的眼光看中国的科学思维方式，中国的社会发展一旦进入马克思主义的视野便使科学发展成为现实的可能，中国共产党的成立之所以是开天辟地的大事，也在于中国社会的科学发展从此有了组织上的坚强保障。因此，马克思主义中国化的历史任务虽然有革命、建设和改革的实践主题转变，但推动中国社会科学发展却始终是其实质和核心，今天我们提出的科学发展观实质就是马克思主义的中国化。正如十七大报告指出的，科学发展观是对党的三代中央领导集体关于发展的重要思想的继承和发展，是马克思主义关于发展的世界观和方法论的集中体现，是同马克思列宁主义、毛泽东思想、邓小平理论和“三个代表”重要思想既一脉相承又与时俱进的科学理论，是我国经济社会发展的重要指导方针，是发展中国特色社会主义必须坚持和贯彻的重大战略思想。①

(2)科学发展观是对马克思主义中国化的新发展，是对马克思主义中国化的发展中的经验和教训的系统总结和理论升华。科学发展观作为当代马克思主义中国化的最新理论成果，明确了马克思主义中国化的始终如一的发展中国的核心目标，赋予了马克思主义中国化以鲜明的时代内涵和民族特色。贯彻和落实科学发展观首先要坚持和发展马克思主义。当前对科学发展观的理解中，有一种观点认为现在提倡科学发展，就是因为原来我们的发展实际上是不科学的；还有一种观点认为“科学”一词在西方世界已经成

---

① 胡锦涛.高举中国特色社会主义伟大旗帜，为夺取全面建设小康社会新胜利而奋斗[N].人民日报，2007-10-25.

为分析哲学、现象学、存在主义以及后现代主义思潮批判的对象，而中国却还在提科学发展，这岂不是步西方现代化的后尘吗？这两种看法都在于没有理解科学发展观的马克思主义中国化实质。

马克思主义中国化对于中国的社会发展来说始终是科学的，革命和建设过程中出现的曲折也是探索这一科学发展中国的道路上的必要的社会代价，对这种社会代价的认识必须以马克思主义的历史科学为评判标准，着眼于中国社会历史发展的长远，着眼于整个人类和世界历史发展的进程来理解。以马克思主义为指导的中国社会革命、建设和改革的道路始终是一条科学发展的道路，科学发展观正是对中国现阶段国情的正确认识，继承了中国社会的科学发展的马克思主义中国化的历史传统，并不是中国社会发展道路的断裂或偏转。当然，在中国社会发展的科学道路的探索上，违背马克思主义和自然科学的情况是需要正视的，这也是众所周知的，但是这恰恰是坚持而不是否定或背弃马克思主义中国化的科学发展道路的根据。因此，科学发展观的“科学”首先指的是马克思主义科学，遗忘这一点就不可能正确理解科学发展观。

关于自然科学推动经济和社会发展的作用，邓小平以“科学技术是第一生产力”的历史唯物主义观点早有定论并得到广泛共识，也是一个基本常识，如果把科学发展观的“科学”主要理解为自然科学，那就是没有实际意义的对常识的简单重复。很显然，科学发展观的直接对象是中国社会发展的总体性、长远性问题，主要是马克思主义的问题，是一个哲学和人文社会科学的问题，科学发展观是一个现实的马克思主义中国化理论体系和实践纲领，不是一个常识，也不是一个实证性的具体操作问题。总之，科学发展观是当代马克思主义中国化的具体化，这是完整准确地理解科学发展观的思想方法和理论基础。

(3)科学发展观的实质是马克思主义的发展理想与当代中国社会发展实际的“结合”，是马克思主义中国化的当代化和具体化。马克思主义的发展理想就是要在人类完全掌控极大丰富的生产力的条件下实现人的自由全面发展。突出解放和发展生产力，是符合中国社会主义实际的现实目标。然而，既然是搞社会主义，就必须同时突出人的自由全面发展的社会理想，也就是一方面要大力发展物性，同时又要以人为本坚决克服物性、张扬人性，从过程、方向和价值目标上体现马克思主义的社会发展理想。科学发展观体现的就是马克思主义发展理想的实践方向。共产党的领导加上社会主义的基本制度、价值取向和先进文化，使得克服物化具有现实可能性，构建社会主义和谐社会即是科学发展的当前实践形式。现代西方世界自近代以来一直苦于物化的统治，资本主义的前途和命运仍然是困扰人类的重大现实问题，以科学发展观为理论基础的社会主义和谐社会建设的实践有可能为21世纪的人类社会探索出一条现实的通达人的自由全面发展的社会发展道路。因此，科学发展观作为马克思主义中国化的当代化和具体化，具有一定的世界意义。

2. 科学发展观的"科学"之辨：马克思关于科学的人学本质思想的中国化

自然科学和哲学社会科学在其现实性上都是人学，这就是马克思关于科学的本质是人学的基本思想。在马克思那个年代的资本主义生产方式的全面统治下，科学和哲学都遵循着以物为本的发展方向，其人学实质隐藏其后。今天，在中国特色社会主义的实践背景下，科学的人学实质正得以彰显。中国特色社会主义实践是马克思关于现实的人和社会的发展理想的初步实现，科学发展观的"科学"就是关于人的科学，是马克思关于科学的本质是人学的思想的中国化，科学发展的观念首先是人学的观念和范畴，是当代中国人学的现实形态。

(1)科学发展的动力和依据应该是促进人的自由全面发展和满足人的合理的现实需要。只有以现实的人本身的合理需要为尺度，经济的发展才具有人学和真正意义上的社会性质。只有现实的人本身才有可能调节自然和社会的矛盾，因为自然界实质上是人的"无机的身体"[①]，它与人的"有机身体"是否和谐，其判别的依据只能是现实的人本身的现实需要和人学反思，因此人学才是科学发展的灵魂和主导逻辑。以物为本的发展观产生的必然是耸立在人的现实的合理需要之上的欲求，这种欲求的力量推动的发展必然是对自然的疯狂掠夺，人类最终找不到人和自然的平衡点，人性将被蒙上灰暗的阴影。要避免人性的失落和迷惘，人类的发展必须变以物为本为以人为本，发展的人性回归也许会付出物质财富的代价，但这也许更能让人类深刻地理解创造物质财富只是为了人的发展本身，是为了张扬人性而不是贬抑人性。当然，在以解放和发展生产力为现实目标的中国社会主义的现实定位的条件下，人性和物性在发展的过程中将面临着十分尖锐的矛盾，公平与效率的取舍和平衡的"两难"正是这一对矛盾的体现。因此，把以人为本的发展原则贯彻落实到从宏观到微观的具体现实中就不是自然科学所能做到的，坚持马克思主义中国化的基本原则，充分发挥哲学社会科学的作用

① 马克思.1844年经济学哲学手稿[M].北京：人民出版社，2000：56.

显得尤为重要,这正表明科学发展的观念是先进的人学观念,但它采用了中国化的表述方式,体现了马克思主义的发展理想和当代中国发展实际状况的结合。

(2)科学发展观要求把自然真正当作人的"无机身体",实现人和自然的和谐。自然界属于自在运动的物质形态,其本身作为外在于人类实践而言就是自在的和内在的和谐的,和谐于纯粹的自然界来说就是其自在性。然而,今天我们所谈论的和谐不是自然的自在和谐,而是社会和谐,和谐是一种社会关系。人和自然的和谐相处就是要一方面保持自然的内在自在性,另一方面保持社会关系的和谐,社会关系的和谐决定着人和自然的和谐。人类无论如何发展自身的创造性和智慧,都无法完全超越自身的自然性即肉体而转化为抽象的幽灵式存在,也就是说人类自身永远面临着自身的自然性和社会性的平衡问题。人自身的自然成为人类自身发展和创造其社会力量的本体观照,它起着看护和平衡人类理性的调节作用,这也就是人自身的内在和谐。这种人自身的内在和谐是看不见的和谐,"看不见的和谐比看得见的和谐要好"[①],这种看不见的和谐的放大与延伸就是人类和自然界的和谐与社会的内在和谐。因此,人自身的内在和谐调控机制是人类生存和发展的基本尺度和标准。自然界作为人的"无机身体"正是人自身作为自然性和社会性相统一的存在的内在要求和外在体现。保护自然并不是一句抽象的口号,而是人自身的内在和谐的使命,是人类自身存在和发展的"绝对命令",破坏自然就是人类的"自残"行为。无论是科学发展还是社会和谐都必须上升到哲学的层面来认识,仅仅停留在实证操作层面来理解虽然很正视现实的不发展和不和谐,但最终要达到根本目标还必须从马克思主义特别是其哲学的中国化来厘清方向和确定目标,形成人学思维。可见,人自身的和谐、人和自然的和谐、社会的和谐状态是科学发展的基本尺度。

(3)科学发展就是人的自由全面发展,体现的是马克思主义中国化的历史总体性。马克思主义中国化作为推动中国社会科学发展的实践纲领,在现实层面必须是总体性的历史图景,也就是说马克思主义中国化的实践必须具有历史的总体性,不可能也不应该是碎片化的,体现的是现实的个人和社会的全面协调和可持续发展。因此,江泽民反复强调中国特色社会主义经济、政治和文化是一个完整的整体。党的十六届四中全会强调构建社会主义和谐社会是现代化建设的重要目标,其总体布局是经济建设、政治建

---

① 赫拉克利特.赫拉克利特著作残篇[M].西方哲学原著选读[C].北京:商务印书馆,2004:24.

设、文化建设和社会建设四位一体的历史总体性图景，建设有中国特色社会主义的总体目标也是由发展社会主义物质文明、政治文明、精神文明和社会文明在内的四位一体的总体性历史目标。党的十七大又提出建设生态文明的关于发展的新的更高要求。[①] 这种对中国特色社会主义建设的新认识体现的就是马克思主义中国化的历史总体性，体现的是科学发展的观念。只有坚持经济社会的全面、协调、可持续的总体性推进的发展布局和态势，才有可能为现实的个人的自由全面发展奠定坚实的现实基础。人的自由全面发展是马克思主义本真精神的基本体现，是经典作家的马克思主义与中国的马克思主义一脉相承的灵魂，作为全面推进人的自由全面发展的科学发展观，是马克思主义关于政治解放和人类解放理想的中国化亦即具体化、民族化现实化形态。

3. 深入研究科学发展观，使之成为构建社会主义和谐社会的理论基础

如何认识社会主义和谐社会，以什么样的理论来构建社会主义和谐社会？从马克思主义中国化的成功历史经验来看，当然只能是中国化的马克思主义理论才有可能指导我们建设社会主义和谐社会，换句话说，能够成为构建社会主义和谐社会的理论必然是中国化的马克思主义新形态。以人为本的科学发展观作为中国化的马克思主义的新形态，正是构建社会主义和谐社会的理论基础。因此，深入研究和阐发科学发展观，使之成为中国化的马克思主义的学术化理论体系是摆在学术界面前的重要任务。

(1)坚持中国社会主义的历史传统，坚持构建社会主义和谐社会的实践定位。必须明确，科学发展观作为中国化的马克思主义理论新形态，是要在21世纪推进马克思主义中国化的历史进程，是要巩固、完善和发展中国的社会主义，是要继承和延续中国的社会主义新传统，而不是相反。坚持和发展社会主义的历史传统是实现中国社会发展和民族伟大复兴的根本历史经验，这是中国人民的根本利益所在。科学发展观及其构建社会主义和谐社会的实践是对“什么是中国特色社会主义，如何建设中国特色社会主义”这一朴素的追问在新的历史条件下的理论回答和实践探索，科学发展观与毛泽东思想、邓小平理论和“三个代表”重要思想共同构成既与时俱进又一脉相承的中国化的马克思主义理论总体。还必须明确，构建社会主义和谐社

① 胡锦涛.高举中国特色社会主义伟大旗帜，为夺取全面建设小康社会新胜利而奋斗[N].人民日报，2007-10-25.

会是科学发展观的当前实践形式，二者在理论层面具有内在逻辑的一致性。因此，科学发展观的研究应该直接服务于构建社会主义和谐社会。当前的科学发展观和社会主义和谐社会理论研究，应该自觉将二者统一起来。

(2)深入研究科学发展观的马克思主义中国化实质。不仅科学发展观首先是当代中国的社会发展观，而且更为实质性的问题是科学发展观是马克思主义的发展观，是社会主义的发展观，是推进人的自由全面发展的中国特色社会主义实践观念，是中国化的马克思主义理论新形态。西方世界至少目前并一定能够完全理解和接受我们的科学发展观。科学发展观当然也要继承和吸收西方世界的先进发展理念，现代西方世界关于社会发展和人的发展的先进人文社会科学成果理所当然地构成科学发展观实践的具体理论参考和借鉴，但必须明确的是中国的社会主义发展战略决定了科学发展观的理论来源和实质只能是马克思主义。因此，应该坚持马克思主义中国化的研究方向和原则，从马克思主义关于社会发展和人的发展的多角度、多侧面研究科学发展观对马克思主义发展观的继承和发展，夯实科学发展观的理论基础，同时为科学发展观的实践即构建社会主义和谐社会确立现实"问题阈"并进行理论分析，提出切实可行的对策和方案，真正将科学发展观落实到构建社会主义和谐社会的实践中去。

(3)将科学发展观上升到哲学高度，建构中国化的马克思主义的学理体系。科学发展观的研究既要在政治层面深入认识，更要上升到学术层面特别是哲学领域进行深化理解。学术层面的中国化的马克思主义理论新形态的建构是当前科学发展观研究的学术诉求。当前，坚持以人为本的科学发展观构建社会主义和谐社会的实践，必须体现中国马克思主义的科学性与实践性的现实统一，这就要求坚持以马克思的人的自由全面发展学说构建中国人学的现实形态。人的自由全面发展不仅是马克思主义的一个基本观点，更是一个完整的理论体系。"以人为本"作为马克思主义的人的自由全面发展学说体系的中国化的政治原则和实践观念，是马克思主义关于现实的人的发展理想的中国化的社会主义实践精神。中国化的马克思主义的学理体系的理论定位也应该服务于构建社会主义和谐社会的实践需要，以人的自由全面发展为出发点和归宿，深入阐释科学发展就是人的自由全面发展，以当代中国的人学现实形态为理论目标，是建构中国化的马克思主义学术形态的现实选择。

(七)作为哲学问题的科学发展观

作为哲学问题的科学发展观主要探讨科学发展观在什么意义上是历史

唯物主义发展观念的合乎内在逻辑的发展和创新。历史唯物主义的发展观念体现为在对资本主义制度和资本内在逻辑的批判中彰显人的自由全面发展，在历史性的批判中凸显科学的发展理想。科学发展观的直接理论基础是马克思历史唯物主义的发展理想，其哲学内涵主要表现为这样一种全新的现实发展观念，即以社会主义为制度基础，以人的自由全面发展为原则的共同富裕为现实目标，以扬弃物化为运动过程，实现物（包括社会关系）的人性与人的物性的和谐交融，体现共产主义的理想和价值观念。科学发展观是马克思主义（包括其哲学）中国化的重要成果。和谐社会是社会主义的一大基本特征与要求，科学发展观的精神实质直接构成和谐社会建设的理论指南。

在我们所处的历史时代，发展问题被公认为是世界的主题之一。发展问题始终是人与自然、人与人、物性与人性、世界性与民族性、科学性与价值性等重叠交错的复杂性问题，在当今时代它也是难题，不仅因为科学在这方面被理解为有很大的局限性，还因为自资本主义产生至今，这种人类占主导地位的发展模式虽然取得了历史性的成就，但一直被人们怀疑、批判和试图超越。因此，发展问题具有历史的总体性质，只有将发展问题上升到哲学的高度才能真正理解发展的实质性诉求，即我们这个时代的人们需要怎样的发展、需要发展什么、以怎样的方式发展、为了谁而发展等。可见，科学发展观的提出不仅仅是以中国特色社会主义实践为历史基础的全新发展理念，而且也是立足当代人类世界为了人类更美好的未来的发展理念，它不仅仅是中国在发展过程中实证层面的操作问题，而且它本身的世界历史总体性质决定了它必然也是一个哲学问题。

1. 历史唯物主义的发展理想

发展的观念是历史唯物主义的题中之意，发展问题也贯穿于马克思历史唯物主义产生和发展的整个思想历程历史唯物主义的发展观念体现为在对资本主义制度和资本内在逻辑的批判中彰显人的自由全面发展，在历史性的批判中凸显科学的发展理想。具体说来大致可以概括为以下五点。

(1)发展的哲学基础是实践的辩证的历史的唯物主义。①发展是一个客观的历史过程，是工业和商业的历史性扩张，是通过感性经验可以确定和判断的现实存在，发展或者不发展都是历史的客观事实，不是人们在头脑中的思辨幻想，不是“想象的主体的想象活动”[①]。黑格尔哲学所确定的真正的

① 马克思恩格斯选集(第1卷)[M].北京：人民出版社，1995:73.

发展就是思辨的概念的发展，虽然他也看到了历史也处在不断的变化之中，但历史在他眼中只是像自然一样地永恒变化，这种变化服从于绝对精神的发展的需要，历史本身没有发展。②在马克思看来，唯物主义，特别是近代培根的唯物主义为人的全面发展奠定了哲学的基础。近代早期的唯物主义"在朴素的形式下包含着全面发展的萌芽，物质带着诗意的感性光辉对人的全身心发出微笑"，"唯物主义在以后的发展中变得片面了……感性失去了它的鲜明色彩而变成了几何学家的抽象的感性……唯物主义变得敌视人了"。[①] 马克思认为近代的唯物主义最终朝着两个方向发展：机械的唯物主义以及作为社会主义和共产主义运动的唯物主义。前一个方向最终导向抽象而堵塞了人的全面发展的通道，后一个方向在坚持唯物主义面向现实的社会生活和历史方面前进了一大步，马克思直接继承和发展唯物主义的这一方面，最终形成实践的唯物主义，即"作为共产主义的唯物主义"[②]。因而，在马克思看来，现代社会的发展必须奠定在这一全新的唯物主义哲学基础之上。③这种全新的唯物主义作为发展的哲学基础，在继承和遵循一切旧唯物主义关于自然的优先性和基础性的前提下，将实践即现实的人的感性的生产劳动和创造性活动作为物质性基础。发展是奠定在现实上的物质生产，即大工业基础上的。

(2)发展始终是以现实的人为基础和根据的。发展以现实的人为出发点和归宿，体现了发展的目的。但是，由于历史活动的复杂性，发展的过程必然分裂为物的发展过程和人的发展过程。在前资本主义阶段还表现为内在和谐的同一过程的物的方面和人的方面，物作为人们活动的对象和作品，服从于人的需要和价值追求，人的发展表现为"原始的丰富"[③]。在资本主义条件下，发展的过程真正分裂为独立的物的发展过程和人的发展过程，这两个过程处于辩证的运动过程中。生产过程变为抽象的价值生产过程，物的感性彻底隐去了，人的发展的全面要求服从于片面的价值增值，"抽象成为统治"[④]。有个性的个人丧失个性，"各个人的社会地位，从而他们个人的发展是由阶级决定的，他们隶属于阶级"[⑤]。可见，发展虽然必须表现为增长，但是增长并不是最终目标，现实的人的需要和全面发展才是发展的根本根据和意义所在。如果发展仅仅表现为外在于现实的人的商品和价值的增

① 马克思，恩格斯．神圣家族[M]．北京：人民出版社，1958：163-164.
② 马克思恩格斯全集(第46卷上)[M]．北京：人民出版社，1979：75-78。
③ 马克思恩格斯选集(第46卷上)[M]．北京：人民出版社，1995.
④ 马克思恩格斯选集(第46卷上)[M]．北京：人民出版社，1995：111.
⑤ 马克思恩格斯选集(第1卷)[M]．北京：人民出版社，1995：118.

长,发展也将作为物的力量成为现实的人的统治,发展仅仅表现为物的发展,现实的个人首先变为工人即劳动力商品,进而在李嘉图那里变为与帽子毫无二致,奠定在这样的基础上的发展观念只能是古典经济学的完美的意识形态。因此,以现实的人的需要和全面个性为目标的发展必须始终体现在出发点、过程、原则和最终目标上。

(3)发展是物作为人的感性的具体丰富性与人本身的存在的和谐一致。发展作为一个客观的历史过程,离不开物的发展,或者说必须以物的发展为中介,这是现实的人作为对象性存在物的客观要求,也是现实的人始终作为自然界的一部分的客观要求,离开物的人和社会的发展只能是抽象的。发展作为马克思新唯物主义的一种基本观念,始终是立足于历史和现实并对其进行的科学的能动的反映,作为一种反映发展始终表现为物作为感性的具体丰富性与的人的存在和发展的内在和谐一致。反之,凡是构想人的发展中没有物及其发展的发展观念必然是抽象的、思辨的幻想。在马克思看来,物(包括自然)作为人的感性世界是极其丰富的,无论是客观的自然界还是人们通过劳动创造的人化的自然,都应是充分体现人的全面发展,体现人的力量与美,体现人与自然的和谐、人与人的关系和谐。人、自然与社会和谐交融的境界就是一种发展的理想境界。

现实的人的发展客观上要求以物为中介和基础,可是在资本主义条件下,物(包括自然)作为人的感性的具体丰富性由于价值规律的作用而完全被抽象掉了,物的全面丰富属性变为单一的商品价值属性。产品商品化、货币化、资本化,物(包括剩余产品)的发展绝对服从资本的增殖逻辑。物没有了感性就直接反过来成为敌视人、统治人的外在对立力量。人的全面发展的需要被迫服从于资本的逻辑而退化为单一的欲望、欲求,作为现实的人的具体丰富性的社会成为单调的欲壑难填的消费社会。因此,发展的真实状态应该是物作为人的感性的具体丰富性的发展与人本身的存在的合理性需要的内在和谐一致。

(4)发展是科学性与价值性的统一。由于人的发展客观上表现为以物的发展为中介,因此不言而喻科学在促进物的发展方面具有重大作用。但是科学本身只有奠定在以人本身的发展为原则的基础上,亦即科学性必须与价值性处于辩证的过程中,发展才能对促进人的发展有可靠的保障。在资本主义条件下,科学本质上服从于资本的价值增殖,人的发展相反成为资本增殖的表象意识。因此,作为以现实的人为出发点、原则、根据和最终目标的发展来说,必须坚持科学性与价值性的统一性,让科学的力量服从于人的发展的价值追求。在马克思看来,资本主义不可能做到这一点,未来的共产主义社会理应实现这一现实的原则。

(5)发展最终表现为历史的物性之被克服与消解为人的自由自觉活动。在马克思看来,共产主义社会以前的历史毫无例外地都是一种客观的物质力量,它相对于现实的人来说也是一个必须理解和接受并受其制约的现实的对象。历史作为人们活动和意志的最终产物,表现为物的力量,表现为物性,这种物性作为一种统治力量表现为与现实的个人的差别和对立,因而在这种历史境况下的现实的个人还没有实现自由全面的发展。反之,要最终实现每一个人的自由全面的发展,必须消灭作为物质力量与现实的个人对立的历史的物性,使历史消融在人的自由自觉活动之中,历史之物性被克服与消解的状态表现为历史仅仅作为联合体的个人的自由自觉活动,仅此而已。共产主义要消灭的不是全部的历史,而是作为物质力量、作为物性与联合体中个人的自由的个性相对立的那个历史。

2. 科学发展观对历史唯物主义的继承与发展及其哲学内涵

科学发展观的哲学基础是历史唯物主义,其理论基础直接就是历史唯物主义的发展理想。

(1)科学发展观以工人阶级及其广大人民群众为基本立场,体现了马克思主义的世界观。在阶级社会中,发展问题是有阶级性的。历史上的统治阶级因社会发展充分体现了自身的利益而总体上都认为自己所处的社会的发展是没有多大问题的,但是对被统治阶级来说社会的发展就是自身的不发展。在马克思的时代,资本主义社会的发展等于是资产阶级的发展,这种发展对于无产阶级来说就是维持灵魂不离开肉体的工资。马克思的历史唯物主义谋求的就是全世界无产阶级的发展,无产阶级立场是这种发展理论的灵魂。科学发展观是以工人阶级为主导的最广大的人民群众的根本利益为基本立场的,体现了马克思主义的世界观。因此,科学发展观不能简单地从字面上抽象地理解为运用科学技术来实现经济增长和社会发展,科学发展观所体现的科学性主要在于现实的人,即工人阶级及其广大人民群众。

(2)虽然中国共产党提出科学发展观是直接立足于当代中国社会主义发展的现实问题的基础上的,但是中国所面临的发展问题与整个世界所面临的发展问题具有明显的一致性即共性,如资源、环境、人口、贫困、公共卫生和安全等问题,中国的发展问题就是整个人类当前所面临的发展问题。此外,在全球化的条件下中国作为一个世界上发展中的有重大影响的大国,它的发展问题不再仅具有中国所特有的民族国家的意义,而是直接具有世界历史总体的性质和意义。因此,科学发展观所要解决的发展问题具有世界历史的总体性质，在理论上它是一个哲学问题，科学发展观就是一种哲学的反思和前瞻性的社会历史发展观。

(3)科学发展观是以马克思历史唯物主义的发展理想为理论视角对现时代发展问题的科学定性和哲学升华。我们目前的发展存在着哪些问题，是否符合我们的需要，经济的增长在多大程度上体现了现实的个人的自由全面发展的要求？历史唯物主义的发展理想体现的是在发展问题上的人类自觉，对我们的发展现实提供了一个反思、批判和前瞻的视角，科学发展观直接继承和发展了历史唯物主义的发展观念和理想，是当代发展问题的理论反映。只有人类对自身的发展问题具备了一个反思的维度，才有可能实现发展的自觉或者发展始终体现人的需要和存在的意义。这是发展的物性和人性之间相互制约和促进、保持恰当张力的客观要求。历史唯物主义为此提供了这种现实的可能。

科学发展观的哲学内涵主要表现为这样一种全新的现实发展观念，即以人的自由全面发展为原则的共同富裕为现实目标，以扬弃物化为运动过程，实现物(包括社会关系)的人性与人的物性的和谐交融，体现共产主义的理想和价值观念。

(1)发展的制度基础是社会主义。坚持社会主义来发展中国这是中国发展道路的核心所在。因为马克思主义是科学，我们坚信社会主义制度作为对资本主义制度的扬弃是人类社会发展的更科学、更合理的发展道路。对于中国自身来说，虽然社会主义制度处于走向成熟的探索之中，其间也经历过曲折，但社会主义制度给中国带来的翻天覆地的社会发展的变革也是举世公认有目共睹的，新中国六十多年的发展成就是摆在全人类面前的客观事实。坚持和发展社会主义制度是中国走向未来的优势利益所在。当前西方世界有人认为中国在发展问题上的秘密就是逐步抛弃社会主义走向资本主义，国内也有人对此有模糊认识。科学发展观重申和确认中国特色社会主义道路是发展中国唯一合理的科学道路。从人类的发展前景来看，中国坚持走社会主义的发展道路是在当前资本主义发展模式还处于主导的情况下对人类更美好的发展前途的宝贵探索。资本主义的发展模式从产生至今一直处于被质疑和批判的地位，它的发展成就被全人类证实付出了高昂的代价，它造就的是一个不平等、不平衡的世界格局和世界秩序，它带来的是一系列理论的和现实的悖论。因此，中国坚持社会主义制度的科学发展道路将是对人类发展的重要贡献。

(2)以人的自由全面发展为原则的共同富裕为现实目标。共产主义最终要导向的是作为联合体的个人的自由全面发展。在马克思的那个时代，工人阶级为政治解放而奋斗的直接目标就是要使自身作为阶级的无产者首先通过革命转变为有产阶级即生产资料的主人。摆脱了作为阶级的无产状况也就为改变作为阶级的赤贫状态奠定了现实的条件，也就为实现作为阶级的共同富裕奠定了坚实的基础。这种共同富裕不是资本家及其代言人资产阶级经济学家对工人所做的抽象宣传的“做资本家吧！”的空洞口号。这种抽象的蛊惑只能使单个的工人在保持资本主义生产方式永恒的条件下保持着做富人的某种幻想，单个工人也许可以通过某种偶然的状况而偶然成为资本家，但这也仅仅只是作为抽象个人的偶然。因此，只有作为阶级的共同富裕才是无产阶级争取政治解放的直接现实目标，是最终实现共产主义的基础性条件之一。邓小平同志提出的共同富裕的初级阶段社会主义理想是对中国特色社会主义实际状况的科学、合理和深刻理解的产物。共同富裕不是一个纯粹的政治承诺，而是由社会主义的制度基础决定的现实性，这个现实的理想既严格遵循了共产主义的理想和价值——人的自由全面发展的宗旨和原则，又尊重了初级阶段的中国社会主义现实状况。“以人为本”的科学发展观所导向的西部大开发、建设社会主义新农村等重大举措都体现了作为共同富裕的初级阶段的社会主义理想的现实性。以人的自由全面发展为原则的共同富裕是科学发展观的基本目标之一。

(3)以扬弃物化为运动过程，实现物(包括社会关系)性与人性的和谐交融是科学发展观的重要原则。共产主义最终要克服作为物性的历史，使之消融于作为联合体的个人的自由自觉活动之中。市场经济作为在当今世界资本主义主导的全球化进程中必然采取的社会主义经济形式，同样是一个物化(商品化、货币化、资本化)的过程，这个过程是解放和发展生产力的过程，也是人的全面发展要求和物作为人的具体的、丰富的感性抽象化(单一化、片面化)的过程，是人性物化、物性退隐的过程。这个过程的后一方面与社会主义制度和共产主义的人的全面发展原则相矛盾。科学发展观表明，市场经济这个被西方世界所神化的所谓经济发展的科学形式具有自身难以克服的局限性，社会主义制度为此提供了解决问题的现实可能性。运用社会主义制度的优势克服市场经济的物化现象，实现物(包括社会关系)性与人性的和谐交融，是以人为本的科学发展观的重要原则。纵观整个西方市场经济史，物化问题始终困扰着西方思想界，似乎形成了一个定论即认为要消灭物化现象等于消灭市场经济本身。从这个意义上讲，西方的资本主义发展模式从整体上看就不能认为是科学的。社会主义市场经济作为科学发展观的一个组成部分，为在社会主义制度内部解决这个物化问题提供了现实的可能性。一方面，我们有作为科学的马克思主义为理论基础，消灭物化是共产主义的基本目标之一；另一方面社会主义制度作为现实完全有可能做到这一点，消灭物化具有现实制度基础。虽然目前离完全克服物化还相当遥远，社会主义制度在处理解放和发展生产力同物化的矛盾问题上还处在起步阶段，以人为本的原则全面贯彻到社会生产和生活的各个领域还有一个长期的过程，但是我们已经具备很好的社会基础，如由新中国奠定的相对公平的社会生产关系基础，长期以来在革命和斗争过程中积累起来的宝贵精神财富和社会主义的先进文化，中国共产党广大的群众基础、丰富的执政经验和不断成熟与提高的执政能力，等等，这些现实条件本身是克服市场经济物化，实现人与自然、人与人、物性与人性和谐交融的重要基础，这是西方世界所完全不具备的。科学发展观在这方面体现了与西方发展观完全不同的科学性，代表了人类社会发展的更高更新的追求。

3. 科学发展观视野中的和谐社会建设

(1)和谐社会是社会主义的基本特征，生产关系的和谐是和谐社会建设的根本内容。社会主义社会作为科学发展的社会形态是对资本主义的扬弃，理应具有和谐的内涵。以历史唯物主义的基本立场和原理看来，和谐首要的是社会生产关系的和谐。和谐的社会生产关系是社会主义的基本特征，这是自斯大林到毛泽东的基本上一致的看法。斯大林认为社会主义的生产关系和生产力是完全适应的，二者不存在矛盾。无论这种观点与当时苏联的实际情况是否完全一致，但至少表明社会主义生产关系和生产力之间理应是和谐的。毛泽东不完全同意斯大林的这一看法，认为社会主义生产关系和生产力、经济基础和上层建筑之间在基本相适应的条件下还有不相适应的方面和环节。从历史的现实来看，社会主义生产关系从总体上讲是和谐的，生产关系的和谐决定了和谐社会是社会主义的一大基本特征。过去我们对社会主义基本特征的认识比较侧重于基本结构和要素，但是缺乏对社会主义社会整体的恰当认识。和谐社会的提出坚持了社会历史总体的辩证法，作为对社会主义社会的整体状况的总体性认识和要求，对于处于深化改革开放和较快速度发展的中国特色社会主义实践来说具有很强的现实意义。

事实上，我国的社会主义生产关系自建国后至今总体上是和谐的。新中国成立后，在农村由于土地改革和农民当家作主基层政权的建立，农村的新型生产关系完全消灭了已存在几千年的剥削制度。农村的和谐的社会生产关系总体上一直持续到今天，构成农民实现共同富裕的重要的社会基础。新中国成立后的城市生产关系的改造顺利实现了社会主义公有制生产关系的建立。和谐的社会生产关系对生产力的发展起到了适应和促进的积极作用,可以说生产关系的和谐是新中国成立以来经济增长和社会发展的最重要的社会基础。公平(主要是指公有制的社会经济制度)是这一和谐社会生产关系的根本特征。

改革开放以来,我国的社会生产关系发生了很大变化,这种变化表现为由单一的公有制生产关系向公有制和非公有制生产关系的共存。两种曾经被认为是性质上根本对立绝对不相容的生产关系在市场经济的条件下走向了融合。这是中国特色社会主义的一大创造。公有制与市场经济的兼容问题是其核心。虽然两种生产关系已经共存,但二者之间的矛盾是不可能彻底消除的客观存在,只不过它们之间的矛盾在社会主义条件下表现为一种特殊的社会现象,这种对立的矛盾由于与人民内部矛盾的融合而缓和了其对立性,但同时又给人民内部矛盾带来了新的突出问题,如社会分配不公、两极分化、弱势群体等。社会主义制度在调和公有制和非公有制的矛盾方面起到了实质性作用,但显然与社会经济较快速度发展的要求不相适应。因此,公有制和非公有制生产关系的和谐构成今天构建和谐社会在生产关系方面的重大的实践问题和理论课题。因此,和谐社会建设的重点仍然在生产关系,不断地改革和调整公有制和非公有制的生产关系是其基本任务。

(2)科学发展是和谐社会建设的根本动力。和谐社会是在科学发展中走向和谐的社会形态,没有科学发展的和谐只能是抽象的,因此和谐实质上是辩证的和谐,是社会形态的内在健康发展状态。科学发展意味着解决发展中的矛盾的主要办法是发展本身,和谐社会建设与社会主义的根本任务解放生产力和发展生产力是一致的,都是为了更好地实现社会主义的发展。不能把和谐社会建设与持续、健康、较快速度地发展社会主义对立起来。发展是贯穿社会主义实践始终的硬道理,是建设社会主义和谐社会的根本动力。

(3)科学发展观是和谐社会建设的直接理论根据和指南。中国特色社会主义实践面临的发展问题同时也十分鲜明地表现为突出的社会问题,科学发展观和和谐社会建设具有内在一致性。在理论上,科学发展和和谐社会建设的理论与马克思主义的社会建设理论一脉相承,是立足于中国特色社会主义实践的经验总结和客观要求。因此,科学发展和和谐社会建设的基本内容和实质精神都在于马克思主义的共产主义理想,在实际的操作过程中必须始终贯彻这一精神。

五、马克思主义中国化历史经验反思的关键词

反思改革开放以来的马克思主义中国化的历史经验，可以发现马克思主义中国化这一过程即是对马克思主义世界观、方法论和基本原则与本真精神的"真诚守护"、"有效激活"与"内在性创新"。真诚守护作为世界观实质的根本立场、科学方法、基本原理与崇高的理想信念，并在中国化的结合过程中创造性转化为民族实践、主导思想、核心价值、先进文化合而为一的中国特色社会主义理论体系；有效激活理论的现实性则为民族特色社会主义实践的现实需要提供服务；内在性创新是马克思主义中国化的灵魂，即以中国化的社会主义特色实践为经验基础，为理论增添富有民族实践特色和时代气息的新鲜内容实现理论的一脉相承，承载着发展中国的历史使命与时俱进地创新现实社会主义的中国道路，同时以民族的具体的时代的思维形式和文明成果创新理论。完整准确地总结和反思马克思主义中国化的历史经验，还需要重视借鉴其他社会主义国家马克思主义本土化经验，重视和正确把握马克思主义中国化与西方世界相关"主义"的关系。

改革开放三十多年来的马克思主义中国化的历史进程、思想历程的伟大成就表明，马克思主义的伟大实践力量、理论创新逻辑、作为先进文化的主流价值只有在与中国实际创造性的结合中才能得以实。从当今全球化的角度看，中国化的结合之路是克思主义的社会主义主导实践模式、内在性创新理论形式、典型的民族文化样态，马克思主义中国的历史、现实和未来代表着当代马克思主义实践主场域和理论的全新增长点。

（一）真诚守护：作为世界观实质的根本立场、科学方法、基本原理与崇高的理想信念

为什么改革开放的中国还需要坚守马克思主义？这个现实之谜只能在以中国的民族解放与伟大复兴为自觉追求的近现代的历史之谜中求解。一

部中国近现代史实质上是马克思主义中国化作为中国革命、建设和改革的主导和灵魂的前后相继、始终如一的伟大历史进程。因此，所谓“中国实际”只能是中国的历史、现实和未来的统一体。在资本全球、新自由主义、民主社会主义大行其道的世界历史文化境遇下，真诚守护作为世界观实质的根本立场、科学方法、基本原理与崇高的理想信念是继续推进马克思主义中国化的首要前提和基础。

作为一种吸收人类全部优秀文明成果精华、科学批判资本主义、主张人类最终解放的先进文化系统，马克思主义已经成为当今西方世界的一种文化底蕴和传统，“不能没有马克思”成为西方防止现代和所谓后现代文化断裂和思想枯竭的呐喊，在中国等社会主义国家，马克思主义就是主导思想、核心价值和历史文化的新传统。在全球气候变暖、核威胁、世界性的贫困和疾病等重大现实挑战和危机面前，马克思主义始终被认为是解决和平与发展的一种现实和合理选择。以中国为例，对于广大发展中国家来说，马克思主义被证明是解决发展问题的一种现实和正确的选择。因此，真诚守护马克思主义的直接根据源于人类历史、现实和文化的事实和需要。当然，其现实背景也源于西方世界对马克思主义的“幽灵化”的片面文化继承路线和中国的教条主义者对马克思主义的僵化、误解和歪曲的现实威胁。

辩证(历史)的唯物主义世界观是从抽象到具体的统一，因而就绝不是也拒绝回到抽象的思辨的形而上学，它是实践的共产主义学说，作为理论它要把世界观相继化为具体方法论、党的方针路线和具体政策、人民群众的理想信念和实践观念，最终转化为改造现存世界的实践的强大物质力量。所谓真诚守护这种世界观亦即理论体系，就是要把它既看作是一种实践的唯物主义哲学形态，又要将其视为关于共产主义的理论体系，两者是二而一和一而二的辩证关系，防止借口时代变迁将马克思主义理论整体仅仅抽象瘦身为马克思主义哲学，又将一元“所指”的马克思主义哲学嫁接于种种时髦的现代西方哲学，使之沦为多元变幻的“能指”性的马克思主义哲学。

对以改革开放为基本语境的马克思主义中国化事业来说，就是要真诚守护作为世界观实质的马克思主义的根本立场、科学方法、基本原理、崇高的理想信念，并通过中国化的结合过程创造性地转化为作为民族实践、主导思想、核心价值、先进文化合而为一中国特色社会主义理论体系。什么是世界观？邓小平多次指出：“世界观的重要表现是为谁服务。”[①]具体说来，就是要将真诚守护马克思、恩格斯的马克思主义与真诚守护毛泽东思想和中国

---

① 邓小平文选(第2卷)[M].北京：人民出版社，1994.

特色社会主义理论体系结合和统一起来。改革初期，邓小平反复强调，“对马克思列宁主义，应该准确地完整地理解它的体系”[①]，“我们坚持的和要当作行动指南的是马列主义、毛泽东思想的基本原理，或者说是由这些基本原理构成的科学体系”[②]。我们坚持的“马克思主义必须是同中国实际相结合的马克思主义，社会主义必须是切合中国实际的有中国特色的社会主义”[③]。怎样才算真正坚持马克思主义和社会主义？邓小平认为：“我们用自己的实践回答了新情况下出现的一些新问题。……这是真正坚持社会主义”，“我们建设社会主义，准确地说是建设有中国特色的社会主义，这样才是真正地坚持了马克思主义。”[④]江泽民也认为：“是否真正坚持了马克思主义，关键是看是否能运用它解决中国面临的实际问题，推进党的事业发展。”[⑤]胡锦涛在党的十七大报告中进一步明确指出：“在当代中国，坚持中国特色社会主义道路，就是真正坚持社会主义”，“坚持中国特色社会主义理论体系，就是真正坚持马克思主义。”[⑥]中国坚持社会主义和共产主义，是不能变也不会变的。“坚持马克思主义对中国十分重要，坚持社会主义对中国也十分重要”，“中国搞社会主义，是谁也动摇不了的”，“搞社会主义一定要遵循马克思主义的辩证唯物主义和历史唯物主义”，“一定要让我们的人民，包括我们的孩子们知道，我们是坚持社会主义和共产主义的，我们采取的各方面的政策，都是为了发展社会主义，为了将来实现共产主义。”[⑦]“我们党领导的改革开放绝不是要改掉社会主义制度。……我们既坚定不移地进行改革开放，又坚定不移地坚持中国共产党的领导、坚持社会主义，坚决排除各种错误思潮、错误倾向的干扰，始终沿着正确方向前进。”[⑧]可见，真诚守护马克思主义，还要长期不懈地努力在理论的形式与实质层面将其中国化为具有实践特色、民族特色、时代特色的中华民族自己的马克思主义，推进“当代马克思主义大众化”，不断地发展壮大中国特色社会主义伟大事业。真诚守护马克思主义一定是真学、真信、真用的科学立场与政治立场的统一，体现的是理论与实践的真诚与自觉。

---

① 邓小平文选(第2卷)[M].北京：人民出版社，1994.

② 邓小平文选(第2卷)[M].北京：人民出版社，1994.

③ 邓小平文选(第3卷)[M].北京：人民出版社，1993.

④ 邓小平文选(第3卷)[M].北京：人民出版社，1993.

⑤ 江泽民文选(第3卷)[M].北京：人民出版社，2006.

⑥ 胡锦涛.高举中国特色社会主义伟大旗帜，为夺取全面建设小康社会新胜利而奋斗[N].人民日报，2007-10-25.

⑦ 胡锦涛.继续把改革开放伟大事业推向前进[J].求是，2008(1).

⑧ 胡锦涛.继续把改革开放伟大事业推向前进[J].求是，2008(1).

“真诚守护”还要十分尊重和珍惜马克思主义中国化的伟大理论成果，从科学体系和学科建设的高度大力提升马克思主义中国化理论成果研究的学术水平。在许多人心目中，只有马克思、恩格斯的马克思主义才是真正意义上的有学术水平思想深度、能登大雅之堂的伟大思想，而教科书的马克思主义、中国化的马克思主义则被认为是纯粹的意识形态说教，缺乏学术性和思想性，没有多大价值。这是极大的误解。马克思主义中国化体现的正是学术性与现实性的统一，真正的马克思主义没有抽象的学术性和思想性，它恰恰是在分析和解决现实问题中彰显和建构自身的学术性和思想性的，中国化的马克思主义完全具备这样的学术性和思想性。当然从理论研究的角度来全面系统地整理和展示其学术性和思想性，进而进行当代马克思主义大众化的宣传和教育也是重要的环节。这是当前马克思主义中国化研究必须下大力气解决的重大课题。

（二）有效激活：寻找“结合点”并在“结合”的辩证运动中实现马克思主义

马克思主义中国化的成功经验表明，要把马克思主义普遍真理的理论理性民族化为能够直接指导中国革命、建设和改革的中国化的马克思主义，必须不断地解放思想寻找正确合理的结合点，只有这样才能真正有效激活马克思主义的实践功能并落到实处。“什么叫解放思想？我们讲解放思想，是指在马克思主义指导下打破习惯势力和主观偏见的束缚，研究新情况，解决新问题。解放思想绝不能够偏离四项基本原则的轨道。”①所谓“有效激活”，要求马克思主义与中国实际的有机结合是对中国国情进行马克思主义深刻分析基础上的正确定位，是对中国人民现实需要的马克思主义研究，最终升华为“走什么路、举什么旗”的道路选择和方向界定，因此，它不是机械地外在结合，也不是后现代主义特别是后马克思主义所谓的随机性“链接”（这种“链接”仍然是外在滑动的漂浮的“能指”）。

因此，作为基础性环节的马克思主义中国化的结合，首先就在于基于马克思主义立场、观点和方法对中国国情和现实需要的科学合理的分析与总结，其次就是在此基础上制定正确的路线、方针和政策，最后化为党和人民群众的自觉的结合性实践。这样的结合运动和过程一定是艰苦的创造性的理论探索和实践开拓，是对马克思主义的真诚信仰、科学理解和忠实践行，

---

① 邓小平文选（第3卷）[M]．北京：人民出版社，1993：279.

其结果一定是民族历史的革命性变革和社会发展的全面推进，是改革开放的革命实质和伟大意义的感性显现和理性升华。这种结合也就是"以我国改革开放和现代化建设的实际问题、以我们正在做的事情为中心，着眼于马克思主义理论的运用，着眼于对实际问题的理论思考，着眼于新的实践和新的发展。"①

改革开放三十多年的伟大实践正是有效激活并实现马克思主义的结合性的历史运动，它产生的正是中国特色社会主义的道路和理论体系。结合将马克思主义的实践性民族化、具体化和当代化了，真正在民族的具体实践中确证和丰富了马克思主义的科学性。科学发展观、全面建设小康社会和构建社会主义和谐社会成为马克思主义与中国实际在改革开放历史新阶段有机结合的新思维、新概念和全新的奋斗目标，也是马克思主义作为意识形态中国化的重大成果，成为党执政兴国、团结全民族、凝聚力量和先进文化的创造性元素。具体说来，有效激活马克思主义的结合性实践不仅表现为举世瞩目的国民经济的连续三十多年的高增长，而且表现为以人为本的科学发展理念有效地解决了人口大国的贫困和温饱、迈向共同富裕、民生不断得以稳步改善和提高，综合国力全面提升，实现了对人类的较大贡献的政治承诺，等等。中国特色社会主义理论体系作为改革开放时代的马克思主义和社会主义，既是马克思主义自身的丰富和发展，也是对中国优秀传统文化和民族精神的现代化提升和彰显，它初步解决了中国问题并将中国经验马克思主义化了，对其他社会主义国家的民族化马克思主义实践具有重要的参考价值，树立了马克思主义民族化的典范。

改革开放三十多年的伟大成就证明，马克思主义是实现中华民族伟大复兴的立国之本，马克思主义中国化是改革开放的根本国家战略原则；以马克思主义的立场、观点和方法研究中国国情和现实需要始终是基础性、根本性的环节，是不断地寻找结合点并在结合的辩证运动中实现马克思主义。

（三）内在性创新：马克思主义中国化的灵魂

马克思主义中国化的落脚点必须体现在中国实际的马克思主义当代化，即中国特色社会主义实践的创造性推进和深化拓展以及中国特色社会主义理论体系相应地既一脉相承又与时俱进的实践化、民族化、时代化的具体落实，因此，创新是马克思主义中国化实践和理论进程的当然的、基本的

① 江泽民文选（第3卷）[M]. 北京：人民出版社，2006：68.

要求、路径、目标和标准，它实实在在地贯穿和体现于马克思主义中国化进程始终、一切环节和所有要素之中。创新是马克思主义中国化的灵魂。马克思主义中国化在实践上承载着发展中国的历史使命和与时俱进地内在性创新现实社会主义的中国道路的要求，在理论上则坚持内在性创新路径、目标和标准，亦即以中国化的社会主义特色实践为经验基础，为理论增添富有民族实践特色和时代气息的新鲜内容以实现理论的一脉相承，同时以实践的、民族的、时代的思维形式和文化内涵与时俱进地创新理论。马克思主义中国化的历史、现实和未来代表着当代马克思主义实践创新的主场域和理论创新的全新增长点。

改革开放的伟大创造性实践表明了以下几点。

1. 创新是马克思主义中国化的基本要求和基本规律

成功的马克思主义中国化是实践和理论的创新。理论创新是“马克思主义唯物辩证法的根本要求”，“注重理论创新，是党的事业前进的重要保证。什么时候我们紧密结合实践不断推进理论创新，党的事业就充满活力；什么时候理论的发展落后于实践，党的事业就会受到损害，甚至发生挫折。”①将马克思主义基本原理与中国实际有机结合，没有或缺乏创新只能是空谈，创新只是基本的要求，是党、领袖、知识分子和最广大人民群众的创造性合力，那种认为马克思主义中国化有创造性的中国化和非创造性的中国化是对创新内涵的误解。

2. 创新是内在性的

马克思主义中国化的实践创新指向的是中国特色社会主义，理论创新目标是既一脉相承又与时俱进的具体统一，内在性是基本要求和基本规律。因此，任何偏离中国特色社会主义实践的所谓中国化只能是离经叛道，马克思主义中国化的理论创新如果不是以中国特色社会主义理论体系为依规，其所谓的创新就难以实现一脉相承的内在性坚持和发展。马克思主义中国化的内在性创新的基本内涵在于坚持马克思主义世界观、方法论、基本原理和理论体系基础上的对新鲜经验、民族文化、时代精神、当代人类优秀文明成果的合理继承、有效融合和理论升华，不是丢掉“老祖宗”的断裂式的所谓发展，不是范式的解构、无原则地与世界观根本异质的现代西方哲学特别是后现代主义的“链接”，更不是封闭、狭隘和无所作为的边缘化。

---

① 江泽民文选(第3卷)[M]. 北京：人民出版社，2006：336.

(四)重视和正确把握马克思主义中国化与西方世界相关“主义”的关系

完整准确、实事求是地反思马克思主义中国化的历史经验,需要重视越南、古巴、朝鲜的民族化马克思主义的同类型历史经验,也不能忽视西方世界的各种与马克思主义和社会主义相关的主义和思潮,因此也有必要给予适当重视和比较研究。

1. 马克思主义中国化与后现代主义的关系

尊重历史,认真研究和反思马克思主义中国化的历史进程与基本经验,体现的正是坚持马克思主义的历史唯物主义并将其与中国革命、建设和改革的实际有机的结合。与此相反,后现代主义否定历史的客观实在性,将历史文本化,实际上就是与唯物史观根本不相容,与马克思主义中国化的思想方法根本对立。马克思主义与后现代主义的邂逅,对马克思主义及其中国化事业是有一定的消极影响的,真诚守护马克思主义必须批判后现代主义,在批判中合理汲取其对现代性及资本主义的有价值的批判性成果。

2. 中国特色社会主义理论体系与后马克思主义的关系

以拉克劳和墨菲为典型的后马克思主义以后现代主义方法彻底解构了马克思主义的经济基础、上层建筑、阶级、民族、无产阶级、革命、社会主义等概念范畴和原理体系,根本瓦解了马克思主义的精神实质,得出的结论是无产阶级的所谓阶级斗争实质上是资产阶级民主改革运动的一个组成部分,不仅无害而且有益于资本主义。后马克思主义实际上是当代西方资本主义的最新意识形态,希望整合包括无产阶级在内的西方社会各阶层共同维护资本主义的民主政治。因此,中国特色社会主义理论体系并不能与之相提并论,一个是一脉相承又与时俱进的民族化,科学地坚持和走向共产主义,一个是纯粹的否定式创新,对资本主义进行新的文化和意识形态的重建。但既然是共存,对后马克思主义的批判性比较研究仍然是必要的,但是不必为其学术性幻象所迷惑,同时应认真总结其学术建构的积极合理因素,以推进中国特色社会主义理论体系的学理建设。

3. 马克思主义中国化与西方马克思主义的关系

以马克思主义中国化思想方法理解西方马克思主义,或以西方马克思主义的视角反思马克思主义中国化的历史和思想进程,都是可能的和必要的。三十多年来,学界对西方马克思主义的态度由单纯批判走向批判与建设的合理张力格局,这既表明西方马克思主义的心路历程对马克思主义中国化的未来学术之路可能有比较重要的参考价值,也意味着二者的比较研究可能已经具备一定的学术基础和条件。

4. 中国特色社会主义与后社会主义的关系

区别于第二次世界大战后传统的社会主义,后社会主义从狭义上讲就是苏联、东欧剧变后这些国家虽然转向资本主义,但社会主义历史文化传统仍然起重要影响和制约作用的历史现象。严格地说,后社会主义只是所谓转型后苏联、东欧国家社会主义作为"传统"发挥影响作用的某种象征,是转向资本主义后这些国家还游荡着的社会主义幽灵。而中国特色社会主义与之的根本区别在于,中国的社会主义是"名"和"实"的统一,二者不能相提并论。但是,作为马克思主义中国化的外围经验,仍然需要了解和参考。

5. 中国特色社会主义与民主社会主义的关系

客观地看,西欧和北欧的民主社会主义作为资本主义改革的有益经验,中国特色社会主义予以参考和借鉴无可厚非,关键在于民主社会主义作为体制与资本主义制度的结合实际上还是资本主义,应该看清本质,不宜过分炒作和夸大。

六、马克思主义中国化的哲学反思:实践诠释、意义生成与理论创新

将马克思主义中国化的历史进程与理论成果纳入哲学反思的视野中考察,这一伟大历史进程既是对马克思主义的实践诠释过程,同时也是马克思主义的意义生成过程和理论创新过程。实践诠释:马克思主义在中国化过程中以现实社会主义为主题在民族的实践、历史、文化中得以具体化、现实化、时代化和民族化,马克思主义和社会主义在中国化过程中获得实践生命形态,构成马克思主义发展史上的伟大里程碑。意义生成:马克思主义的基本观点、理论体系和理论特质在中国化过程中得以具体澄明、生成、拓展深化,理论的意义也在实践中生成、深化和获得无限开放的性质。理论创新:理解马克思主义中国化的理论创新必须深入研究这一理论运行机制中的主体因素、客体因素和加强对理论失误的学术研究。

马克思主义自诞生以来,就存在如何诠释自己而获得广阔的生命空间和不同生命样态的问题。如果说其他任何理论或学说也存在着在理论上诠释自己的内在使命的话,那么马克思主义与之根本不同之处就在于其历史实践的诠释的根本性。归根结底,我们说马克思主义的生命在于实践性(化),亦即马克思主义的真正合法性在于其实践诠释,通过实践诠释使其深刻的理论意义和历史意义得以现实澄明,因而马克思主义的辩护意识形态性的根本也不在于理论诠释,而在于实践诠释,在于被具体化的历史性实践标准,如解放和发展生产力、社会公平与正义、民主与法制,等等。马克思主义正是在其根本性的实践诠释中,伴随着理论诠释实现理论创新的,马克思主义的实践诠释及其在此基础上的意义生成,构成马克思主义理论创新的基础、源泉和主要内容。在马克思主义发展史上,19 世纪欧洲的无产阶级革命,20 世纪俄国、中国等民族国家共产党领导的革命,中国的改革开放和现

代化建设实践，等等，都无不体现马克思主义的实践诠释、意义生成和理论创新的内在协同与一致。因此，将马克思主义中国化的历史进程与理论成果纳入哲学反思的视野中考察，马克思主义中国化的伟大历史进程既是对马克思主义的实践诠释过程，同时也是马克思主义的意义生成过程和理论创新过程。研究马克思主义中国化的实践诠释、意义生成与理论创新的历史的和逻辑的辩证过程，对全面深入探索面向未来的马克思主义中国化实践逻辑的辩证图景和基本规律、植根于中国特色社会主义实践的坚持、发展与创新马克思主义的理论运作规律、马克思主义和社会主义在21世纪的发展前景等具有十分重要的现实意义和理论意义。

（一）实践诠释的根本性

在当下的国内马克思主义研究过程中，出现了根源于西方后现代主义的阅读思路（如结构主义、解构主义等）的不同马克思主义诠释思想或理论，有的直接对应于文本研究，①企图对中国化的马克思主义做出哲学解释学的阅读，②认为有必要建立中国马克思主义的阅读学。③ 在中国出现的类似于西方世界的多重的马克思主义的阅读和诠释的确是改变了长期以来我们对马克思主义及其中国化的政治化阅读和诠释的单调路径，有利于马克思主义中国化研究的学术视野的拓展和问题的深化。但是，问题的关键在于在中国的特殊国情之下，对马克思主义及其中国化的阅读与诠释并不是随意和散漫的，简单地模仿西方后现代主义是否合法？西方世界对马克思主义的幽灵化诠释的合法性就在于马克思主义在当代西方世界主要是作为一种文化形态、学术流派、学术资源存在的，多样化的文化诠释符合资本主义世界企图将马克思主义永恒地符号化、象征化（就是不允许或不可能将其现实化）的文化需要，因为在没有马克思主义的实践版本即社会主义现实的西方，不能没有马克思，没有马克思的西方文化同样是枯燥、乏味甚至是荒芜的。

在西方世界，马克思主义的文化属性与西方自古希腊以来的文化精神具有十分自然和牢固的内在统一的历史和文化传统的继承性和延展性，因此即使没有实践版本这种文化样态也能够相对独立地延续下去，如德里达

---

① 张羽佳. 阅读·诠释·实践：马克思哲学的当代境遇[M]. 中国社会科学出版社，2006：1-20.

② 皮家胜. 马克思主义哲学中国化中的“解释学应用”问题[J]. 学术研究，2006(12).

③ 王继，王浩斌. 中国马克思主义阅读学的研究对象及其基本问题[J]. 马克思主义研究，2006(10).

所示的马克思主义的幽灵化存在。但是在中国,马克思主义中国化存在着实践版本,实践诠释具有根本性,并且在此基础上事实上形成了马克思主义中国化的新的历史传统和新的文化传统。虽然马克思主义作为实实在在的西方文化在中国已经是现有文化的一个组成部分,甚至与中国传统文化有一定程度的结合与融合,但是这个过程的确是长期的、复杂的,两种文化由外在的非同一性走向内在的直接统一交融将需要上百年甚至更为漫长的历史时间。因此,在现实的中国,马克思主义的文化属性直接根源于马克思主义的中国化实践和历史传统,因而文化性并不是马克思主义在中国的根本生存形态,甚至相反,只要马克思主义中国化的实践受到阻碍、挫折甚至被实际否定,那么马克思主义中国化的文化形态的生命存在合法性也将不复存在。

马克思主义中国化的实践诠释主要表现为,以现实社会主义为主题在民族的实践、历史、文化中得以具体化、现实化、时代化和民族化,马克思主义的社会主义在中国化过程中获得实践生命形态,构成马克思主义发展史上的伟大里程碑。马克思主义的实践在马克思的历史时代主要表现为全世界的共产主义革命运动,在当下的历史时代主要表现为社会主义实践,亦即马克思主义的民族化实践,马克思主义的社会主义是实践的基本主题。西方世界的各种所谓的现代社会主义运动,如生态运动、女权运动等虽然也具有重要的现代实践意义,但不仅由于对马克思主义理解的根本差异和与现行资本主义的同构属性,而且由于这种实践的民间性、边缘特性和缺乏广泛的群众基础,这种实践的马克思主义性质甚至社会主义性质都是难以成立的。只有中国特色的社会主义真正以实践的整体性和总体性践行着马克思主义根本改造世界的理论目标,马克思主义中国化实践的历史总体性根本不同于西方世界的民间社会主义运动,它实质性地推动中国历史的整体以社会主义的基本原则前进,以现实社会主义为主题的马克思主义中国化在实践中得以具体化、现实化、时代化和民族化。虽然马克思主义中国化的实践在社会主义初级阶段是以公有制为主体、多种所有制形式共同发展为经济制度保障的,其实践的历史总体性也有待巩固、完善和深化,但它却是符合中国现实国情把握了中国社会发展的特殊历史规律的民族特色实践。总之,马克思主义中国化实践的历史总体性与中国特色社会主义事业具有内在辩证的一体性,社会主义事业的发展壮大成为马克思主义中国化实践诠释合法性和合理性的根本标准。

马克思主义中国化实践诠释的民族特性不仅使得这种实践显得具体、生动、有活力,而且本身也生动现实地诠释了马克思主义的鲜活生命力。中国特色社会主义成功实践，使得中国问题、中国经验、中国模式备受世界关注，有的人认为中国的这种奇特实践是难以理解的，他们完全否认马克思主义民族化的现实可能，不相信马克思主义能够成功中国化，不相信马克思主义的活力来源于中国化。他们不仅不承认中国特色社会主义实践与马克思主义具有内在联系，而且更不理解中国传统文化能够作为马克思主义中国化的文化根基的现实可能性，马克思主义这种外来文化不可能不被排斥因而难以最终落地生根、开花结果，二者结合只能是一个文化的神话。但是，中国传统文化与属于西方文化系列的马克思主义的文化异质性是相对的，不同基质的文化样态在这个世界上的根本排斥也不是主流，更多的是文化的多样和谐和交流共生，更何况，马克思主义中国化的实践特性也为其文化属性奠定了比其他西方文化更为坚实巩固的现实基础，这是作为文化形式的马克思主义与中国传统文化融合的优势所在。“以毛泽东同志为核心的第一代中央领导集体和以邓小平同志为核心的中央第二代领导集体，带领我们党将马克思列宁主义基本原理同中国具体实际紧密结合，形成了毛泽东思想、邓小平理论。这两大理论成果，是中国化了的马克思主义，既体现了马克思列宁主义基本原理，又包含了中华民族的优秀思想和中国共产党的实践经验。”①马克思主义中国化的实践和文化属性决定了马克思主义的复合生命特性，这也是其他文化生命样态所不具备的优势所在。因此，从中国化过程的历史总体来看，马克思主义的生命力在实践和文化两个领域都得以拓展和延续，马克思主义的中国化构成马克思主义发展史上的伟大里程碑，从马克思主义在21世纪的发展来看中国，中国的发展与马克思主义的发展形成理论与实践的全新辩证图景。

(二)意义生成、再现、拓展与深化的无限开放性

马克思主义中国化使马克思主义理论自身获得一个对象化的生命存在形式，因而可以通过这个对象即中国特色社会主义实践来反观自身，改变了在没有实践模型条件下以纯粹的理论内省的意义自洽逻辑建构方式来确证自身的理论存在的单调性。植根于实践的马克思主义的理论意义和现实意义只能统一于实践本身，也就说马克思主义的真正意义只能通过其对象化来实现、确证、拓展和深化。因而，马克思主义只能在与特定的历史文化传统和现实结合过程中对象化为一个实实在在的客体，其理论意义和实践意

① 江泽民文选(第3卷)[M].北京：人民出版社，2006：270.

义才是真正现实的，在这个实践过程中马克思主义的意义是不断生成而显现的，这是任何纯粹的理论阐释所无法替代的。马克思主义中国化的历史进程正是马克思主义理论意义不断生成、再现、拓展和深化的无止境过程，而这又正是马克思主义生命力强大的象征。

马克思主义中国化过程就是马克思主义由抽象走向具体、由历史走向当代现实、由人类普遍性走向民族化的总体性过程，这个过程是马克思主义理论的意义生成过程。意义（包括理论和现实的两个方面）是马克思主义面对历时性与共时性的现实与文化的敏感性问题，敏感性越强，其意义就越突出和显现，人们很快就会将其与自身的生存境遇和现实需要联系起来，进而寻找解决问题、思想提升和思维方式转变的路径和方法，从而最终将抽象普遍的理论意义转化为生动鲜活的现实意义。对于马克思主义来说，理论意义和现实意义实质上是内在统一的，但两者又有层次的不同。理论意义在于科学的世界观和向方法论转化的现实性，能够武装人们的头脑，将理想转化信念，将信念转化实践的激情和激情的实践力量，最终实现以先进的理论改造世界，获取社会和人的现实解放，在现实的实践活动中体现理论对人的人文关怀。因此，马克思主义的理论意义转化为现实意义是一个实践生成的辩证过程，并且正是由于实践生成性的意义成长机制使得马克思主义具有无限开放的性质，如果没有真正意义上的马克思主义实践，其理论意义最终将失去其现实指向而变得无实际意义。对于马克思主义中国化来说，理论的意义正是这样一个实践生成的过程。马克思主义中国化的实践使中国社会实现了民族独立和初步的政治解放，实现了由近代社会向现代社会的社会转型和跨越式发展，一部马克思主义中国化成功的历史就是马克思主义的现实意义本身，正在深化推进的中国特色社会主义实践更进一步地不仅将马克思主义理论的意义现实化，而且不断地生成更符合中国现实需要、更体现马克思主义的本真精神的现实意义。因此，马克思主义中国化实践又是马克思主义理论意义再现、拓展和无限开放的过程。对马克思主义理论意义和现实意义的深刻认知体现的是理论的自觉和实践的自觉，对马克思主义的意义系统和机制的深入研究也直接构成马克思主义中国化研究的重要内容。

（三）理论创新的要素、机制与核心地位

马克思主义因中国化而生成内在辩证的实践、文化和学术研究等各个形态的中国化的马克思主义版本，呈现出马克思主义的理论生态景观，理论

的创新也在总体性多样化的实践中逐渐实现。马克思主义中国化的实践过程为什么总体上表现出的是理论上的一个创新过程呢？理论界对此的研究不可谓不多，然而重要的问题在于主要遵循的是解释学循环的思路，表现对理论创新的肯定性论证，即对预设创新的回溯式求证，目标指向与马克思主义的既一脉相承又与时俱进的理论体系的内在连续性与发展性。必须注意的是，不仅用哲学解释学来理解马克思主义哲学是有限度的，[①]而且对马克思主义中国化的解释学解读更是有限度的。这种思路当然是十分必要的，但不是唯一更没有穷尽关于理论创新问题的研究，这种主流的思路仍然是不够全面、深入和系统的。如何摆脱解释学的"前理解"和"成见"的主体性束缚，是摆在马克思主义中国化理论创新问题研究面前的重要问题。笔者认为，研究马克思主义中国化的理论创新，必须认真分析形成理论创新的各种主客观要素及其相互作用机制。此外，必须正视马克思主义中国化过程中不仅有理论创新，也有许多理论失误，如封建糟粕、唯意志论、唯心主义等等，因此还要研究理论失真、走样、异化、背离等中国化过程中的教训，从反面经验透视理论创新的机制，这个方面的研究应该正视并加强，否则理论创新的研究也难免片面。

所谓"主体因素"，主要指中国人民的实际的、现实的、合理的需要，需要的被满足表现为被选择理论的适应性和理论的实际有效性，这个过程实现了主体的需要，那么理论在这个过程中的变化就一定是一个创新的运动过程。马克思主义中国化的历史进程满足了中国人民追求民族独立和政治解放、追求富强民主文明的现实理想，那么这个过程总体上一定是一个理论创新的过程。因此，理论创新从理论的表象看是概念、概念的升级和原理、观点、体系的更新，而实质是实际的马克思主义中国化和主体的需要得到切实满足和实现，其中主体的需要的满足是一个不可忽视的重要尺度。马克思主义在中国化过程中的变化轨迹明显的是与我们的意愿一致的，如毛泽东将辩证唯物主义的世界观和方法论转化为中国人既熟知又喜闻乐见的实事求是的思想路线，充分表达了我们的(心理、文化上的和促进革命胜利的)需求。当然，主体的需要还需要从宏观历史、文化、传统和微观的文化性格和心理特质也是我们理解马克思主义中国化理论创新的重要因素，如中国封建传统和毛泽东邓小平的个人性格等。

所谓"客体因素"，就是中国实际(包括中国传统文化)如何影响或者改变了马克思主义，而这个影响的过程推进了马克思主义的理论进程。中国

---

① 解战原，文兵. 马克思主义哲学阐释的解释学限度[J]. 马克思主义研究，2005(6).

实际马克思主义化所形成的理论创新决定于由普遍理论转化民族化具体实践形态的状况,如由深度和广度所表征的全面性、彻底性、总体性等。因此,马克思主义中国化的理论创新并不是抽象的,对中国新民主主义革命和中国特色社会主义实践本身的研究和认识是理解马克思主义中国化理论创新的基本路径,从哲学上反思马克思主义中国化的历史进程也就是十分重要和必要的。毫不奇怪,马克思主义中国化的理论创新一定存在内容的更新,这种全面结合的马克思主义一旦形成比较完整系统的理论体系,便自然地既姓"马"又姓"中",而不是单方面地姓"马"或姓"中"。但是,当前西方世界普遍只是保守地承认姓"中",而对其马克思主义性质持怀疑或拒绝的态度,"中国化的马克思主义"概念并没有被普遍接受,如他们更习惯于用"毛主义"等称谓。这表明,理论创新研究的学术性还很不够,构成将其推向世界的重要障碍。李长春于2007年2月5日在马克思主义理论研究与建设工程工作会议上的讲话指出,要扩大中国马克思主义在世界上的影响力,要在着力增强马克思主义学术创造力上下功夫,创新马克思主义的学术观点、学术方法,不断赋予当代中国马克思主义鲜明的实践特色、民族特色和时代特色,着力研究重大现实问题。可见,马克思主义中国化的学术诉求是继政治解读之后的重要转向,[①]马克思主义中国化的理论创新研究只有上升为学术层面才能更有说服力。把马克思主义中国化的理论与实践当作一个客观的研究对象,从学术层面进行展开研究是增进其理论创新认识的突破口。

此外,理论创新的研究要特别重视对马克思主义中国化的理论与实践失误的研究,这是不可或缺的理论研究环节。长期以来,我们十分重视从正面肯定性视角研究马克思主义中国化的理论与实践成果,这对于认识马克思主义中国化的既一脉相承又与时俱进的性质是十分重要的,但是马克思主义中国化的历史进程也是辩证的,在具体的阶段上正确与错误、前进与倒退、成就与失误都是并存的,这个过程中的居于主导的理论创新同时伴随着理论的异化甚至根本背离,如建国后至"文化大革命"阶段的马克思主义中国化的复杂状况,注意这一点才是完整准确实事求是的科学态度。

从马克思主义中国化的历史进程来看,任何时候理论的停滞与僵化都必然影响和制约马克思主义中国化的顺利发展,理论创新是中国化事业健康稳步发展的重要保障,甚至是马克思主义中国化的灵魂,理论创新对应于现实需要就是当前马克思主义中国化合法性的重要问题,其核心地位决定了马克思主义中国化的理论创新研究也应该是这一研究领域的重点所在。

---

① 许庆朴,史家亮.论现时代中国化马克思主义的研究走向[J].马克思主义研究,2007(3).

七、中国经验与马克思主义中国化

中国经验是马克思主义中国化的结晶，是建设具有中国特色社会主义的实践成果。西方学者和国内学界都在关注中国经验，可是对于中国经验的性质和内涵的认识却是模糊的。完全照搬西方概念来分析中国经验的研究方法必然导致对中国经验的片面理解和误解。中国经验是马克思主义在当代中国最重要的话语权。发展中的中国经验应该成为马克思主义中国化研究的一个重大理论课题。

中国经验已成为中国学术界具有鲜明时代性和民族个性的学术语言之一。中国经验也作为全球化的亮点为西方世界所关注，被其他社会主义国家所借鉴和参考。然而，对什么是中国经验、中国经验的性质、内涵和意义等的理解则比较含混，对中国经验进行深刻的哲学反思应是中国哲学界的责任。

(一)马克思主义中国化视阈下的中国经验

中国经验是马克思主义中国化的结晶，是建设具有中国特色社会主义的实践成果。但现在西方学者和国内学界对于中国经验的性质和内涵的认识却是模糊的。

1. 西方学界的所谓"中国经验"(有人称为"北京共识")是在认定中国一步步走向资本主义，汇入所谓"主流"成功实现经济转型和发展的经验

这种看法影响到国内不少人对中国经验的性质产生了模糊看法。在西方世界很多人看来，"社会主义因苏东剧变而失去任何可能的未来向度"，"苏东剧变乃是社会主义的墓志铭，社会主义已经盖棺定论，不可能咸鱼翻

身了"。[①] 此种看法很自然地把中国三十多年的改革开放和现代化建设看作是向资本主义世界的回归。国内也有人对中国特色社会主义道路存在着困惑,有人认为现在中央的政策,"一步一步把中国人民引向有中国特色的资本主义","一步步向资本主义靠拢、看齐","21 世纪中国将成为共产党领导的资本主义"。[②] 同时,还要看到西方世界在对中国经验的看法和理解上存在着很大的误解和片面性。这一点在 2004 年 9 月在法国巴黎举行的"国际马克思"大会上表现得十分明显。西方学者都是在发达资本主义发展水平上理解社会主义,在谈论中国时,最缺乏的是对中国经验的认知,而仅仅从欧式社会主义模式来衡量中国。因此,他们在谈论社会主义的时候,今日中国在他们的视野之外,只有欧洲才有社会主义问题(劳动过程的异化,社会进步如何成为问题,等等)。这的确是对中国经验的误读。[③] 因此,面对西方世界的所谓"中国经验"的认识,中国人必须谨慎地深入地研究,不能盲目认同。

2. 西方学界普遍将中国经验视为单纯的经济转型和经济发展过程中所积累的成功经验,这大大缩小了中国经验的内涵以及理论与现实的意义

在我们看来,中国的改革开放是全方位、多领域的伟大的社会革命,由传统计划经济向市场经济转轨建立社会主义市场经济只是其中一个部分,经济发展和社会发展是同步展开的,是全方位的社会发展。这场伟大的第二次革命使中国走上了建设有特色的社会主义道路,在这条道路中社会主义是核心。而对于这一点,西方世界并没有足够的认识。当中国刚刚进行市场取向的经济改革时,他们还愿意将中国走的道路定义为"市场社会主义",当中国宣布建立社会主义市场经济体制以后,他们就认为"照此下去,即使公有制得以保留(我怀疑在这种情况下还能做到这一点),'市场社会主义'概念没有任何真正的意义"[④]。可见,西方世界实际上把中国经验狭隘化、庸俗化了。除了恶意的诋毁外,这主要是由于西方世界作为局外人或旁观者对中国特色社会主义实践的感性直观思维方式造成的理论错觉,只有处于这场伟大革命实践中的中国人才能真正理解中国经验的科学内涵以及

① 王金林.中国经验与西方概念——从激进哲学协会华盛顿年会谈起[J].学术研究,2005(9).

② 宋海庆.怎么看——当代中国重大理论问题剖视[M].南昌:江西人民出版社,2002:69.

③ 许明.误读、马克思主义与"中国经验"[M].社会科学论坛,2006(4).

④ 曹天予.现代化、全球化与中国道路[M].北京:社会科学文献出版社,2003:113.

与社会主义的内在关联。

鉴于此，马克思主义理论界必须深入研究中国经验的性质，以此来澄清西方世界对中国经验的误解和片面化。我们认为，中国经验是马克思主义中国化的实践结晶，是建设有中国特色社会主义的伟大实践为世界发展做出的新贡献。

(1)中国经验的形成是邓小平和中国共产党将马克思主义基本原则开创性地在中国改革开放和现代化建设中创造性运用的结果，是马克思主义中国化的新的里程碑。西方世界提出中国经验的本意在于对中国改革开放和现代化建设的成就持赞许的态度，这种赞许中除了经济发展的成就外包含着对中国向西方资本主义看齐的肯定。因此，他们所肯定的内容中有我们不能接受的东西。在西方世界看来，中国经验是一个有待理论观察和审视的很难“消化”的对象，是一种无原则的实用主义的产物。因为，似乎一方面中国放弃了传统的马克思主义和社会主义，另一方面中国又没有完全接受西方的现代化模式。中国经验的直接理论基础是邓小平理论，而邓小平理论并没有完全被西方世界认可为马克思主义一脉相承的理论体系，只承认其为意识形态而不承认其科学性。更为重要的是，西方世界把中国在改革开放和现代化过程中产生的比较严重的两极分化直接视为资本主义的象征，而且是坏资本主义的象征，把公有制实现形式的改革看作是向私有制的退却。因此，西方世界对中国的了解十分有限，他们相信马克思主义因苏东剧变破产，因此，他们对中国经验背后的理论支撑到底是什么感到十分困惑(有人认为是中国传统的中庸思想)。他们不理解中国经验恰恰是马克思主义中国化的成功尝试，中国经验的理论基础直接源于科学的马克思主义世界观和方法论。

(2)中国经验作为马克思主义中国化的结晶，是中国特色社会主义伟大实践在全球化条件下的伟大探索。在西方世界看来，中国经验是在一统天下的西方经验的外围悄然生长的一种另类的现代化经验，这种经验虽然在理论上还不能说得很清楚，但是为资本主义的发展困境提供了一种有益的启示，给人类以新的希望，值得重视。中国共产党和中国政府一再强调中国将坚定不移地走有中国特色的社会主义道路，同时借鉴整个人类社会特别是西方社会的先进文明成果，但是核心是走自己的路，绝不重走西方现代化的老路，力图走出一条和谐发展的中国式现代化道路。

为此，把全面建设小康社会、构建和谐社会、坚持以人为本的科学发展观等作为中国特色的社会主义发展目标。这一系列的举措的确是西方世界在现代化过程中所没有经历过的，当然也是西方资本主义世界所无法做到的。中国经验成为在全球化过程中中国实践的特殊身份。但是，可以预料到的是，随着建设有中国特色社会主义实践的推进，中国经验这个西方世界对中国特色社会主义实践的模糊认识将被重新解释。

(3)中国经验作为马克思主义中国化的实践结晶，开辟了马克思主义和社会主义在21世纪的新的伟大探索。苏东剧变让西方误认为社会主义经验的失败和马克思主义的破产，他们把苏联经验等同于社会主义的典型经验，把斯大林模式视为社会主义的经典模式，社会主义国家要想在短期内开辟一条新的经验道路是不太可能的。在西方社会看来，中国经验也仅仅是与整个资本主义世界的现代化经验相提并论的，中国已经与社会主义无关。[①]绝大多数中国学者对此表示这是一种西方偏见式的武断。无论西方世界对中国经验有着怎样的模糊认识或者偏见，马克思主义中国化都是中国经验的内在逻辑。处于中国特色社会主义实践之外的西方世界对中国现象的感性直观必然会感觉在理论上很难“消化”中国经验是可以理解的，但是作为这场自觉能动的伟大探索性实践的主体的中国人民应该是可以逐渐理解自己的实践活动的。这场伟大的马克思主义的理论和实践的辩证运动充分体现了马克思主义的实践本质和实践功能，是马克思主义中国化的新的起点，代表着21世纪马克思主义和社会主义新的发展方向。

(二)西方语境下的中国经验与马克思主义的话语权

中国经验作为西方经验的对照物，不仅是西方学者以西方的学术背景提出的，更为重要的是它是遵循西方文化的内在逻辑而以西方思想的面目出现的。直截了当地说，它是西方世界以西方概念和内在逻辑来总结和表述的中国实践经验的理论形态。美国高盛公司高级顾问、清华大学教授乔舒亚·库珀·雷默(Joshua Cooper Ramo)对他所提出的“北京共识”的研究借用的是量子力学的“测不准”概念来解析中国的成功。他认为中国成功的秘诀在于创新速度快于问题发生的速度。[②] 这种解释的前提有两个：①马克思主义已经破产，这种学术资源正在日渐萎缩和枯竭，因此马克思主义不可能解释中国的成功；②中国自改革开放以来已经逐渐放弃了马克思主义和社会主义，但中国的渐进式改革又拒绝了走西方的资本主义现代化道路，当下中国所走的道路还有待观察，至于它所遵循的理论基础更是需要详细研

① 王金林.中国经验与西方概念——从激进哲学协会华盛顿年会谈起[J].学术研究，2005(9).

② 罗燕明.中国主流价值观研究：一种理论探讨[J].当代世界社会主义问题，2006(1).

究。但是,无论西方学者中有多少对中国实践经验的无知或偏见,他们对待中国经验的这种西方式的矛盾理论心态,表明他们在不理解中国经验的同时还是遵循了对新事物的比较客观的求索态度,表现出作为学术研究应有的谨慎。西方世界立足于西方经验运用西方本土概念来分析中国经验也是我们可以理解的必然现象。但是,国内学界相当多的学者自觉或不自觉地在遵循西方世界对中国经验的理解和研究的路径,套用西方概念和西方学术逻辑来对中国经验、中国模式和中国道路进行理解和阐释。但是,我们不得不关注的问题是用西方概念来分析中国经验是否合法?如果不合法,那么所得出的理解和解释就是站不住脚的。因此,探讨完全照搬西方概念来分析中国经验的研究方法本身的合法性是十分必要和重要的。

完全照搬西方的分析概念来解读中国经验为什么是不合法的呢?

1. 中国经验的主要理论与实践渊源是马克思主义科学社会主义的理论与实践,这是西方概念所无法涵盖的,也是西方世界所无法理解的

中国的历史经验成为当前中国经验的内在一致性基础,二者之间是不能割裂的。西方世界在当前提出中国经验实际上将中国社会主义的历史做了"一分为二"的断裂理解。这本身就表明他们并不理解中国人民的历史经验。中国人民是以社会革命和民族解放来对抗殖民主义和帝国主义侵略的,以主要立足于适合本国实际的道路探索来对抗被神化了的苏联模式,以社会主义市场经济对抗资本主义的全球整合。自近代以来的中国人民的历史经验本身就是非常独特的。不理解中国人民的社会主义革命传统和改革开放前的中国社会主义建设的基本经验就不可能充分理解当前的中国经验。纵观整个20世纪西方中国学的历程,中国从革命胜利到改革开放的成功,始终是一个世纪之谜。[①] 西方的分析概念立足于西方经验,同时又对中国人民的传统历史经验缺乏足够深入的理解,因而无法涵盖和说明丰富而复杂的中国经验。

2. 用西方概念来分析中国经验,根本违背了理论与实践的辩证关系,无异于缘木求鱼

比如,不少西方学者认为,中国的社会主义传统是进一步走向成功的主要障碍,是一个现代化过程中的沉重包袱。好像中国三十多年的成功经验,

---

① 罗燕明.中国主流价值观研究:一种理论探讨[J].当代世界社会主义问题,2006(1).

完全来自市场经济，与社会主义无关。实际情况可能恰好相反，中国改革开放和现代化建设的初步成功显然不可能完全归功于市场经济，社会主义基本经济制度起到的作用是市场经济所无法替代的。因此，只要立足中国国情，西方概念框架下的中国经验解释就不可能自圆其说。

虽然，不能排除西方概念的确在分析中国经验方面能给予我们一定的启示，但从总体上看，西方概念不可能科学全面地解释中国经验的理论内涵，完全照搬中国经验的西式理解和遵循西方分析概念的研究都不可能正确反映中国经验。运用现有的学术资源来理解中国经验的唯有马克思主义。我们必须承认，面对伟大的有中国特色的社会主义实践，马克思主义的理论创新没有与实践的创新保持适度的平衡，以至于面对自身的实践，理论显得力不从心，以至于被西方世界认为马克思主义作为学术资源在中国已经面临枯竭的尴尬境地。因此，解释中国经验的话语权非西方世界莫属。这说到底还是一个话语权问题，马克思主义必须对此做出实事求是的令人信服的解释。

在过去的八十多年中，马克思主义早已中国化，成为本土文化的一部分，虽然在中国化过程中有过不少挫折，但马克思主义最终因其成功实现了中国革命的胜利而在中国扎根，成为中国人民精神世界的主要支柱和实践的指南。马克思主义的理论范畴与中国传统文化中的精华的结合使得马克思主义对于中国革命和建设中的主要问题都能得出科学合理的解释，不仅被实践所证明是正确的，而且被人民群众所广泛理解和接受。因此，马克思主义可以而且必然能够提供对中国经验的科学理解。

马克思主义在当代中国的发展也表明，马克思主义与现代西方各种思潮的对话和交流的经验基础就是中国特色的社会主义实践，这是马克思主义在当代世界力争话语权的重要阵地，也是马克思主义在当代真正树立自己科学性和真理性权威最为重要的领域之一。马克思主义的真正生命力源于实践，这是和其他各种理论和思潮具有本质区别的地方。因此，马克思主义作为人类思想的伟大理论，它的话语权的实质在于它的实践力量，不在于能否和西方各种学术思潮进行学术交流，事实上这种交流过去、现在和将来都不会成问题，而在于马克思主义是否能够转化为现实的实践，并对已经转化了的实践做出马克思主义的科学理解和合理阐释。因此，中国经验是当代马克思主义彰显其科学性和实践性最有力的学术资源。中国经验让整个世界看到了人类在21世纪的前途和希望。正如依附论重要代表人物特奥托尼奥。多斯桑托斯认为的那样，“中国经验给予我们在更深程度上重新思考马克思主义的空间，而且是沿着马克思、恩格斯最初设想的方向，这并非是一个凝固不变的理论原则，而是一个科学的、文化的并且总是大胆开放的政治探索”[①]。国内许多学者也开始重视中国经验给马克思主义带来的创新发展的机遇，为中国特色社会主义道路喝彩，[②]开始从理论上理中国模式概念及其可能实现的理论创新，[③]开始思考如何将马克思主义哲学理论中国化和中国经验哲学化。[④] 因此，中国经验必将是马克思主义在当前最重要最有力的话语权。

（三）中国经验应成为马克思主义中国化研究的重大主题之一

中国经验已经是一个客观的事实，在理论上也逐渐成为学术研究的一个问题。如果说对于其他学科来说，中国经验只是一个单纯的现象或问题，那么对于马克思主义来说，中国经验就是重要的主题之一。这有以下几点原因。

1. 中国经验是马克思主义中国化的实践结晶

这个结晶是马克思主义中国化的结果，是中国化的马克思主义的结果，是二者的辩证关系和历史性过程。中国经验作为中国第二次革命的实践经验，不仅表现为中国向现代化迈进的成功的重大进展，更体现了中国社会的深刻变革。这个过程是怎样实现的？如何评估中国经验的得与失？中国经验的性质和内涵如何？中国经验对于马克思主义中国化的内在运动机制有着怎样的启示？中国经验对于马克思主义的当代性和现实性有着怎样的影响？从马克思主义的角度看中国经验能否成为“共识”等而具有普世价值？中国经验催生了一系列马克思主义的理论问题，它构成了理论的重要生长点，这必将推动马克思主义的理论创新和发展。马克思主义的发展史表明，每一个历史阶段变化了的实际和新鲜的经验不仅是马克思主义所无法回避的，而且都成为推动马克思主义理论创新的重要土壤，这已经成为马克思主义发展过程中的一个规律。中国经验也不可能例外。

2. 中国经验不是某一方面的特殊经验，而是当代中国社会经济全面发展的总体性经验

换句话说，只有马克思主义才能从总体上对中国经验给予完整准确的

① 特奥托尼奥·多斯桑托斯.马克思主义理论构想与中国经验[J].教学与研究，2005(10).
② 汤润千.为“中国道路”喝采[J].河北师范大学学报，2005(2).
③ 卢衍昌.中国模式：概念、历史及理念[J].甘肃理论学刊，2005(4).
④ 播琍.马克思主义哲学理论中国化与中国经验哲学化[J].理论学刊，2004(12).

理解。马克思主义实现的革命虽然突破了近代西方哲学的知识论传统，但是马克思主义在打破旧的知识论传统的同时，因其全新的科学世界观和方法论特性又需要对全部历史和理论做出新的彻底的研究，从而又会产生全新的知识体系，因而马克思主义在此意义上不仅具有理论总体的性质又具有知识总体的性质。可见，具有社会总体性质的中国经验虽然也能够并且需要从各学科角度深入总结和研究，但最终还需要上升到马克思主义的理论总体和知识总体的高度来科学理解和深入研究。这是由马克思主义的理论特质所决定的。

3. 正在深化发展中的中国经验迫切需要对马克思主义中国化所积累的现有经验进行全面深刻的科学研究

学界基本上都认为中国经验本身并未完全定型，这种未定型状态一方面源于中国特色社会主义实践的历史短暂，并且还有很多的现实局限性；另一方面马克思主义中国化的内在发展规律在理论上还没有完全弄清楚，需要对现有的中国经验深化研究，升华经验，提炼出中国特色社会主义的发展规律。因此，中国经验作为马克思主义中国化研究的重大主题之一，有益于精心培育中国经验，使中国经验不断成熟和深化，为在理论上深化马克思主义中国化研究提供更深厚的中国经验，让中国经验最终上升为中国理论。

八、中国化马克思主义历史经验的几个基本点

中国化马克思主义的历史经验是：必须自觉坚持共产党的领导和马克思主义的指导地位，创造性地将经典作家的马克思主义转化为中国化的马克思主义，反对经验主和实用主义；必须保持马克思主义与中国哲学和优良传统文化的互化、融合与共生的辩证和谐；必须处理好“化”马克思主义与“化”现代西方优秀文明成果的关系。

中国化马克思主义，就是以中国作为主体，始终立足于时代、民族、现实国情和实践的需要，自觉、主动地确立对马克思主义的适应、选择、运用与发展，实现中国社会发展的社会主义化和现代化，推进中国人民的自由全面发展，同时，创造性地形成具有实践性、民族性、时代性的马克思主义理论体系的过程。建国六十多年来，中国化马克思主义走过了艰难曲折的道路，积累了丰富的历史经验。这些经验可以归结为以下几个基本点。

（一）将经典作家的马克思主义创造性地转化为中国化的马克思主义

1. 中国共产党的领导是中国化马克思主义的根本保障

“共产党人始终代表整个运动的利益”，“在实践方面，共产党人是各国工人政党中最坚决的、始终起推动作用的部分；在理论方面，他们胜过其余无产阶级群众的地方在于他们了解无产阶级运动的条件、进程和一般结果”。[①] 历史证明，没有中国共产党的坚强领导，中国化马克思主义只能是没有实质意义的空话。中国共产党本身就是中国化马克思主义的首要的直接

① 马克思，恩格斯．共产党宣言[M]．北京：人民出版社，1997：40.

成果,是马克思主义民族化和具体化的直接承担者。

2. 必须始终保持对中国社会发展的规律和道路的深度追问,将经典作家的马克思主义创造性地转化为中国化的马克思主义

中国共产党人能够始终成为中国工人阶级的先锋队,成为中国人民和中华民族的先锋队,靠的就是科学的世界观和先进的理论武装。马克思主义理论的先进性,就在于始终与革命和建设的实践相结合,并在此过程中实现具体化,产生具有实践性、民族性、时代性的马克思主义新形态。中国化马克思主义的实践,必须以中国化的马克思主义为直接的理论指导,也就是将马克思主义的世界观和方法论创造性地转化为能够具体指导中国革命和建设的中国化的马克思主义理论。中国化的马克思主义理论,实质上就是中国革命和建设经验的科学总结和升华,它蕴含着中国社会发展的规律和方向。过去由于种种原因,我们不敢直接承认是中国人自己的马克思主义理论指导中国革命和建设走向了胜利,只强调以马克思主义的世界观和科学方法为指南。但是今天我们认识到,包括马克思主义世界观在内的原生态的马克思主义,只有在具体化中再生为民族形态,才能真正起作用。民族国家的革命和建设的实践经验已经证明,这本身就是一条重要的规律。

3. 始终反对教条主义、经验主义和实用主义,在实践现实的目标中坚定理想和信念,这是中国化马克思主义不受各种错误干扰的重要保证

反对教条主义、经验主义和实用主义之所以是一项长期的任务,就在于它们不仅是共产主义运动中一种比较普遍的现象,对于我们来说,它们更多地根源于中国几千年的自然经济和封建文化传统。面对几千年沉重的文化积淀,中国化马克思主义不得不长期警惕和反对教条主义、经验主义和实用主义。

(二)保持好马克思主义与中国哲学和优良传统文化的互化、融合与共生的辩证和谐

众所周知,作为一种理论学说的马克思主义本身也是一种西方文化,而且一开始就是作为一种强势的西方文化出现的。它之所以能够被中国化,根本原因在于中国社会发展的实际需要,这一点已经成为共识。但是,一方面,将马克思主义作为一种文化来看待并深入研究它与中国传统文化和哲学的关系,只是在改革开放以后才得以全面展开的,在此之前,从整体上看

我们并没有形成这样的文化自觉，“文革”中对中国传统文化的破坏与此也不无关系；另一方面，中国化马克思主义理所当然的包含着中国传统文化和中国哲学主动地“化”马克思主义的方面，也就是说，中国哲学和优秀传统文化不是被动地、无所作为地被马克思主义所“化”，而是“互化”。在马克思主义理论界，中国哲学长期以来或者被认定为非科学而成为马克思主义哲学改造的对象，被马克思主义哲学化；或者成为马克思主义哲学的碎片化的注解。改革开放以来，马克思主义哲学界开始反思这一做法的合理性，重新审视马克思主义哲学与中国哲学的关系。有人就认为，马克思主义哲学对中国哲学的看法，实际上经过了从否定到肯定的过程，如实践唯物主义实际上就体现了马克思主义哲学的中国哲学化趋势。① 实践证明，毛泽东所开创的中国特色的革命道路，是马克思主义与中国哲学的智慧和传统文化的精华完美结合的产物，毛泽东哲学就是中国化的马克思主义哲学的最初形态，也是迄今为止的典型样式。邓小平所开创的改革开放和现代化建设事业，同样充分运用了中国哲学的实践智慧。中国改革开放的成功，就是马克思主义的科学认知与中国哲学和传统文化的智慧相结合的结果。这种结合产生的是中国化的马克思主义哲学新形态，即邓小平哲学，这正是中国特色社会主义实践的理论基础，是中国经验的秘密所在。中国哲学的智慧传统对中国特色社会主义道路的探索起到了重要作用。有人认为，邓小平开创中国改革的实践艺术，充分体现了中国哲学的辩证智慧；②马克思主义中国化的当代历史进程，也可以用“中体西用”进行阐释。③ 文化界也有人认为，不同文化之间多元共存、和谐共生应该是一种规律，④马克思主义与中国哲学和传统文化当然也不例外。

马克思主义中国化的发展历程表明，马克思主义与中国哲学和优良传统文化的互化、融合与共生的辩证和谐是一个基本事实。凡是马克思主义与中国哲学和优良传统文化结合得好的时候，一定是二者的互化、融合与共生的辩证和谐，而不是谁吃掉谁。这种结合产生了巨大的理论能量和实践智慧，推动着理论和实践两个方面都产生了飞跃；反之，马克思主义中国化事业就会出现挫折甚至遭受失败，在理论和实践两个方面都不能获得实际的成效。当然，这种辩证的和谐并不意味着中国传统文化中的糟粕也可以被马克思主义所包容，相反，马克思主义仍然担当着对它的批判使命。马克

① 张祥浩．马克思主义哲学与中国哲学[J]．江苏社会科学，2006(5).

② 李维武．邓小平与中国传统哲学的辩证智慧[J]．毛泽东邓小平理论研究，2005(12).

③ 黄力之．“中体西用”的当代阐释与马克思主义[J]．黑龙江社会科学，2006(2).

④ 余秋雨．当前中国社会的六大文化误区[J]．新华文摘，2006(19).

思主义与中国哲学及传统文化的成功结合，也有可能被视为异端，[①]因而，对它的理解、接受和实践转化会有一个历史的、实践的和文化的过程。西方世界就有人把毛泽东时代的社会主义称为封建的社会主义或儒家的社会主义，把当代中国的社会主义称为资本社会主义或中国式的资本主义等，其实就是把中国化马克思主义的理论和实践视为异端。这表明，保持好马克思主义与中国哲学和优良传统文化的互化、融合与共生的辩证和谐，作为一条基本经验，既需要实践智慧和文化创新，也需要深入研究两种文化的融合规律。

（三）处理好“化”马克思主义与“化”现代西方优秀文明成果的关系

从中国化的角度看，西方的自然科学成果不存在中国化的问题，只有人文社会科学成果才有中国化的问题。[②] 本节讨论的西方优秀文明成果的中国化，主要指的就是西方人文社会科学成果的中国化。

近代以来“西学东渐”的过程，实际上也是西学中国化的进程。一方面，中国化西方优秀文明成果的历史构成中国化马克思主义的文化背景；另一方面，中国化马克思主义同时也始终伴随着中国化西方优秀文明成果的过程。因此，正确处理和看待二者的关系，是中国化马克思主义取得成功的基本前提。众所周知，中国化西方优秀文明成果的过程，除了在文化上留下一些痕迹之外，在推动中国的民族独立和解放、实现国家富强方面却是屡遭败绩，最终让位于马克思主义，这是不容否认的历史事实，是讨论当代中国化马克思主义的一个重要前提。总结历史上“化”马克思主义与“化”西方优秀文明成果的关系及其经验教训，可以发现，中国“化”马克思主义与“化”西方优秀文明成果的关系是辩证的，构成了中国化马克思主义的两条基本经验。

1. 中国化马克思主义是主导和前提

从中国化的层次、范围、机制、标准来看，中国“化”马克思主义与“化”现代西方优秀文明成果是不同的，在某些层面甚至有根本区别。中国化马克思主义的实践要深入到整个社会的各个层次和领域，体现为广度和深度上的彻底性以及历史进程的总体性，而“化”现代西方优秀文明成果则是在社会的某些具体层次和领域展开。中国化马克思主义的根本方面，体现在社

---

① 龚育之.马克思主义中国化与“异端”问题[N].北京日报，2006-06-26(17).
② 黄楠森.谈谈马克思主义哲学中国化问题[J].理论视野，1999(5).

会制度、发展目标、意识形态、人们的理想和信念以及最终转化为本土文化的一部分等根本制度及文化层面，它需要中国共产党这样一个政党组织来领导和实施这一进程。中国“化”西方优秀文明成果则主要体现在社会的一些非根本制度以及具体体制和机制层面。历史地看，中国化马克思主义的最根本的方面，即它要解决的首要问题是中国的民族独立和解放，只有在这个层次上实现了马克思主义的中国化，才能谈得上其他西方优秀文明成果的中国化。晚清政府的“洋务运动”以及孙中山的“实业救国”理想的失败都表明，中国学习西方必须首先学习马克思主义，并实现马克思主义的中国化，以此来实现民族的独立和解放。可见，没有中国化马克思主义，就很难彻底、顺利地实现西方其他优秀文明成果的中国化。

2. 中国化马克思主义深刻地影响着“化”西方优秀文明成果

一方面，现代西方文明成果经过改造而具有了中国特色和社会主义性质，甚至形成了具有马克思主义性质的中国经济学、法学和社会学等，而那些不适合中国国情、不符合中国人民根本利益的如“三权分立”的政治制度等则被自觉排斥在外，这一点是中国化马克思主义的重要优势；另一方面，中国化马克思主义的广度和深度也影响着“化”西方优秀文明成果的质量和效果，这主要体现在中国化马克思主义的水平不仅直接影响着党和人民群众对现代西方文明的理解、接受、选择和判断，而且，中国化马克思主义的范围和深度，也直接影响和制约着对现代西方优秀文明成果的现实需要。比如，“文化大革命”期间，在中国化马克思主义遭受严重挫折的同时，现代西方的优秀文明成果，甚至包括先进的自然科学成果，也遭到了盲目拒斥，这样的教训必须牢牢记取。

（四）当代中国化马克思主义应正确对待的几个认识问题

1. 充分认识革命、建设和改革的中国化马克思主义的历史经验在本质上的一致性和连续性

革命、建设和改革是中国化马克思主义迄今为止在实践主题上的三次重大转换，但这只是中国化马克思主义在不同阶段面临的不同任务，并不意味着革命、建设和改革具有根本差异甚至是对立的。革命的经验和建设、改革的经验，都是中国人民在共产党的领导下进行的中国化马克思主义的实践成果，都是马克思主义中国化的结晶。不仅革命和建设具有历史上的继承关系因而具有连续性，而且，革命和建设的目标都是为了中华民族的解

放、富强和文明，为了最终实现共产主义。比如，共产主义的理想和信念，在中国具体化为长征精神、延安精神、大庆精神……，这些宝贵的精神财富将激励着中国共产党人在中国特色社会主义事业新的伟大长征中不断开拓前进，永远不会过时。社会主义市场经济的发展虽然会对这些革命精神的传承和发扬产生一定的影响，但这并不意味着革命精神与之根本对立。历史已经证明并将继续证明，真正的革命精神总是能在新的时代条件下焕发出勃勃生机，在建设和改革中发挥出不可替代的作用。又如，中国共产党始终是一个革命的政党，这是它的本质规定性，但它同时又是执政党，这是由它在现阶段的历史使命所决定的。因此，不能把革命党与执政党、革命思维与执政思维简单地割裂开来、对立起来。再如，西方世界的通常理解和做法，是将中国的革命、建设和改革的不同阶段割裂开来，它们提出的中国经验，主要是指所谓中国从社会主义转向资本主义、从计划经济转向市场经济的渐进社会转型的成功，并认为这种经验与在此之前的中国革命和建设的经验是根本对立的，不能相提并论，不具有连续性。这就提示我们，要真正认清中国化马克思主义历史经验的连续性，就必须警惕西方学术逻辑的陷阱。[①]

2. 牢固树立中国化马克思主义的主导地位，以此来制约、规范和影响"化"西方优秀文明成果

中国化马克思主义的实践过程，与中国人民最终实现共产主义的历史进程是完全一致的，因而，这个过程是不会终结的。社会主义初级阶段的现实，决定了在"化"马克思主义的同时还应该充分"化"世界各国包括发达资本主义国家的优秀文明成果作为补充，这就需要明确"谁是主导、谁是补充"等重大理论和实践问题。中国化马克思主义的主导地位必须体现在制约、规范和影响西方优秀文明成果的中国化上，这不仅应该体现到我党的路线、方针和政策中，而且要具体化到实践的过程中。当前，现代西方哲学和社会科学思潮对马克思主义的冲击是显而易见的。例如，人们在实践领域对社会主义认识的模糊和淡化，相反，对市场经济却无原则地绝对推崇；在理论领域，社会主义研究的科学性不够，声誉欠佳，[②]甚至有许多似是而非不够严谨的说法，如"人民幸福就是社会主义"等。[③] 相反，一些人对西方现代哲学

① 李捷．警惕学术概念背后的逻辑陷阱[J]．求是，2006(21)．

② 王建民．社会主义研究的科学性有待加强[J]．文史哲，2006(1)．

③ 石岸．人民幸福就是社会主义[N]．社会科学报，2005-12-01(3)．

和社会科学思潮却总是趋之若鹜,以至于生吞活剥而导致消化不良。

3. 在深化改革开放和现代化建设过程中,必须始终坚持中国特色社会主义道路

中国的改革开放和现代化建设之所以能够取得巨大成就,一个根本原因就在于我们既坚持了社会主义的基本原则,又坚持从中国的国情出发,实现了二者的有效结合,尊重了历史传统,保持了社会发展的连续性。确认这一点,对于深化改革十分重要,这恰恰是西方世界一些人所不理解或者不愿意接受的。中国并没有一个所谓的"改革反对派",分歧主要体现在对改革的方向和一些具体问题的认识上。西方世界散布的所谓"中国渐进改革的实质是逐渐抛弃社会主义包袱转向资本主义"的观点,直接影响到国内一部分人对深化改革的看法。近年来对改革的评价有很大争议,其要害仍然是要不要坚持改革的社会主义方向的问题。因此,未来中国化马克思主义的关键,是继承三十多年来改革开放和社会主义现代化建设的成功经验,把思想认识统一到十七大报告的基本结论上来。这就是:在当代中国,"坚持中国特色社会主义道路,就是真正坚持社会主义","坚持中国特色社会主义理论体系,就是真正坚持马克思主义"。[①]

① 中国共产党第十七次全国人民代表大会文件汇编[G].北京:人民出版社,2007:11-12.

九、从直观的社会主义到实践的社会主义的哲学思考

（一）直观的社会主义思维方式及其对马克思主义中国化的影响

简单地讲，直观的社会主义思维方式，就是在具体建设社会主义过程中以抽象直观的思维方式，在理论态度和方法上严格遵循经典作家的社会主义思想，在实践道路上基本照搬苏联式社会主义的中国社会主义建设思路和历史实践所形成的社会主义社会形态。直观的社会主义思维方式对于“什么是社会主义，如何建设社会主义”的问题缺乏哲学反思，理论上陷入教条主义和形而上学，实践上陷入模仿和僵化，缺乏创造性和本民族国家的个性。直观的社会主义思维方式与对马克思主义中国化的无意识或模糊认识直接相关，使马克思主义中国化陷入曲折的进程之中。形成直观的社会主义的原因是多方面的。

(1)直观的社会主义直接源于对马克思主义的抽象直观。由于在马克思主义的指导下，无产阶级革命取得了伟大的胜利，因此很容易误认为马克思主义是已经完成的思想体系，我们要做的工作只是解释，加上政治上的影响，马克思主义被神圣化，不敢进行理论创新，即使有创新也只是实践的需要或者只是属于实践范围的，造成理论与实践脱节，形成对马克思主义的抽象直观，总体上缺乏深入理论内部的科学探讨和形成对各种与马克思主义有出入的思潮的简单、外在否定的局面。对马克思主义的抽象直观理解直接导致把经典作家的科学社会主义思想理解为最终完成的思想体系，对社会主义也只是解释经典作家的有关共产主义社会的论述，没有立足社会主义实践来理解社会主义的意识和自觉性，形成对社会主义理论的抽象直观。这种抽象直观将理论与实践的关系倒置了，形成社会主义实践一直落后于

马克思主义和社会主义理论的错觉，而实际上这不符合理论与实践的辩证法。

(2)实践上将苏联模式神圣化了，认为只要照搬苏联社会主义就能建成中国的社会主义，形成了对苏联社会主义的抽象直观理解，理论上缺乏对马克思主义中国化的必然性、可能性和现实性的深刻反思。

(3)政治因素的影响直接强化了对社会主义的抽象理解。革命胜利后我们很快就奠定了社会主义的主要经济基础，人们对生产力和生产关系的辩证关系在社会主义阶段缺乏足够认识，对政治和经济的辩证关系同样缺乏足够清醒的认识，这种认识的错位直接导致对社会主义的内在结构和要素及其相互关系的直观。马克思主义中国化的实践过程必然伴随着政治化，但是政治化应该直接服务于马克思主义中国化的实践并始终以之为基础，政治化是马克思主义中国化的实践要求，而不是相反。

直观的社会主义导致马克思主义中国化事实上在这段历史时期处于非自觉状态，马克思主义中国化的实践过程由于缺乏自觉的理论反思在取得重大成就的同时也伴随着严重的失误。马克思主义中国化过程中的实践性在一定程度上脱离了其科学性，没有科学性的约束马克思主义的实践性只能是抽象的。

(二)实践的社会主义与马克思主义中国化的成功经验

邓小平关于社会主义本质的看法是："社会主义的本质在于解放生产力，发展生产力，消灭剥削，消除两极分化，最终实现共同富裕。"[①]这表明社会主义的本质是实践的。因此，实践的社会主义突破了对社会主义的抽象直观看法，在思维方式上由直观转变为实践，在实践上形成了敢闯敢干，以"三个有利于"为标准的开拓性、创造性的实践过程。邓小平认为："这是个很大的试验，是书本上没有的。"[②]三十多年的中国特色社会主义实践为马克思主义中国化积累了成功的中国经验。

(1)共产党的领导是实践的社会主义的重要保障，是马克思主义中国化的领导力量。共产党的领导保障了实践的社会主义的基本性质和方向，也是进行科学创新实践的重要条件。"共产党的领导就是我们的优越性。"[③]实践的社会主义对党的领导和建设提出了新的更高的要求，党在这一过程中

① 邓小平文选(第3卷)[M].北京:人民出版社,1993:373.
② 邓小平文选(第3卷)[M].北京:人民出版社,1993:130.
③ 邓小平文选(第3卷)[M].北京:人民出版社,1993:256.

的坚定和成熟反过来极大地促进了实践的社会主义的发展。实践的社会主义不仅不削弱党的领导，而且要求不断加强和改善党的领导，保证社会主义在实践中成功地突破难关和难题，为发展创造一个稳定和谐的社会环境。党的领导为实践社会主义的平稳、快速、健康发展提供了强大的支撑力量，是推进马克思主义中国化的领导力量。中国共产党本身就是马克思主义中国化的直接化身，马克思主义中国化作为与社会主义的内在统一过程，离开了共产党的领导就无从谈起。

(2)实践的社会主义是社会主义在实践中的生成过程，是马克思主义中国化的实践过程。实践的社会主义是在共产党领导下，以走出困境、走向富裕为基本目标的解放生产力、发展生产力的伟大的历史性转变。社会主义的科学性和优越性在三十多年的实践中已经初步得以体现。社会主义的理论在实践过程中得以证明、呈现、校正和发展，大大丰富了科学社会主义思想。经典作家留给我们的是科学的世界观、方法论和共产主义的理想和价值观念，这些构成我们实践社会主义进程中马克思主义中国化的理论基础。但是实践的直接现实性和复杂性决定了现实的社会主义理论只能来自实践的经验，并在经验的基础上的科学理论提升。因此，实践的社会主义在牢牢把握社会主义方向的旗帜下，把实践作为社会主义的最切近的物质基础，在实践过程中将社会主义的内在矛盾充分地呈现出来，形成了社会主义的内在辩证法，社会主义的矛盾又在不断的发展中得以转化和消解，这个过程充分体现了社会主义的强大生命力和优越性。只要我们的实践是社会主义的，马克思主义中国化就必然与之是统一的历史进程，否则，实践的社会主义性质就无从谈起。

(3)创新型实践是实践社会主义的重要特征之一，是马克思主义中国化在实践方面的基本要求。所谓“创新型实践”就是将科学认识活动和解放生产力、发展生产力的劳动实践活动紧密结合，实现认识和实践的内在统一，在实践中实现科学认识上的创新，在科学认识的实践中将解放和发展生产力的质量和效益最大限度地发挥出来。这是实践的社会主义突破传统计划经济时代直观社会主义思维方式下的僵化、重复、低水平实践的一个成功探索。因此，社会主义的实践是人类21世纪重要的实践模式，这种新型实践直接为创新型国家建设奠定了客观的物质基础，这种实践是超越资本主义实践平台的社会主义实践，体现了社会主义制度的优越性。创新型实践以以人为本的科学发展观为基础，走的是不同于资本主义的中国特色社会主义现代化道路。

中国经验和中国道路就是马克思主义中国化的成功经验。实践的社会主义是中国特色的社会主义，始终以中国国情为根本依据，始终批判地审视西方资本主义的发展模式，坚定地走自己的特色道路。邓小平说：“我们现在干的是全新的事业”，“我们寻找自己应该走的道路。这涉及政治领域、经济领域、文化领域等所有方面的问题”，这条道路“既不能照搬西方资本主义国家的做法，也不能照搬其他社会主义国家的做法，更不能丢掉我们制度的优越性”。[①] 因此，实践的社会主义已经成为人类历史发展过程中的独特的发展模式，被西方世界认同为“北京共识”[②]。中国经验是马克思主义中国化的结晶，是社会主义的特色实践成果，标志着马克思主义中国化的初步实现。[③]

（三）中国特色社会主义实践与马克思主义中国化历程的哲学思考

(1)马克思主义中国化的科学性诉求。中国的实践的社会主义是邓小平从战略高度，为应对由斯大林模式所造成的社会主义的僵化困境所做的自上而下的社会变革运动。这场运动缺乏长期的历史准备和理论准备，因此特别需要从科学和哲学角度进行深刻的理论反思和理论建构。中国的改革和开放的理论和实践是同一个过程，正是这种特殊性决定了理论和实践的不平衡发展态势。实践已经证明了这条路走得对，可是理论上却仍然没有得到全面、科学、系统、合理的逻辑证明。现在特别需要的是将中国经验上升到科学理论体系的高度，制定一系列科学的独特分析范畴，科学地证明这条道路的历史必然性和合理性，为未来的发展趋向提供科学的前景预测。

(2)要坚持辩证唯物主义和历史唯物主义，反对割裂中国社会主义整个建设历程的虚无主义态度和思维方法。没有一种理论像马克思主义理论那样，它的命运本质上不取决于理论自身，而是由它的实践化形态即现实共产主义实践决定。当代美国著名学者詹姆斯·劳勒认为，反思整个共产主义运动的理论与实践，事实上存在着两种关于共产主义的思维方法或两种共产主义，即苏联式的虚无主义的共产主义和马克思的辩证的共产主义。[④] 这是一种历史虚无主义的态度。众所周知，中国的社会主义取得了伟大的历

---

① 邓小平文选(第3卷)[M]. 北京：人民出版社，1993:255-256.

② 刘桂山. 综述：北京共识——当代经济发展的成功模式[EB/OL]. www. xinhuanet. com, 2004-05-25.

③ 详见本书第106—112页。

④ 詹姆斯·劳勒. 虚无主义的共产主义和辩证的共产主义[J]. 国外理论动态，2006(2).

史性成就，其中的曲折和失误是人类社会主义伟大探索性实践过程中的一种代价，以此来割裂社会主义实践的整个历史，单纯肯定改革开放的现实社会主义本身是与事实相悖的。应该用历史唯物主义的尺度来科学评价中国的改革，反思整个社会主义建设的历程。①

(3)实践的社会主义迫切需要以马克思主义中国化为纲领将中国经验和中国模式通过哲学反思升华为科学的理论体系，从而从科学角度深刻证明邓小平理论的哲学基础是辩证唯物主义和历史唯物主义，将马克思主义中国化研究推到一个更加深化的层次和阶段，最终建立中国特色社会主义的哲学、政治经济学和科学社会主义的科学理论体系。实践的社会主义缺乏理论化、系统化的现成理论作为支撑，因此在实践的社会主义的前进过程中几乎每一个关口，都存在道路的选择问题和考验。② 今天我们迫切需要将实践的社会主义升华为以马克思主义中国化为纲领的中国特色社会主义的科学形态，即中国特色社会主义的哲学、政治经济学和科学社会主义理论体系，将马克思主义中国化研究推进到一个更加深化的层次和阶段。就中国化马克思主义哲学研究来说，一方面要从世界文明潮流和中华民族历史特点的结合点上提出问题和解决问题，深入扎实地研究问题，把"问题中的哲学变为哲学中的的问题"，从马克思主义哲学世界观和方法论高度对中国当代面临的重大现实问题及其解决途径进行深刻剖析，赋予其"浓重的理论色彩"③；另一方面要建构中国特色的社会主义的科学理论体系。这个工作是非常艰难的，但是已经引起了理论界的重视和尝试。④

---

① 高尚全.用历史唯物主义评价中国改革[J].新华文摘，2005(24).

② 侯惠勤.以人为本的精神实质和理论界限[J].红旗文稿，2006(7).

③ 陈先达.哲学中的问题与问题中的哲学[J].中国社会科学，2006(2).

④ 李景源.论建构中国特色社会主义哲学原理[J].社会科学管理与评论，2004(3).

十、马克思主义中国化与社会主义现实化的“关系”、“问题”与“进路”

(一)马克思主义的中国化与社会主义的现实化:一个复杂的理论和实践的逻辑认知问题

1. 马克思主义中国化存在着多维度的理解,而与之对应的社会主义的现实化只是其中的一维,二者的真正统一是一个值得重视的问题

一般认为,马克思主义与当代中国实际的结合,在实践方面产生的直接就是中国特色的社会主义。然而,当今世界对马克思主义的理解和认识事实上形成多样化的理论景观,即哲学基础各异、实际契入点不同地呈现出“繁花似锦”的马克思主义的各种哲学的、文化的和政治的不同形态,而其实践模式在西方仍然冠以“社会主义”的也只是一小部分,如生态社会主义。因此,似乎马克思主义与社会主义可以分离并且已经越走越远地呈现分化发展的态势。马克思主义的当代化的路径、取向和目标多元化,社会主义只是其中的一个维度,而且在西方的这种局面被认为是正常合理的发展状态。但是,在马克思主义中国化的当代历史进程中,社会主义的现实化即中国特色化应该是最根本的方面,马克思主义“化”中国的直接目标无论是理论还是实践方面都应该是社会主义,因为不仅我们始终坚持马克思主义的改造世界和人类解放的基本精神,而且在实践方面将走社会主义和共产主义道路视为中华民族的核心价值取向和最根本的发展战略。因此,多维地理解和认识马克思主义中国化能否都真正统一到中国特色社会主义的现实基础上来,便是一个重大的理论和实践问题。事实上,不少学者受西方的影响散

漫地言说马克思主义中国化，而不是有的放矢地自觉定位于社会主义的现实，甚至只字不提社会主义，这显然与马克思主义中国化的基本精神相悖。如果说离开中国特点和中国实际谈马克思主义只能是抽象空洞的马克思主义，那么，今天离开中国特色社会主义谈马克思主义中国化也仍然是抽象空洞的中国化研究。

2. 马克思主义中国化有“本”可依，而社会主义的现实化则只能是实践的摸索，二者在理论上有差距，因而有许多模糊认识

马克思主义中国化坚持的是“老祖宗”，是有“本”可依的，即以资本主义为研究对象的马克思主义经典文本，它们构成学习、理解和运用马克思主义中国化过程的主要理论基础，成为马克思主义中国化的一个基本的理论运作模式。而对中国特色社会主义，则因为其没有任何可资借鉴的成功经验因而处于纯粹的、大胆试验的实践探索之中，这种情况给人造成的错觉就是建设中国特色社会主义似乎完全是一个实践问题，与经典作家的马克思主义无关，依此逻辑，马克思主义中国化、中国特色社会主义就很自然地存在着理论与实践分离和脱节的问题。当然，马克思主义中国化和社会主义现实化在理论和学术研究领域的脱节还与长期以来中国马克思主义内部的专业分工造成的缺乏整体性视野和思维习惯有直接关系。此外，以社会主义为研究对象和主要内容的马克思主义理论体系还未真正确立起来，这的确是当前马克思主义中国化与社会主义现实化存在的矛盾无法很好统一的现实问题。必须明确，社会主义的现实化在中国是科学社会主义的中国化，同样是有“本”可依、有“法”可依的，马克思主义特别是中国化的马克思主义是其理论基础。有人说，根据当今世界的社会主义和共产主义运动实际，社会主义必须重新定义，言下之意是说马克思主义的科学社会主义与现实社会主义已经没有任何内在联系了。这种看法的实质是马克思主义过时论的翻版。当然，我们必须承认社会主义的实践模式可能有多种，但是中国特色社会主义模式是其中完全遵循马克思主义本真精神与科学社会主义根本一致的现实社会主义的中国模式，对它的定义必须由马克思主义和与之既一脉相承又与时俱进的中国化的马克思主义来共同完成。显然，对于中国特色社会主义也根本不存在需要重新定义的问题。

3. 马克思主义中国化与社会主义现实化被指责为非马克思主义化和非社会主义化的政治与文化误解

西方学者至今没有完全认可马克思主义中国化的合法性，他们恰恰是

从非马克思主义化的角度来理解马克思主义中国化进程的，从非社会主义化角度来看待中国特色社会主义实践的。因此，他们谈论和肯定中国经验时，马克思主义和社会主义在其视野之外，他们谈社会主义时没有中国，马克思主义中国化被认为是中国的民族主义的复活，中国特色的社会主义被看作是中国特色的资本主义或古老中国的现代化发展模式。[①] 马克思主义中国化和社会主义的中国特色化是一个让人无法理解的东方大国的文化命题，从西方世界特别是美国对现代中国的误解和不确定性感到担忧，[②]可以体认到这一点。这些观点固然带有偏见和误解，这与中国马克思主义的学术形象和在世界马克思主义理论体系中的合法地位的确立有直接关系。这是一种现实的和理论的挑战，西方世界对此的看法值得我们重视和有针对性地研究，它表明马克思主义中国化和社会主义现实化的关系的理顺绝非易事，研究领域需要将政治性与学术性结合起来，并与西方世界实现对话与交流，以此增进西方公正的关注和理解。

总之，马克思主义中国化和社会主义的现实化表现为一个十分复杂的实践逻辑关系，二者具有相对独立的发展趋向，既存在着相互适应、规制、调整和共进的一面，也存在着相互差别、对立、不相适应和矛盾冲突的方面。因此，作为人类社会历史在 20 世纪乃至整个 21 世纪的理论的和实践的奇迹，来自内外思想认识的困惑和艰难，源自实践创新的中国道路和伟大成就，都需要中外学界客观公正的长期努力研究获得根本的推进；另一方面也与中国的马克思主义研究的学术水平不高有直接关系。

（二）当前亟待研究的几个问题

1. 中国特色社会主义的现实性与合法性问题

从理论上讲，中国当前最大的现实就是社会主义，然而人们的质疑恰恰表明其现实性在感性直观和文化心理层面没有获得广泛的确定性认同，一部分人甚至认为社会主义在当代中国恰恰是最不现实的，真正现实的是市场经济。如果说解放和发展生产力是现实社会主义的硬道理曾经被广泛接受的话，那么在发展生产力已获得巨大成就的今天，我们必须与时俱进地讲讲现实社会主义的软道理，以奠定其现实合法性的基础。事实上，由于中国社会主义实践的探索性、发展性和中国的特殊国情，其现实性和合法性问题

---

① 详见本书第 106—113 页。

② 哈里·哈丁.对中国的再思考[J].[美]外交政策，2007(3).

将长期困惑着中国人，因而必然是摆在理论界和学术界面前的重大现实问题和理论问题，特别需要中国的马克思主义哲学强力推进对这一问题的研究。因此，正如有学者指出的马克思主义哲学中国化（当然地包含社会主义的现实化）“虽然已经是一个事实，但并不等于在学理上已经被确认”[①]。

依据实践逻辑，马克思主义中国化的现实合法性在于中国特色社会主义的发展与壮大，符合中国人民的真实需要并带来真正幸福和美好的生活，因而马克思主义中国化研究的自觉、科学、合理就在于必须与中国特色社会主义捆绑在一起，或者说马克思主义与中国实际的根本结合点始终是社会主义，马克思主义化中国“化”出来的不是什么都可以，必须是社会主义。因此，马克思主义中国化的理论合法性固然要追溯到马克思主义本身的理论特性，但更为重要的是其现实合法性，即完成民族解放和主权独立的当代中国为什么还要马克思主义呢？坚持马克思主义中国化在现代还是否行得通？存在着哪些困难和有利条件？等等。社会主义在中国的探索性实践虽然必须考虑内外环境，但坚持马克思主义中国化的理论指导又是保证社会主义的探索性具有明确方向从而实现科学探索、科学发展和减少探索的代价是其直接利益所在。中国化了的马克思主义能否完成使命就是问题的问题，深入和重点研究中国化马克思主义直接服务于中国特色社会主义因此而显得尤为迫切。

毫无疑问，中国特色社会主义理论体系是中国特色社会主义实践的直接理论根据，因而需要深入研究这一理论体系的内在学理逻辑。这既是一个寻找与发现的理论认识过程，也是一个理论创新和建构的过程，必须超越政治的眼光以批判的马克思主义创新精神，建构一个学术意义上的中国特色社会主义理论体系，使中国特色社会主义的实践性奠定在自身理论的科学性基础之上，逐步实现社会主义在中国的感性与超感性、实践性与科学性、中国化与马克思主义化的内在一致。因此，中国特色社会主义的研究必然要经历一个从追问其现实合法性到建构其理论科学性，最终实现理论与实践的现实统一的总体性过程。

2. 马克思主义中国化与社会主义现实化的调适问题

现实地看，社会主义的不和谐因素很多，其发展的方向与路径始终面临着困惑与责难，而它的合理解决又是马克思主义中国化的理论创新无法快速应对的。实践的不和谐归根结底是利益之争，要求马克思主义中国化和

---

① 陶德麟．马克思主义哲学中国化：历史与反思[A]．北京：北京师范大学出版社，2007：10-11．

社会主义的现实化既要保证全社会的发展成果实现稳步提高，又要实现利益和谐。现实生活中有许多观点反映了这种调适的必要。如：共产党领导的合法性与生产力标准并没有十分必然的联系；社会主义与市场经济的结合最终消融的是社会主义，成长的是市场经济，市场经济是真真切切的，相反今天的社会主义却让人难以捉摸；中国的社会主义与西方的资本主义的实质区别体现不明显；等等，都反映了这种不和谐问题事实上比较突出。因此，反映在理论上即是社会主义的现实化处理模式是不是马克思主义中国化的逻辑必然，实践的创新造成的往往是理论的“内在紧张”[①]，亦即所谓理论创新的滞后，马克思主义中国化如何发挥对社会主义现实化的理论指导、调节、规制的实际功能，最大限度地促进二者的和谐，是一个重大的理论研究课题。中国的马克思主义理论研究必须牢牢抓住中国社会主义的学术惯性和学术责任，当前严肃认真地研究二者的调适，使之真正捆绑在一起，实现和谐共进，其任务十分迫切。

3. 从马克思主义中国化视角看现实社会主义存在的主要问题及其认识和解决的路径

(1)市场经济与社会主义的融合问题。市场经济的一大机制就是优胜劣汰，但是现实也表明，如果缺乏社会主义的规范，市场经济同样也会造成优汰劣胜的局面，社会主义要造就的是一个自由全面发展的个人，显然与市场经济的单一经济标准不能等同。市场经济的另一机制(或后果)是两极分化，这与社会主义的全面发展要求同样是对立的，中国当前的收入两极分化正是有了社会主义的调节与奠基才使得市场经济得以在社会稳定的前提下继续发展。经过三十多年的试验，今天可以明确看到市场经济与社会主义的和谐交融可能是一个长期的历史过程。没有社会主义制度的基础，中国的市场经济也难以有今天的成功，但是建设市场经济的同时要以同样的力量和决心建设社会主义，只有二者同步推进，市场经济与社会主义在中国的和谐才是现实可能的。否则，人们在提出社会主义的现实合法性的同时同样会质疑市场经济的合法性，这将最终妨碍二者的共同发展。

(2)现代化与社会主义的融合问题。马克思主义中国化的历史经验表明，社会主义在中国的现实化要在物质基础、社会制度和文化心理层面全面推进。其中，物质基础的具备需要现代化过程来奠基。社会主义遭遇现代化，迄今为止现代化的成功模式只有资本主义模式，在全球一体化条件下，

---

① 侯惠勤.试论马克思主义理论的“内在紧张”[J].中国社会科学,2007(1).

社会主义的现代化道路不可能绕过工业化、市场化、社会化的物化过程，这就有一个融合问题。因此，社会主义与现代化既要避免资本主义的陷阱而实现科学发展，又要完成现代化的一般过程，如何实现社会主义的人的全面发展要求与现代化的物化过程强制的和谐，将现代化的基本要素与社会主义结合起来，是一个实践创新的巨大挑战。与市场经济一样，现代化过程也有可能消融社会主义，最终使社会主义与资本主义无异，这种风险的避免既需要坚定的社会主义信念，更需要理论和实践的高超创新。

(3)社会主义的民生问题。在社会主义初级阶段的历史条件下解决民生问题，体现了马克思主义中国化宏观与微观的和谐、统一推进的需要。在现代世界历史和全球化背景下，经济和社会的发展与现实的个人的发展并不总是自然而然地统一，这一点对于当前的中国人民的生存实践来说是一个非常现实的问题，它直接就是现实的社会需要。中国特色的社会主义继续完成新民主主义建设所没有完成的任务，不仅理所当然，而且体现的是社会主义的优越性，况且民生问题绝不是仅在新民主主义阶段有，社会主义阶段也客观存在。因此，不能抽象地看待民生问题在中国的存在，不能将中国特色社会主义简单地看作是向中国新民主主义的回归。社会主义初级阶段的中国将长期存在民生问题，民生问题本来也就是马克思主义所要面对和解决的实际问题，对此没有什么可奇怪的。在当前建设社会主义和谐社会的过程中，民生问题的解决应该是根本的着力点和归宿，这是人民群众根本利益在和谐社会建设过程中的具体化和现实化，也当然是贯通马克思主义中国化和社会主义现实化的实践过程和结果。在社会主义条件下解决民生、民权与民享问题可以更彻底、更科学、更合理，这证明社会主义初级阶段相对于新民主主义社会具有优越性。

(三)中国化的马克思主义与中国特色的社会主义：不断趋向成熟的创造性的理论和实践相统一的过程

马克思主义中国化和社会主义的现实化道路未来的走向如何？现实地看，中国化的马克思主义与中国特色的社会主义必然是一个不断趋向成熟的创造性的理论和实践相统一的过程。从理论研究的角度看，以中国特色社会主义为研究对象和主要内容的中国化的马克思主义理论体系建构是当代中国马克思主义研究的重大课题和基本目标。当前，实现二者的良性的辩证发展，需要把握以下原则。

1. 创新精神,特别是创造性的理论与实践

创新是马克思主义中国化的社会主义实践的灵魂。在社会主义与资本主义共存并在现阶段明显处于劣势只能以民族国家的超常规发展为历史基础的现实面前,学会与资本主义在全球化进程中共同发展,特别需要创新精神,需要在创新性实践中实施大智慧。具体说来,既要发展壮大社会主义,又要使中华民族真正实现又好又快发展;既要保持人类新社会的探索性实践得以长期的历史性积累,又要争取世界和平、争取积极影响资本主义的现实发展取向。中国特色社会主义实践已经取得一定的成就并引起了西方世界的重视和关注,反思这一艰难的探索历程,创新精神是其成功的秘诀。

2. 坚持马克思主义的世界观和方法论,更加重视中国化马克思主义的世界观、方法论和理论体系

马克思主义中国化的历史经验表明,只有民族化了的、具体化了的、被实践证明实际有用的中国化了的马克思主义理论才能具体指导中国的革命、建设和改革不断走向成功。因此,更加重视中国化马克思主义的世界观、方法论和理论体系的理论研究和现实实践是科学地发展和创新马克思主义的根本方向,社会主义现实化的科学发展水平归根结底取决于中国化的马克思主义的创造性发展水平。

3. 坚持马克思主义中国化与社会主义的中国特色化

马克思主义中国化的发展与研究的方向必须牢牢扎根于社会主义的中国特色实践,形成理论和实践的社会主义的最根本的辩证法。只有始终与社会主义一体的马克思主义中国化,才能真正继承、发扬和实践马克思主义的本真精神,现实社会主义的发展方向与目标才有可能始终与共产主义保持根本的一致。

十一、市场经济的性质:社会主义制度的结构性要素

改革和发展实际上是社会主义制度的结构性调整。市场经济不仅是一种资源配置方式,而且是一种重要的生产关系、人类社会重要的经济生活制度。市场经济的实践证明它和社会主义制度是可以结合在一起的。市场经济是内在于社会主义的,是社会主义制度的结构性要素。

(一)社会主义制度的基本结构分析

历史唯物主义注重社会结构分析。列宁认为,历史唯物主义对社会的分析“提供了一个完全客观的标准,它把‘生产关系’划为社会结构”,这样就“把各国制度概括为社会形态这个基本概念。只有这种概括才使人有可能从记载(和从理想的观点来评价)社会现象进而以严格的科学态度去分析社会现象”。[①] 马克思明确指出:“这些生产关系的总和构成社会的经济结构,即有法律的和政治的上层建筑竖立其上并有一定的社会意识形式与之相适应的现实基础。”[②]生产力和生产关系、经济基础和上层建筑、社会经济形态等一系列科学概念构成科学分析资本主义社会的理论工具和前提,资本主义经济和政治的矛盾运动,资本主义历史前途的分析都是建立在社会结构分析基础上的。对社会主义结构的分析是从理论上反思社会主义制度和从实践上完善社会主义制度的重要路径和方法。事实上,社会主义的重大理论创新和制度创新正是在社会主义结构分析的基础上逐渐调整实现的。

长期以来,人们把公有制、按劳分配、无产阶级专政、计划经济、以马克思主义为指导的意识形态等作为社会主义的基本特征,实际上这些就是社

---

① 列宁选集(第1卷)[M].北京:人民出版社,1995:8.

② 马克思恩格斯选集(第2卷)[M].北京:人民出版社,1995:32.

会主义的结构性要素。对这个结构的认识是理论和实践相结合的产物。问题是,这个结构会发展变化吗?当然,社会主义的结构是由社会主义革命和建设的实践决定的。在社会主义建设实践过程中,各国的经济和政治体制改革实际上就是在理论上反思和实践上重新整合社会主义的内在结构。中心问题是经济的改革,即如何处理计划和市场关系的问题,实际问题是市场在社会主义经济中的作用和地位。高度集中的计划经济随着世界经济一体化进程的不断加快和各社会主义国家国内经济困难越来越被证明是行不通的。相反,市场却大行其道,给社会主义经济注入了生机和活力。不管理论有怎么样的困惑如(公有制和市场经济能否兼容),市场经济的实践确实将社会主义的发展推进到了一个崭新的阶段。实践证明,社会主义结构的调整是成功的。

所以,社会主义的结构对社会主义的发展就是一个很重要的问题。面对中国目前的社会主义繁荣,有人还在疑惑这样的繁荣是社会主义的繁荣,还是资本主义的繁荣?这与长期以来人们把市场经济等同于资本主义有关。对这个困惑,邓小平早有阐述,理论界也做了大量的论证,这里不再赘述。但是这还仅仅解决了社会主义和市场经济不是对立的,可以暂时打消人们在改革实践过程中的顾虑,在一定程度上也消除了人们思想上的疑虑,但并没有从根本上解决市场经济和社会主义的关系,市场经济在社会主义发展中的历史地位等问题。而这一理论问题随着建设社会主义市场经济的实践不断深入将显得更加紧迫和重要,它实际上是在改革实践过程中的关于市场经济和社会主义是否对立的问题的逻辑继续。理论研究遵循科学抽象的进程,因此后一问题是元问题,是根本理论问题。从实践的观点看来,这个元问题的解决关系到社会主义改革的方向、社会主义市场经济的历史前途。

(二)市场经济是人类社会经济生活中重要的经济生活制度

人们习惯从资源配置的角度来看待市场经济,把它视为一种资源配置方式,也就是说它不具有社会制度的属性,可以为资本主义所用,也可以为社会主义服务,既不姓"资",也不姓"社"。但是从理论和实践两个方面来看,市场经济就不是这样抽象和简单。从《资本论》看,生产关系的结构是二重的,即根本经济制度和这一经济制度的运行方式。资本主义生产关系的二重结构表现在,雇佣劳动制度和劳动产品作为价值生产的商品经济制度,雇佣劳动制度是根本的生产关系,即人们对社会生产资料的占有关系,它直接决定生产过程中产品的分配关系,这两个方面决定了人们的经济地位,它是一种“普照的光”,其他的一切关系都受它决定或受它制约和影响。商品生产和交换制度形成人们的劳动交换关系,即全社会的物质变换过程是怎么实现的,经济是如何运行的,也就是根本生产关系的实现形式,它“才形成普遍的社会物质变换,全面的关系,多方面的需求以及全面的能力体系”①。因而是生产关系的重要方面,它使整个社会表现为一个动态的过程。雇佣劳动制度的关键——劳动力的买卖也是在商品经济中才有可能和得到实现,还有,资本家对剩余价值的无偿占有也只通过商品经济制度才能将商品生产的所有权规律转变为资本主义的占有规律得以实现,这两种不同层面的生产关系共同构成资本主义生产方式。这就是马克思在《资本论》第1卷第1版序言中指出的:“我要在本书研究的,是资本主义生产方式以及和它相适应的生产关系和交换关系。”②马克思在这里所讲的和资本主义生产方式相适应的生产关系和交换关系指的是这种生产方式的运行(或称为“实现”)制度,那只可能是市场经济制度。因为正是这一经济运行制度,才实现了资本的自由:等量资本取得等量利润,将前资本主义方式下的商品生产所有权规律转变为资本主义占有规律从而理直气壮地无偿占有劳动者在剩余劳动时间所创造的剩余价值,将残酷的剥削制度披上文明的外衣,使剥削成为秘密,使资本的脚印遍及世界的各个角落,同时也协调了资产阶级内部的矛盾。从这个角度看,市场经济制度为资本主义生产方式确立了形式上的合法性,因而它构成资本主义生产方式下重要的生产关系。

因此,市场经济无疑是一种生产关系,把市场经济作为一种经济体制实际上已经承认它是一种重要的生产关系。在现实的社会制度运行框架内,生产关系是作为总体结构出现的。在社会主义初级阶段,以公有制为主体的生产关系是根本的生产关系,市场经济是具体的生产关系,表现为纷繁复杂的市场分配关系、商品交换关系和消费关系,它之所以是具体的,是因为它直接就是人们现实的生产和生活,构成商品经济社会重要的经济制度,因此它绝不仅仅是一种资源配置方式。作为重要的经济制度,它有自身“硬”的和“软”的结构要素,亦即市场经济要真正得以运行,必须有完善的市场体系和具有独立人格的市场主体,还要有一种保证市场经济良性运转的市场经济意识形态,它包括市场意识、竞争意识、效率意识、风险意识、平等观念、法制观念、诚信观念等一系列的市场经济的思想文化和道德观念体系。这

---

① 马克思恩格斯全集(第46卷上)[M].北京:人民出版社,1972:104.

② 马克思.资本论(第1卷)[M].北京:人民出版社,1975:8.

一整套市场经济的意识形态直接影响甚至完全改变人们的工作方式、生活方式和思维方式。同时上层建筑也要为它做出相应的调整和变革，主要表现在政府经济职能的改变、机构的整合、管理模式的更新上，在对市场进行调控和规范的同时，努力营造市场经济的文化和道德氛围等。马克斯·韦伯在《新教伦理与资本主义精神》里就认为新教伦理构成资本主义市场经济的意识形态构架。因此，把市场经济仅仅作为资源配置方式或经济运行机制是简单化了，这种看法在理论上可能导致马克思在《哲学的贫困》里批判蒲鲁东的“政治经济学的形而上学”，在实践上也不利于发挥市场经济的建设和融合功能来巩固、完善和发展社会主义基本制度。一个长期被忽视的问题是，我们一般认为西方国家把市场经济与资本主义等同，也就是把它看作是一种社会制度。但是，应该明确的是，把市场经济等同于资本主义主要是因为资本主义是以私有制为基础的，而市场经济又和私有制天然结合在一起的。私有制、资本主义、市场经济三者完全融合在一起，构成资本主义的基本制度。因此，从理论上不能得出市场经济作为解放和发展生产力的经济制度与社会主义制度就不能融合在一起。也不能回避西方国家的这种看法而把市场和市场经济仅仅看作是资源配置方式和经济运行机制。事实上，市场经济已经是一种现代社会的重要经济生活制度。

（三）市场经济是社会主义制度的结构性要素

立足于社会主义建设实践，从承认社会主义经济是商品经济到引入市场经济制度，社会主义制度的改革使社会主义走出困境，极大地促进了生产力的发展和人民生活水平的提高。实践证明，对社会主义制度进行结构性改革实践是成功的。因而将市场经济视为社会主义制度的结构性要素已经是一个理论上的问题。

什么是社会主义制度的结构性要素？马克思和恩格斯基本上认为公有制、按劳分配、无产阶级专政、有计划地生产等应该是未来社会的基本制度，但是他们都是最彻底的历史唯物主义者，共产主义社会在他们看来绝不是抽象的方程式，而只能是将来的现实。马克思认为：“在将来某个特定的时刻应该做些什么，应该马上做些什么，这当然完全取决于人们将不得不在其中活动的那个既定的历史环境。”[①]恩格斯也再三强调：“无论如何应当声明，我所在的党没有提出任何一劳永逸的现成方案。我们对未来非资本主义社

① 马克思恩格斯选集(第4卷)[M].北京：人民出版社，1995：643.

会区别于现代社会的特征的看法,是从历史事实和发展过程中得出的确切结论;脱离这些事实和过程,就没有任何理论价值和实际价值。"①"所谓'社会主义社会'不是一种一成不变的东西,而应当和其他社会制度一样,把它看成是经常变化和改革的社会。"②社会主义建设和改革的实践已经使我们认识到商品经济的充分发展是人类历史发展不可逾越的阶段,社会主义将经历长时期的商品经济的发展过程。市场经济制度是人类所创造的迄今为止有效的经济运行制度。在世界经济一体化过程中,社会主义社会也只有在市场经济的运行环境下才能吸收和借鉴人类几千年所创造的优秀文明成果,最终战胜资本主义。

作为一种经济运行制度,市场经济本身的确没有制度属性,但这仅仅是一种简单抽象,事实上没有脱离具体社会制度的市场经济,它和怎样的社会制度结合,便具有这一社会制度的属性,这也许是许多人在这个世界上还没有出现社会主义市场经济实践时将市场经济等同于资本主义的经验根据。从资本主义生产方式借助于市场经济制度大行其道的基本事实和中国社会主义目前的市场经济实践来看,社会主义是完全可以将市场经济作为自己内在的结构性要素,使之成为推动社会主义不断前进的重要力量,最大限度地发挥社会主义公有制解放生产力和发展生产力的制度优势。把市场经济作为社会主义制度的结构性要素首先是社会主义社会进行制度完善的内在要求,当然也是当今世界政治经济条件下社会主义社会和资本主义社会同台竞争的客观需要。

应当指出,市场经济本身也有很多缺陷,如市场的自发性有可能造成的资源浪费、市场经济可能带来经济发展的结构性矛盾而不能自觉调整、市场效率侵蚀社会公平的问题,更让人们担心的是市场经济所带来的商品拜物教、资本拜物教和金钱拜物教以及利己主义和道德滑坡问题,社会主义集体主义道德价值观的矛盾等,这些问题是不容回避的,人们的担心并也不是多余的。把市场经济作为社会主义制度的结构性要素并不是简单地移植,而应该是改造、融合和建设,这就要充分发挥社会主义制度优越性和中国优秀传统文化的整合功能。事实上,资本主义国家的市场经济都具有本国民族文化的特色和社会制度特征,如美国的自由市场经济模式,德国的社会市场经济模式,日本的行政导向的市场经济模式,等等。社会主义市场经济是人类开创性的伟大实践,在市场体系基本完善以后,制度内部结构要素的融合

---

① 马克思恩格斯全集(第 36 卷)[M].北京:人民出版社,1972:419-420.

② 马克思恩格斯选集(第 4 卷)[M].北京:人民出版社,1995:693.

将是很长的过程。

视市场经济为社会主义制度的结构性要素，有助于进一步提高人们对社会主义的认识，开拓社会主义的新境界。从理论上讲，它丰富了社会主义制度学说，加深了人们对市场经济和社会制度关系的认识，有助于进一步解放思想，消除人们在这个理论问题上的非此即彼的思维方式，推动社会主义市场经济的理论研究。它使人们认识到社会主义市场经济不是社会主义加市场经济的简单并列关系，也不是社会主义条件下的市场经济的大小包含关系，更不是根本对立的关系。这几种看法都是把市场经济看作是外在于社会主义的东西，科学的理解是不能将社会主义市场经济视作在社会主义条件下的市场经济，市场经济是内生于社会主义的，是社会主义的内在结构要素。也只有基于这样的认识，人们才能真正地理解社会主义市场经济既不同于资本主义市场经济，也不同于传统的社会主义计划经济。从实践来看，有利于推进社会主义市场经济的建设和发展，它使改革的目标更加明确，那就是不仅要从技术和工程学意义上建设市场经济，还要同时建设社会主义。从发展的历史角度看，市场经济将不断巩固、完善、发展和壮大社会主义制度。

十二、理论的合理"话语化"与马克思主义大众化

理论的合理话语化是推进当代中国马克思主义大众化的一个重要环节，应该重视理论的合理话语化在马克思主义大众化实现机制中的地位、作用和意义。理论的话语化应通过宣传、教育和实践来总体实现。以下三个方面可以作为重点突破：将理论体系转化为大众话语体系，这涉及教科书改革，包括理论体系、教材体系与教学体系的更紧密衔接、融合与统一；大众话语体系的建构，即推进马克思主义研究方式与风格的彻底中国化，逐渐建立中国马克思主义大众化的学术话语体系，运用多种文化艺术和媒介形式，创造丰富多样的马克思主义大众文化形式；通过推进民生实践的改革与建设维护和促进人民大众的自由全面发展，以证实当代中国马克思主义的科学性与实践力量。

对于马克思主义大众化来说，宣传和教育是理论环节的基本形式，追求实效是其基本目标。然而实效的取得需要理论转化为大众化的话语，即理论话语化，经过话语这个大众生活及文化的环节，理论更容易内化为大众的思想观念，思想观念又转化为实践观念，最终转化为实质的物质力量，这中间有复杂的层面和环节，彼此之间需要很好的衔接与统一。理论、话语与实践，是马克思主义大众化的三个基本面，三者的辩证运动构成其实现机制，在理论向实践转化的过程中，必须重视话语的环节和作用。在理论与实践之间的中间地带，正是话语发挥链接、中介和贯通作用的空间。任何一种理论在其传播、研究和大众化过程中都可能也需要转化为某种话语，甚至评价一种理论或思想的影响力，就要看其话语化的范围、程度和水平。理论的大众化传播过程中的任何形式变换都是形成话语的契机和成果。理论转化为话语可能走样或变形——其中有的是积极的，有的是消极的，因而应该倡导积极合理的理论话语化。理论的话语化是具体的，以下三个方面值得重视。

(一)理论的合理"话语化":实现理论体系、教材体系、教学体系的更紧密衔接、融合与统一

从话语的角度看,马克思主义的理论体系、教材体系和教学体系是有差别的。马克思主义的理论体系是由马克思、恩格斯经过几十年的理论研究和创造所形成,又经他们初步阐发,后继者不断深化研究总结出来的科学思想形式。这个理论体系最直接的文献学根据在于马克思、恩格斯留下来的大量文本,还有一百六十多年来国际共产主义运动的实践经验基础的印证。无论是马克思、恩格斯本人的初步阐发还是后继者的总结与提炼,都是以以上二者为基本根据的,这就是我们通常所谓的逻辑与历史的统一。虽然有历史时间的间距、地域文化传统的接受背景和实践过程中的选择等因素的作用,但马克思主义作为一个理论体系的客观性是获得全世界公认的,它绝不是幽灵式存在。正如列宁所述:马克思的理论是客观真理这是为马克思主义者所同意的见解,[①]"马克思的观点极其彻底而严整,这是马克思的对手也承认的",[②]"它把严格的和高度的科学性(它是社会科学的最新成就)同革命性结合起来,并且不仅仅是因为学说的创始人兼有学者和革命家的品质而偶然地结合起来,而是把二者内在地不可分割地结合在这个理论本身中。"[③]

教材体系是理论体系转化而来的,二者的差别也是客观存在的。教材体系直接是为了马克思主义理论的宣传与教育,因此它是对理论体系的再加工,即再选择、再组织、再叙述而成的,它不再是个别领袖人物、少数学者和专家的个人意志的产物,而是一种具有代表性的集体话语模式,特别具有官方的意识形态色彩或者理论的偏好。因此,可以说教材体系体现了理论的体系性、科学性(即科学的底色),但也具有政治性和实践性(经验的色彩),科学和经验的色彩往往交织在一起,它是各种思想意志"合力"的结果,具有集体的权威性和广泛的代表性。从理论体系到教材体系的转化本身就是传播、宣传、教育的必须环节,亦即马克思主义大众化的内在逻辑要求,因此具有合理性和必要性,但这一转化带来的差别也值得反思和重视。理论体系往往具有很强的科学性、学术性、思想性、开放性等特征,而这恰恰是教材体系难以承继的,因为教材体系的功能是大众化的、教育性的、宣传性的,而理论体系要体现的是科学性、思想性、学术性、文化性等功能,因此"走样"

---

① 列宁全集(第18卷)[M].北京:人民出版社,1988:145.

② 列宁选集(第2卷)[M].北京:人民出版社,1995:418.

③ 列宁全集(第1卷)[M].北京:人民出版社,1984:291.

是必需的、必要的，具有一定合理性的。但这种"走样"必须有限度，二者的差别应该在不至于上升到矛盾的范围，这就需要有合理的"度"，而这个"度"的把握可能颇具争议和操作困难，很容易导致二者的紧张甚至对立。以最新统编教材《马克思主义基本原理概论》为例，教材体系突出了"整体世界观"，但基本的内容构成仍然是传统的三个组成部分的结构，在理论表述和整体联系上有了较重要的改进。这本教材被普遍认为是目前最好的马克思主义基本原理教材，体现了学术研究的最新成果和思想政治理论课世界观教育的基本原则。但是，到底什么是马克思主义基本原理，它应该包括哪些内容，学界的总结和表述有"十二条说"、"十三条说"等[①]，而且表述的逻辑也是开放的，基本上突破了传统的"三个组成部分说"。客观地看，理论体系的探讨和教材体系的现有编排都具有各自的合理性，简单地批判教材守旧是对教材功能的某种漠视，要求二者完全一致不仅不可能而且不应该也不必要。"《马克思主义基本原理概论》是对大学生进行思想政治理论教育的教科书，它既不同于学术专著，也不同于专业教科书，其基本要求是通过学习使青年大学生树立科学的世界观，帮助学生从整体上认识马克思主义，正确认识人类社会发展的基本规律。"[②]可见，教材体系贯彻了大众化的基本原则和要求，由理论体系向教材体系的转化是大众化的理论环节的基本方面。

教学体系是教师面对教材体系在教学过程中组织教学内容、运用教学方法和艺术形成的理论讲述体系，这个体系是经过了教师根据教学大纲直接对教材体系的理解、加工和创造性表述转化而成的，具有鲜明的主体性和教学实践特色。因此，教材体系转化为教学体系的过程是大众化教育的直接实现，不仅二者需要差别，事实上也构成差别。如把《马克思主义基本原理概论》的基本内容理解为三个组成部分：世界是什么？资本主义是什么？社会主义和共产主义是什么？这可以视为是一种基本的教学体系。教材体系能否转化为恰当的教学体系直接影响到教学实效，在理论上就是教师主体和学生主体的关系问题。针对教材的各类理论培训、各类教学研讨会和学校教师的集体备课和自行备课，都是为了形成有效的教学体系而实施的具体办法。教材体系向教学体系的转化不像理论体系向教材体系转化那样具有组织性即直接由国家以马克思主义理论研究与建设工程的名义进行具体实施，它主要是由学校和教研室以及教师个人来把握的，因而难免参差不齐和缺乏有效评价机制，教材体系和教学体系之间的矛盾也是十分突出的。

---

① 梅荣政.什么是马克思主义基本原理[J].马克思主义研究,2009(4).

② 逄锦聚.教材编写的体会和讲授建议[J].思想理论教育导刊,2007(增刊).

综上，理论体系、教材体系、教学体系是一个相互转换的话语链条，犹如一条河流的上、中、下游，也需要相互衔接和贯通，相互转化是动力机制和依次的方向及目标，内在矛盾如能处于差别的状态，则是一种良性运行的轨道，这一差别越纯粹越能显示出这一转化运动越健康，也是保证马克思主义大众化不变形、不走样的重要机制。防止这一差别走向对立，实现这三个环节的畅通是马克思主义大众化良性运动的基本保证。

总之，对马克思主义大众化的理解不能仅仅停留在抽象的命题本身，命题背后隐蔽着中国马克思主义宣传、教学和理论学术研究等领域长期以来积累的各种矛盾，实际地分析和解决这些矛盾是推进当代中国马克思主义大众化的当务之急。当前推进马克思主义大众化这三个环节是一项难度较大的系统化理论工程，需要具体操作和实施，关键在于实践。

（二）理论话语的体系化：建构中国马克思主义的理论学术体系，创造丰富多样的马克思主义大众文化形式

从话语角度看，马克思主义研究的学术性与大众化可以也需要统一。通常认为，学术性与大众化似乎是对立的，过于大众化的东西往往被认为没有或缺乏学术性，学术就是知识精英小圈子的艰深高雅的事情，大众化是具体工作，最直接的是党的宣传教育部门的意识形态说教，再次就是把文字形式的东西转换成数字化电子形式的电影、电视、网络、广播等媒体形式，把大众化变成一种老百姓的文化消遣，是一种轻松的娱乐或消费的现代样式。这样一来，马克思主义大众化是否可以或者应该具有学术性，或者说学术界对推进马克思主义大众化是否应承担起一定的责任，推进马克思主义研究的中国化转型？马克思主义大众化与其他如文学、艺术等的大众化是否一致或者说具有怎么样的联系和区别？马克思主义大众化应该如何借鉴文学、艺术大众化的成功经验？这些问题很值得探讨。

推进马克思主义研究的中国化转型，从狭义或浅层意义上讲，就是学术的语言和概念范畴要尽可能朴实无华，贴近大众，贴近基层，贴近生活，尽可能运用中国传统文化中俗语、俚语、典故、成语、比喻、故事、历史事件、诗歌词赋等，流传千百年积淀下来并成为中国文化基因一脉相承的语言文化形式，来表述、论证、建构和阐释中国人的实践活动、生活状况、精神面貌、文化样态等，使之从形式到内容都真正具有“中国性”，能让普通大众感觉可亲、实在、中肯、好懂、管用。毛泽东和邓小平的著作都是这方面的典范。从深

层内涵上说，也是当代中国马克思主义研究转型的现实需要，[①]不仅要实现狭义的中国化，更为根本的是要全面、自觉地以中国实践、中国经验、中国理论、中国文化为中心和基点，并以之为方法、内容、时代精神的具体承载和发展创新马克思主义的重要形式，来具体地研究经典马克思主义的思想、学说和理论体系——而不是相反，以中国化的理论研究方式真正彻底地解放思想，破除一个世纪以来我们对待马克思主义方面的教条主义，彻底实现中国马克思主义研究方式的当代转型。从形式上看，马克思主义大众化的前提和基础是中国化，大众化是中国化的一个具体要求或方面；从实质上看，中国化和大众化则是完全一致的，在一定的时代条件下，大众化也就是真正的中国化，当前所提的大众化正是中国化的时代具体化和民族精神提升的现实诉求的统一。

反观现实，推进马克思主义大众化更是当前的迫切需要。改革开放以来，中国的马克思主义理论和宣传教育在形式上是有目共睹的，但其实质效果与理想的期待始终有较大距离。从马克思主义理论教育来看，各级教育机构和教材体系都把意识形态的教育摆在了绝对地位，过于功利化，而其对科学性的内在构成和明确表述则相对比较忽略，二者没有像马克思主义理论体系那样存有积极合理的内在张力，这也许是影响其实际效果的重要原因之一。在当代文化多元和价值观同样可以多元选择的情境之下，意识形态功能的真正实现可能要以科学性为中介或载体，特别是话语权的争夺更是如此，文化霸权的最终确立没有科学性思想性作支撑是难以实现的。“思想政治教育不能局限于思想政治化、政治社会化，而首先应立足于思想社会化”，“要兼顾思想社会化的特点”。[②] 因此，谈到马克思主义大众化，首先应该是马克思主义科学性的思想力量展示，是一种科学教育的基本形式，其意识形态性是其科学特性的功能伸展和向着实践转化的具体实现，在这个意义上可以这样说，马克思主义的科学功能是第一位的，意识形态功能是第二位的，这是理论的自然生态形式，科学性和意识形态性的功能倒置违反了这一理论的自然生态平衡。如果教科书把意识形态性凌驾于科学性之上，就既没有尊重马克思主义的理论生态本性，也没有很好地照顾到意识形态受众的接受心理。当然，作为教育问题，如何精当地实现科学性与意识形态性的统一，在教材体系编排、语言表述、教学大纲的设计方面有很高的要求，对教师的理论修养和教学体系的创造性以及教学过程的有效实施都具有挑战

---

① 杨金海.马克思主义基本理论研究方式需要进一步转变[J].理论视野,2009(3).

② 陈金龙.论思想社会化[J].华南理工大学学报:社会科学版,2004(2).

性。但是,无论具体实践起来有多么困难,首先要从理论深层对马克思主义大众化教育的基本特性和实际问题有一个比较全面和细致的认识。

马克思主义大众化在语言文化形式上的要求也需要仔细考量。艾思奇的《大众哲学》树立了一个马克思主义大众化、通俗化的典型样式,但语言问题不仅是要通俗易懂,更为重要的是要具有实质性的中国风格、中国气派,要读起来不仅通俗易懂,而且非常可亲,即在文化心理上与中国传统文化更为融洽和谐,这是对中国化语言的更高要求,要求马克思主义理论专家和教育工作者通晓中国优秀传统文化并能精当运用。客观地讲,在文化心理层面的马克思主义大众化实效还远不够。“马克思主义是朴实的道理,是人民群众所需要、为人民群众服务的理论。但在实际生活中,常有人说,马克思主义理论很深奥,不容易理解和把握。这是因为,我们的理论工作,在通俗化、大众化方面,还做得远远不够。”①实际上,在中国革命、建设和改革的实践过程中,创立了马克思主义大众化的丰富多彩的各色形式,大致可分为理性形式和感性形式两种,理性形式包括编写大众普及读物,如各种通俗和自学类型的马克思主义理论教材,还有经典作家的各种理论专题摘编和学习读本,等等。近年来的《理论热点面对面》、《六个“为什么”——对几个重大问题的回答》、《七个“怎么看”》更是广受欢迎的典范。感性形式则有理论教育光碟和反映主旋律的红色歌曲、话剧歌舞、电影电视、网络传媒、宣传板报等,这些群众喜闻乐见的形式都可以是实现马克思主义大众化的有效载体。这些形式可以更加自觉地在推进当代马克思主义大众化过程中加以利用。“必须大力推进马克思主义大众化,用通俗易懂、人民群众喜闻乐见的形式和语言,使中国特色社会主义理论体系深入人心,使科学真理放射出更加灿烂的光芒。”②2009年2月25日习近平在中国中共文献研究会成立大会上的讲话具体地指出:“要把丰富的文献编辑和研究成果转化为宣传成果,通过出版普及读物、拍摄影视作品、利用互联网等多种手段,对广大干部、群众和青年进行理论教育,更加广泛地宣传中国特色社会主义理论体系。”③随着人民生活水平的不断提升和科学技术的不断提高,还可以也必须创造出更多更好的形式宣传马克思主义理论。值得注意的是,借助艺术这种形式来推进马克思主义大众化不仅是我们的优良传统之一,在信息化社会更具有重

① 中共中央宣传部理论局.六个“为什么”——对几个重大问题的回答[A].北京:学习出版社,2009:20-21.

② 中共中央宣传部理论局.六个“为什么”——对几个重大问题的回答[A].北京:学习出版社,2009:20-21.

③ 习近平.在中国中共文献研究会成立大会上的讲话[J].党的文献,2009(3).

要的现实意义，因为艺术"有着越过不同语言的障碍进行交往的力量"[①]，《黄河大合唱》、《中国革命之歌》、《复兴之路》等就是成功的典范，影响深远，其成功经验值得在推进马克思主义大众化中进行借鉴。2009 年《建国大业》等新中国成立六十周年献礼片作为主旋律精神大众化的生动实践，[②]对马克思主义大众化的启示就很值得深入思考和研究。

（三）理论话语的实践化：通过民生实践促进人民大众的自由全面发展，证实当代中国马克思主义的科学性与实践力量

任何实践都是渗透或贯注某种话语，即话语实践，话语的实践化就是转化为实践的指导思想和具体观念。当代中国马克思主义大众化的具体化也必然是通过大力推进民生的话语实践的改革与建设感性地体现出来，让老百姓实实在在地在走向共同富裕的美好生活中感受到，在科学发展中推进全体中国人的自由全面发展，真正以中国实践的方式和标准证实当代中国马克思主义的科学性与伟大实践力量。"马克思主义通俗化、大众化，绝不仅仅是改变语言表达方式的问题，而是关系到能否发挥理论指导作用的问题。"[③]现实的人们对马克思主义的真诚信仰最直接地是建立在马克思主义被实践化为民生问题的基础上。对于普通老百姓来说，直接承载马克思、恩格斯的主义、思想和学说的专著可能没有时间或没有能力去通读和全面深刻地理解，对毛泽东思想和中国特色社会主义理论体系的学习虽然是可能的，但老百姓真正信服的还是改革、发展的实践这个硬道理。因此，甚至可以说，当代中国最高的真理就是"发展的成果惠及全体人民"[④]。

学习科学发展观活动的实践效应最能体现推进当代中国马克思主义大众化，解决各地区、各单位和各个人的实际问题的学习实践活动，极大地增强了人们对中国特色社会主义理论体系特别是科学发展观的理解和信仰。背语录式的马克思主义大众化教育只会适得其反，损害马克思主义的声誉；政治学习式的马克思主义大众化教育对于广大党员和干部来说是非常必要

---

① 阿伦·布洛克．西方人文主义传统[M]．董乐山，译．北京：生活·读书·新知三联书店，1997：237.

② 陆邵阳．主旋律精神大众化的生动实践——评庆祝新中国成立 60 周年献礼影片[N]．学习时报，2009-10-12(9).

③ 中共中央宣传部理论局．六个"为什么"——对几个重大问题的回答[A]．北京：学习出版社，2009：20-21.

④ 中共中央文献研究室．科学发展观重要论述摘编[G]．北京：中央文献出版社，党建读物出版社，2009：29.

的，但绝不能停留于此。只有真正化为思想指导、理想信念和实践观念并最终化为实践的物质力量，才是真正落到了实处，真正践行了中国化的马克思主义。总之，真正的马克思主义者是实践的，或者说只有实践的马克思主义者才是真正的马克思主义者，在成为真正的马克思主义者方面每一个人都具有平等的权利，这并不神秘。正如毛泽东在《反对本本主义》中所言：“我们欢迎这个理论，丝毫不存什么‘先哲’一类的形式的甚至神秘的念头在里面。读过马克思列宁主义‘本本’的许多人，成了革命叛徒，那些不识字的工人常常能够很好地掌握马克思主义。”[①]也就是在这个意义上说，马克思主义大众化是群众的事业，是植根于历史深处的实践逻辑，是创造历史的人民群众的真正的现实需要。

① 毛泽东选集(第1卷)[M].北京:人民出版社,1991:111.

十三、马克思主义中国化研究"方法"与"实质"的内在性关系

马克思主义中国化研究方法的创新是为了更好地揭示其实质，只有内生性方法才能真正表现其实质。一方面，马克思主义作为"内在本源方法"具有基本的自足性，即马克思主义中国化的历史及理论属于马克思主义的发展范畴，在其内部可以得到根本和合理的理解、阐释和建构；另一方面，可以借鉴马克思主义之外的方法作为必要的辅助和补充。将方法抽象多元化，就忽视、回避或游离了实质问题，绝对地拒斥外源方法，就使马克思主义中国化历史和思想进程的实质线性化和单质化了。研究的方法只是副题，马克思主义中国化的实质才是研究的正题，方法的根本问题不在于单一和贫乏，而在于是否科学和彻底地揭示实质，这需要在研究过程中自觉地理解和实现。马克思主义中国化研究方法和实质的内在性关系，对中国各人文社会科学的发展具有普遍的意义。

改革开放以来，马克思主义中国化研究取得了丰硕成果，多种专业知识背景的学者参与进来，多种研究方法和风格渗透其中，逐渐形成了不同的所谓研究范式，大致可概括为经验总结、文本研究、文化融合、中外比较、方法反思等几个方面。这种局面有积极、健康、合理的一面，即拓展了马克思主义中国化研究的方法和视野，展现和释放了马克思主义中国化的理论及学术张力，联系、促动甚至活跃了一批相关学科；同时也产生了一定的负面影响：马克思主义立场观点方法的主导地位有所削弱，甚至被质疑和否定，造成了某种思想的模糊和混乱。因此，这种多元研究范式共存的深层矛盾及问题值得重视和反思。其中，存在着两种截然相反的倾向：①单纯追求方法的创新，以学术创新的名义，将研究方法视为可以脱离马克思主义中国化实质的抽象多元化，形成为创新而创新的技术主义研究风格和路线，使马克思

主义立场观点方法在马克思主义中国化研究进程中逐渐(被)边缘化;②本能地拒斥外源方法,死抠"马克思主义中国化"字眼,过于注重命题形式,从而遮蔽了马克思主义中国化实质层面的诸多问题,造成视野狭窄,问题意识贫乏,经验总结不够全面和深入等局限性。究其根本原因,都在于对马克思主义中国化研究中的方法与实质的关系问题的理解和把握不到位,因此很有必要展开深入分析。

(一)方法的"内生性":"实质"问题的凸显

反思多年来马克思主义中国化研究的成果,可以发现,一味寻求新方法虽然有一定成效,但并未从整体上实质性地推进和深化马克思主义中国化研究;相反,还把一些本来已经比较清晰和确定的问题以所谓学术深度理解的名义人为地制造了许多不必要的思想模糊和混乱。[①] 因此,这一现象本身值得反思,有必要提出马克思主义中国化研究的"内在本源方法"概念,用以表示、界定和描述马克思主义中国化正确合理的研究方法,以区别于已经介入的"外源"方法,这有助于提高马克思主义中国化研究方法的自觉性。

马克思主义中国化研究的内在本源方法直接就是逻辑与历史相统一的方法,它隐藏于马克思主义中国化历史进程与理论成果及其辩证关系之中。马克思主义中国化是伟大的客观历史进程,其理论的逻辑植根于历史逻辑。因此,作为一种理论学术研究,最切合实际的方法只能是遵循马克思主义中国化本身固有的、客观的历史逻辑,即"历史从哪里开始,思想进程也应当从哪里开始"[②],这一方法才具有根本的合法性。马克思主义中国化研究坚持总结历史经验的路径正是严格地遵循了这一方法,其他研究范式也理应如此,而不是相反——认为这一方法过于看重历史的客观事实和细枝末节,停留于经验的层面,难以显现学术水平。

从根本和整体意义上看,马克思主义中国化研究的内在本源方法,就是马克思主义的立场观点方法。显然,没有马克思主义也就没有马克思主义中国化,有马克思主义及以其为理论基础和指导的中国共产党,才有中国共产党领导的中国革命建设和改革发展事业,马克思主义中国化也就当然地客观存在,是"名"和"实"的统一。马克思主义中国化研究就应该从这一常识性逻辑入手,透过历史和理论的表象丛林,深究其背后隐藏的实质性逻辑。因此,对马克思主义中国化进行历史经验的总结绝不仅仅意味着表象

---

① 详见本书第170—178页。

② 马克思恩格斯选集(第2卷)[M].北京:人民出版社,1995:43.

的描述和梳理，更为重要和根本的是要找到这种表象背后的实质性线索，亦即历史的规律。

显然，马克思主义中国化的历史和理论本身产生的逻辑方法与研究马克思主义中国化产生逻辑的研究方法，这两者有实际的区别，并不能等同。然而，从理论上讲，这两个方法实际上是一致的。从研究的角度来说，研究的方法只有与其研究对象产生的历史逻辑一致，才可能是实事求是的，这也就是内在本源方法概念的逻辑内涵。作为历史进程，马克思主义中国化就是历史的逻辑，同时也是蕴涵于历史本质中的理论逻辑，马克思主义中国化本身就是历史与逻辑的统一体，充分体现马克思主义实现自身的辩证法。因此，马克思主义作为马克思主义中国化研究的根本方法，具有当然的根本合法性，是别的方法无法取代的，否则只能是根本上否定或取消马克思主义中国化。诚然，别的理论方法也有权利把马克思主义中国化作为一个研究对象，但那理应是其他类型的研究，如海外中国学研究、现代新儒学研究等，还不是我们所称谓的“马克思主义中国化研究”。同样，从解释学、现象学、文化哲学、存在主义等角度对马克思主义中国化的研究实质上还是解释学研究、现象学研究、文化哲学研究、存在主义研究的内容和组成部分，可以作为马克思主义中国化研究的外围“参考”，但不应把它归入马克思主义中国化研究范畴。

总之，从根本和整体意义上讲，马克思主义中国化的研究方法就是马克思主义本身，是它的世界观、方法论、基本原理、概念范畴体系，或者用中国化的提法即立场观点方法。没有抽象的方法，正如钱学森所言：“方法实是方法论，而方法论是哲学。”[①]因此，只要谈马克思主义中国化的研究方法，就要追问到马克思主义中国化的产生逻辑。方法虽然是一种理论学术研究必备的操作技术，是研究主体把握研究客体（对象）的必要工具，但如果只停留于方法本身，不进行深入内在的批判性审察（即上升到方法论世界观即理论体系的高度去认识），很容易浑然不觉地步入误区。“方法不能解决本质问题，方法工具只在本质问题基本明确后，才有促进作用。”[②]事实上，澄清人们对马克思主义中国化的一些模糊甚至错误认识，客观上需要深入历史的本质的具有理论彻底性的成果，以事实、事理、学理服人。例如，虽然马克思主义中国化有一百多年的历史，但国内外都仍有一种奇怪的说法，认为即使中国人无法得到真正的马克思主义或者说无法真正理解马克思主义的真谛也

① 钱学森.钱学森书信选（上卷）[M].北京：国防工业出版社，2008：311.

② 钱学森.钱学森书信选（上卷）[M].北京：国防工业出版社，2008：37.

会有马克思主义中国化。这种悖论要表达的是马克思主义中国化实际上是中国共产党为了欺骗共产国际和中国人民，自封的一顶大得不能再大的帽子，空得不能再空的意识形态话语，马克思主义中国化本身就是历史的假象和理论的怪诞。显然，即使是如此不可理喻的观点，也需要正视和进行深度的理论研究，这里所谓“深度”就是要真正深入和把握问题的实质。在实质问题还未完全搞清楚和研究透彻之前单纯追求方法的创新，甚至停留和满足于方法拓展而不深入或回避马克思主义中国化的实质，很可能是没有真正把握住研究对象，没有抓住本质问题，因而也就无法深刻阐明和解答人们对马克思主义中国化的困惑。

认为马克思主义中国化研究方法单一视野不够开阔，无批判地寻求外源方法，可能忽视了马克思主义中国化的产生逻辑本身才是研究方法的基础和来源，即其根本合理的研究方法应是内生的，脱离这一基础和来源的方法显然不具有根本维度的合法性。当然，这并不意味着外源方法没有借鉴和参考价值，而是其意义有限度，只可能起到丰富、补充和辅助等作用。因此，必须明确：马克思主义立场观点方法对于马克思主义中国化研究来说具有基本的自足性，是能够根本理解和透彻地把握马克思主义中国化这一历史和理论进程的（不仅仅是现象），马克思主义中国化本身是马克思主义世界发展过程中的产物，是其发展史的内在问题，完全能够在马克思主义理论框架内根本地理解和阐释这一问题。因此，以下两点可得以澄清。

1. 马克思主义中国化的内在本源方法存在的问题关键不在于单一和贫乏，而在于是否科学和彻底

实际上，只要不抱偏见并进行认真的分析研究就可以发现，马克思主义理论本身所蕴涵的方法是十分丰富的，构成了一个完整丰富的开放发展的方法系统，马克思主义方法本身应该是既不简单也不“贫乏”的。从马克思主义中国化研究的实际状况来看，问题的核心也不在于马克思主义立场观点方法的单调和贫乏，而在于是否科学和彻底，即抓住实质和深入解剖这个实质，并从经验表象升华为具有内在本质联系的客观规律。因此，马克思主义中国化研究坚持总结历史经验的路径是科学合理的，问题在于不能停留于经验的表象描述，否则很难科学和彻底地发现、提炼、分析和解决真问题（这才是马克思主义中国化的学术力和水平的体现），也给人以学术水平不高的诟病。不可否认，这种现象是客观存在的，因而需要下真功夫认真研究予以克服。

2. 寻找外源方法是必要的，但要明确它们只能起丰富、补充和辅助等作用，必须坚持这个定位，而不是相反即否定或替代马克思主义世界观和方法论

在马克思主义中国化研究领域，外源方法首先要经过马克思主义的中介过滤即正确理解和运用。当前，这一环节是做得很不够甚至是基本缺失的。一种善意的观点认为，经马克思主义中介过滤后的外源方法实际上就不存在了，必须原汁原味地引用，才能真正实现方法的创新，从而实现理解的丰富性和意义的深化拓展。另一种看法则是为了纯粹的方法创新，认为所有的外源方法必须与马克思主义立场观点方法并列，形成真正的多元局面。

总之，所谓的外源方法创新：一方面，是解释学研究、现象学研究、存在主义研究等领域自身研究对象的拓展，这可以通过对话和交流与马克思主义中国化研究保持必要和合理的学术张力，有一定的积极意义；另一方面，是对马克思主义中国化研究的一种补充理解或阐释。从性质和界限上做这样的区分，有利于澄清马克思主义中国化研究内部模糊甚至是错误的认识，即将解释学、现象学、存在主义对马克思主义中国化的理解视为马克思主义中国化研究的一个不可或缺的组成部分，甚至认为没有它们就无法真正理解马克思主义中国化。因此，深刻的方法论反思应该正确认识寻求外源方法的合理性和限度，科学分析马克思主义中国化研究的内在本源方法，坚持方法的内生性以及科学和彻底的原则，扎实地推进马克思主义中国化的历史进程和经验总结这两个基本面的研究，梳理和提炼出真问题，方法问题也许是个假问题，主要具有批判的意义。钱学森的看法也许对此有所启示，“这方法那方法，实际只有正确的方法和错误的方法，或科学的方法和非科学的方法之别。……现在许多人名为议论‘方法’，实是反对马克思主义的立场观点方法，想推翻马克思主义哲学。”①当然，马克思主义中国化的内在本源方法从直接和根本或整体上讲，都需要具体化，包括进行方法的分层次界定，这里不做详细阐述。

（二）“方法”只是副题，“实质”才是正题

以上的分析表明，马克思主义中国化研究主要是针对其实质的研究，其标志不在于题名是否包含马克思主义中国化，而主要看其研究对象和内容

① 钱学森. 钱学森书信选（上卷）[M]. 北京：国防工业出版社，2008：239.

是否符合马克思主义中国化的基本内涵和精神实质。因此,可以把当前的马克思主义中国化研究视为其学科意义上的广义内涵的展开、深化和具体化,而不必拘泥于命题本身。正如列宁所言:"概念的全面的、普遍的灵活性,达到对立面统一的灵活性,——这就是问题的实质所在。"[①]与其说马克思主义中国化内在本源方法,不如直接提马克思主义中国化实质,"实质"蕴涵着"方法","方法"只在"实质"中存在和体现,甚至"方法"和"实质"其实是一个统一问题的两面,并不能截然分开,内生的"方法"和"实质"浑然一体,两不相害。只有外源方法才显露出与马克思主义中国化实质的外在差别甚至对立,即"方法"(可能)伤害"实质"的情况。死抠"马克思主义中国化"的字眼和命题,即是对内在本源方法与实质的关系认识过于简单化,从而用"方法"束缚了"实质"的展开和具体化(而不是相反,通过深入"实质"显现和展开"方法"),使马克思主义中国化的研究视野不够开阔,问题意识贫乏,难以保持理论的生态和可持续进展。具体表现为以下三个方面。

1. 在马克思主义中国化的思想史或代表人物研究方面,忽视或遗漏了许多历史性在场的重要人物

虽然,学界早已经认识到:20世纪前半叶马克思主义在中国传播的思想激荡与斗争过程中,孙中山、朱执信、胡汉民、邵力子、戴季陶等对马克思主义在中国的传播做出了不容否定的贡献,著名记者陈博贤和学者陈启修也在当时做出了重要贡献,还有很多人提出了不同的看法,如胡适、梁漱溟、张东逊、叶青、陶希圣、冯友兰、贺麟等。但是,在马克思主义中国化的思想史研究领域,以上所列人物有的虽被提及,但客观公正、全面系统和细致具体研究的成果却不多见,有的则被淹没在所谓正面人物的光环之下难觅踪影,有的则被完全忽视或遗漏。

马克思主义中国化的历史和思想进程研究的科学性,根本要求在于完整准确和实事求是。马克思主义与相关"主义"思潮的论争和共处构成中国现代思想史上的主要线索之一,也是基本规律之一。"1918—1938这二十年是最有思想生机与活力的二十年,此后就都迅速规范了",正是由于这种不规范性使得思想之间的交流异常活跃,因而那个时代的马克思主义中国化,并不像今天这样清晰和明朗,"通常所说马克思主义普遍原理和中国革命建设的具体实践相结合,并非意味着一边是现成的原理,一边是清晰的实践,

① 列宁全集(第38卷)[M].北京:人民出版社,1972:112.

然后把二者拢在一起”①。马克思主义与中国哲学传统文化、与在中国的自由主义形成了非常复杂和丰富的关系,这是当时具体的客观的历史事实。无论是反对、否定、质疑、模糊的声音,还是同情的、中立的第三者的看法,都应该是马克思主义中国化历史思想进程的完整组成部分,讲马克思主义中国化史没有这部分,就显得片面和不充分,讲得不够充分就不完整,不完整也就难以还原历史的本来面目,也就不符合唯物史观的历史科学原则,就不够科学。

实际上,建国前的马克思主义中国化思想史主要是思想斗争史,是一部争论与批判的思想史,既包括自我批判史即批判主观主义、经验主义和教条主义,也涵盖对外批判国民党的主导意识形态以及自由主义、保守主义等。因此,单线条的以中国共产党为主线的马克思主义中国化史,虽然正确地抓住了历史的本质,但简单化了,这种简单化是对历史本身过度的“瘦身”,因而历史的丰度不够,历史还原的细节描述阙如,难以衬托马克思主义中国化由小到大、由弱到强、由边缘到主导、由曲折一步步走向胜利的丰富精彩和生动具体的伟大历史和思想画卷,马克思主义中国化过程中的丰富、复杂、曲折、胜利的具体细节也难以展现。有人就指出:“无论是阐述马克思主义中国化的背景、历史、方法,还是分析马克思主义中国化的理论成果,都是沿着中国共产党的理论发展和中国革命与建设的历史脉络进行的,都是在党的理论和思想建设框架下进行的。即使有关马克思主义与中国传统文化的关系,也不例外……对‘马克思主义中国化’的内涵和性质如此界定,固然没错,但不全面。因为把马克思主义中国化仅仅理解为解决党的指导思想和理论建设问题,把马克思主义进入中国后的路径简化为指导中国革命和建设以及总结中国革命和建设的经验,既不符合马克思主义中国化的历史发展进程,也把马克思主义中国化这一宏大丰富的历史实践简单化和完全政治化了。”②

我们发现,以“早期国民党人与20世纪初期马克思主义在中国的传播”为题全面系统地研究马克思主义中国化过程中国民党人对马克思主义中国化的贡献包括各种态度、观点和方法,甚至将其中的某些典型人物(如胡汉民、戴季陶等)的早期思想与马克思主义中国化并列(不仅仅是“传播”,直接就是“中国化”)作为问题或研究课题也是必要的。

---

① 张立波.马克思主义哲学在中国(1918—1938):思想史的考察[N].中国社会科学报,2010-01-14.

② 王明.关于马克思主义中国化研究中的两个概念问题[J].西北大学学报:哲学社会科学版,2010(2).

2. 非专业马克思主义理论家不能与马克思主义中国化相提并论

因为党的领袖对马克思主义中国化做出了卓越贡献,所以自然可以提"毛泽东与马克思主义中国化"、"邓小平与马克思主义中国化"、"江泽民与马克思主义中国化"等;因为专业马克思主义理论家也对马克思主义中国化事业在理论学术上有重要贡献,也能十分自然地提"李大钊与马克思主义中国化"、"李达与马克思主义中国化"、"艾思奇与马克思主义中国化"、"杨献珍与马克思主义中国化"等;因为不是专业马克思主义理论家,所以不能直接提"钱学森与马克思主义中国化",只能提"钱学森论马克思主义中国化",甚至认为这样提也不规范,也不可以。这绝不只是一个提法的习惯问题,背后隐含着思想方法前提是否科学合法的学理缘由。党的领袖和专业马克思主义理论家与马克思主义中国化相提并论具有当然的正确合理性的认识,主要是基于他们都为马克思主义中国化事业做出了重要贡献,但这样的认识很容易成为一种习惯,从而成为一种无意识的限制而产生精英化的倾向,似乎人民群众没有创造和发展马克思主义的权利,似乎非专业马克思主义理论家不可能为马克思主义中国化做出贡献,这违背了马克思主义真理观,也不符合事实,不利于马克思主义大众化。

众所周知,钱学森自归国后认真系统地学习了马克思主义经典著作和基本理论,对祖国和人民事业无限热爱与忠诚,奠定了他至真至诚的共产主义信仰。"钱学森晚年对马克思主义哲学的认知达到了很高的境界。他运用系统科学的观点和方法,逐渐形成了一个现代科学技术与马克思主义哲学相联系的整体构想。这一思想,不但为系统地建立科学技术的严密体系打下了基础,而且是对马克思主义哲学理论的重大发展。"[①]黄楠森感慨:钱学森的思想"使我受到极大的鼓舞和启发。他并没有参与哲学界的争论,没有全面回答和分析那些否定辩证唯物主义世界观的观点,但他的思想对那些否定辩证唯物主义世界观的观点,特别是对辩证唯物主义过时论,从科学技术革命的角度,树立了一堵难以超越的铜墙铁壁"[②]。钱学森明确坚定地表明,他的一切成就在理论方法上都源于马克思列宁主义的指导和真诚而有效的实际运用。因此,完全可以认定钱学森为马克思主义中国化事业做出了自己的贡献,将钱学森与马克思主义中国化并列是实事求是的。这表

---

① 王文华.钱学森学术思想[M].成都:四川科学技术出版社,2007:19.

② 黄楠森.钱学森与辩证唯物主义[A].北京大学现代科学与哲学研究中心.钱学森与现代科学技术[C].北京:人民出版社,2001:380.

明，非专业马克思主义理论家也可以为此做出重要而独特的贡献，是构成马克思主义中国化历史经验不容忽视的组成部分，缺失他们的所谓经验总结也是不全面和不完整的。

3. 忽视了马克思主义中国化的主体即群众

从大量马克思主义中国化研究论著中可见，研究党的马克思主义中国化理论创新成果是主导，其次是研究马克思主义理论家及知识精英的马克思主义中国化思想、观点、方法，但把普通共产党员、人民群众及其实践的代表和典型作为马克思主义中国化主体的研究成果还没有期待的那么多、那么好。当然，宣传是不缺乏的，这里强调的是在此基础上把他们作为研究对象的马克思主义中国化理论学术研究。人民群众是历史的创造者，马克思主义中国化是党和人民群众共同的事业。事实上，许多优秀基层党员干部在带领人民群众实现共同富裕、全心全意为人民服务的实际工作中忠实地践行着党领导的马克思主义中国化事业，他们也为此做出了重要贡献，他们虽然不懂很多马克思主义理论，但他们也算得上是马克思主义实践家，因而也可以与马克思主义中国化相提并论。不能认为只有马克思主义信仰而没有马克思主义理论修养的普通共产党员就与马克思主义中国化无关。毛泽东就认为：“好像一进了共产党，就要是百分之百的马克思主义者才行。其实有各种各样的马克思主义者：有百分之百的马克思主义者，有百分之九十的马克思主义者，有百分之八十的马克思主义者，有百分之七十的马克思主义者，有百分之六十的马克思主义者，有百分之五十的马克思主义者，有的人只有百分之十、百分之二十的马克思主义。”[①]此外，人民群众中的特定群体因为在社会主义革命、建设和改革过程中的创造性实践，为人民群众创造自己的历史做出了榜样，起到了示范带头作用，也可以视为推进了马克思主义中国化事业，如安徽省小岗村的农村改革试验等，因此也可以提“小岗村与马克思主义中国化的历史经验”等。

总之，必须科学地对待马克思主义中国化的历史和思想进程，“方法”的根本在其科学性。因此，与其说是方法，不如说是马克思主义中国化实质的内在性问题。方法问题只是副题，纯粹地追求方法创新有可能游离马克思主义中国化实质这个研究正题，从而浅化、缩小或遮蔽了马克思主义中国化的实质内涵；而认为唯有方法多元化才能推进马克思主义中国化研究，追求学术的趣味胜过探寻历史规律和思想轨迹，实际上已经偏离了这一研究的

① 毛泽东文集(第7卷)[M].北京:人民出版社,1999:331.

初衷和本意。实际情况是,当前对马克思主义中国化实质的历史和思想史的深入研究还很不够,研究的着力点还在这里,当务之急是必须进到历史和思想深处,以历史的史实和文献资料充实马克思主义中国化史,还一个有血有肉、丰满、生动、精彩、高大、有力量的马克思主义中国化历史和思想形象。

(三)"方法"与"实质"关系的总结与再思考

1. 立足于深入研究马克思主义中国化"实质"的研究"方法"创新才体现了真正的理论自觉

相反,单纯地追求方法多元化,无意忽视或有意回避马克思主义中国化的实质问题,这也许是各种"外源"方法理论研究自身的方法自觉或话语权的争夺,本也无可厚非,但不是马克思主义中国化研究方法上的真正理论自觉。对于马克思主义中国化研究来说,方法不是根本和要害,只是副题,实质才是要着力深入解剖的出发点、立足点和根本目标,才是正题。只要真正抓住了马克思主义中国化的实质,方法也就不言而喻地要坚持马克思主义,才会因实质的充分揭示而自明和丰富起来——这也就是方法的内在性创新之路,也会自觉地将解释学、现象学、存在主义等视为辅助理解的外源方法。

2. 对马克思主义中国化历史思想进程来说,"方法"与"实质"是一个统一整体,是无法分割开来的

只能深入马克思主义中国化的实质讨论研究的方法,或者说研究方法问题只是一种哲学反思,是对理论的提升和自觉创造。"方法"与"实质"的内在性关系表明,将马克思主义中国化作"政治层面"、"理论层面"、"学术层面"或"实践版本"、"理论版本"、"学术版本"的区分虽然可能有利于研究马克思主义中国化的复杂性和丰富性,也有利于认识和展现马克思主义中国化过程中的历史和思想的内在矛盾运动,但也确实可能分割马克思主义中国化实践和理论的统一整体性,人为地制造出理论学术的"内在紧张",从而脱离马克思主义中国化历史和思想进程的实际。例如,关于马克思主义中国化思想史的写法,有一种观点认为,针对马克思主义中国化历史进程的复杂丰富特性,可以将中国共产党解决思想路线和理论建设的马克思主义中国化视为"正史",将这条主线之外的对马克思主义中国化起影响作用的思想史视为"副史",甚至可以把其中对马克思主义中国化起负面消极影响作用的思想史视为"野史",而后两者都只是马克思主义中国化历史思想进程史的"参考资料"。实际上,这种观点是对当前马克思主义中国化历史和思

想史著作写法的线性单质化现实的扭曲反映，姑且不论这种划分是否割裂了马克思主义中国化实践和理论的统一整体，“正史”、“副史”、“野史”的提法也根本不符合历史事实（这里不做详细论述）。符合历史实际的马克思主义中国化思想史，只能是将其作为一个思想理论的整体，将其中复杂的思想关系和历史细节都视为马克思主义中国化完整不可分割的历史思想史的组成部分，给予充分的描述、科学的分析、恰如其分的评价，这样写出来的马克思主义中国化史，展现的一定是有血有肉、丰满形象、生动具体的马克思主义中国化进程，其实质才有可能完整充分地得以揭示，方法才是真正科学的，也就不会有所谓方法单调和贫困的问题。

3. 整体上看，当前的马克思主义中国化研究，可能还处于“破题”阶段，即对马克思主义中国化实质的“打开”，亦即历史经验的充分描述和深刻总结，对其历史思想史的全面系统梳理、阐释和理论分析

客观地看，当前对马克思主义中国化实质的理解和深入展开都还不够，需要克服当前的浮躁情绪而持之以恒地努力坚持对实质的深度挖掘。因此，马克思主义中国化历史经验的总结不是做得太多太过，而是需要更加深入历史的具体深处，更加细致入微地梳理，更加科学和全面系统地研究马克思主义中国化史。所谓马克思主义立场、观点、方法对马克思主义中国化研究来说，显得单一和贫乏，其实恰恰不是方法的问题，而是马克思主义中国化的实质展开不够，即马克思主义中国化历史进程和思想理论成果与历史和思想的“实际”还有距离，还过于简单化，突出了中国共产党的领袖和中国共产党领导的革命、建设、改革、发展这条马克思主义中国化主线，相对轻视或忽略了与马克思主义中国化处于同一历史思想进程中的各相关“主义”和“思潮”，它们与马克思主义中国化的丰富、复杂关系还没有得以完整、真实、系统的梳理和展现。与其说是方法问题，不如说是马克思主义中国化的实质研究还很不够，与其奢谈方法，不如扎实地深入研究实质，所谓的方法问题只是表象。

4. 只有真正深入到马克思主义中国化的实质，讨论马克思主义中国化的方法才是有意义和价值的

但这个方法与其说是马克思主义中国化的研究方法，不如直接说是马克思主义中国化过程中的中国共产党和理论家创造性地中国化了马克思主义的方法。例如，在为马克思主义中国化做出的重要贡献中，有毛泽东的方法、邓小平的方法、江泽民的方法、胡锦涛的方法，李大钊的方法、瞿秋白的

方法、李达的方法、艾思奇的方法、杨献珍的方法、冯契的方法、张岱年的方法、郭沫若的方法、侯外庐的方法、范文澜的方法，还有钱学森的方法，等等。不可否认，他们各自的方法因时代和个人的立场、实践经验、学养、个性气质等不同而有所区别，但是他们之所以都为马克思主义中国化做出了相应的贡献，根本的原因还在于他们真正坚持了马克思主义世界观和方法论，即立场观点方法的理论体系，因而对他们的方法的探讨同样不能抽象地谈论，也只有真正深入和理解了他们思想理论成果的实质才是可能的。

5. *方法与实质的内在性关系问题，具有普遍的意义*

不仅在马克思主义中国化研究领域，而且在传统上接受马克思主义科学方法指导的中国各人文社会科学研究之中，这个问题可能都不同程度地存在，最明显的莫过于经济学的教学和研究。近些年来，各人文社会科学学科中的部分所谓创新也是外部压力催生的结果——寻求外源方法似乎是条捷径，而不是来自于学科内在的逻辑矛盾和社会发展现实的客观需要的推动——显然，这样的内在性创新绝非很快又很容易实现的。因此，建构具有中国特色、中国风格的人文社会科学学科体系，必须真诚而自觉地坚持马克思主义理论方法的切实指导，将其纳入各自学科的"方法"与"实质"的内在性关系之中，始终应该深刻反思对马克思主义科学方法论的运用是否是实际的，是否用足了、到位了和科学彻底了，在此基础上逐渐推进学科的内在性创新。

十四、马克思主义中国化研究的“范式”问题

根据三十多年来马克思主义中国化的学术研究成就，“马克思主义中国化”已经从最初的独特命题成长为马克思主义发展过程中的“中国范式”。范式的引入从表现上看是一种新的研究方法或视角，但其实质是马克思主义中国化自身的本质内容的发展使然。应该将马克思主义中国化从思想方法、基本原则提升为理论范式同时相应地确立其鲜明的研究范式地位。这不仅是马克思主义学界的重大课题，而且应该是整个中国人文社会科学各学科所面临的重要课题，需要各学科分门别类地研究这个理论范式并把它作为基本研究规范，最终使之成为中国学术的国际身份和象征。以“范式”概念为例，需要辩证地评估后现代主义对马克思主义中国化的影响。

改革开放三十多年来，中国马克思主义中国化的研究获得了长足的发展，形成了马克思主义中国化的创新理论范式，中国马克思主义研究也随之开创了马克思主义中国化的创新研究范式。然而，在取得发展的同时，也需要深入反思马克思主义中国化研究仍然存在的问题以期大力推进这一领域的研究。当前，范式的方法、视野与问题已经成为中国马克思主义（包括其哲学）研究的焦点问题，范式也成为当前研究领域的关键词之一，因此从范式转换与创新的视角反思和深化马克思主义中国化理论范式的研究有重要的现实的和理论的意义。

（一）三十多年来马克思主义中国化研究进展的整体评价

众所周知，改革开放特别是20世纪80年代后期以来，马克思主义中国化迅速成为中国马克思主义学界研究的热点和焦点，成果丰硕。新世纪以来，马克思主义中国化研究获得了突破性发展，出现了多学科攻关、多维度

展开、多层级进行、多时向推进的特点。许多学科领域都把马克思主义中国化作为研究方法和对象。马克思主义中国化作为中国特色社会主义改革开放和现代化建设的思想方法、基本原则和价值理念也成为基本共识，以马克思主义中国化的突破和理论生长点推进中国马克思主义研究也成为理论学术界努力的基本方向。因此，客观地讲，改革开放以来中国马克思主义研究的理论贡献和成就是有目共睹的。①为中国特色社会主义的改革开放实践提供了马克思主义中国化的方法论原则和价值理念的合法性论证；②基本确立了马克思主义中国化的新思维、新方法、新理念，转换了僵化教条的马克思主义思维方式，积累了坚持、发展、创新马克思主义的中国化经验；③逐渐形成了中国化的马克思主义理论体系，丰富和发展了马克思主义。

但是，中国马克思主义研究的学术创新和中国共产党的理论创新与现实期待还有一定距离，更与中国特色社会主义实践对理论创新的实际需要不相适应。另一方面，马克思主义中国化研究三十多年来的工作主要是梳理马克思主义中国化的历史进程和思想历程，这项工作为中国化马克思主义研究奠定了历史和理论的基础。其他的探讨则主要围绕"马克思主义中国化"命题展开，研究其提出的政治、文化、历史和理论的背景、涵义、意义、创新等，也取得了阶段性成果。存在的主要问题是：①总体上还是宏观粗放型的，涉及论题广泛但都需要进一步持续地深化研究，更加细致的、个案的、非主流的、国外的关于马克思主义中国化的精微研究亟待深入，只有将宏观与微观、主流与非主流、国内与国外进行深入的结合和比较研究，马克思主义中国化研究才更加全面、系统、合理，亦即通常所说的更完整准确和实事求是；②学术性和意识形态性结合得不够好，意识形态性明显处于强势，意识形态性是马克思主义中国化重要的客观属性，因而对其意识形态的研究是十分必要的，但学术性显得薄弱又会最终影响说服力，也使得马克思主义中国化研究似乎只是一项政治工程，容易造成与学术的隔绝甚至绝缘，马克思主义中国化能否成为整个中国思想界和学术界的共识并成为构建具有中国作风、中国气派的中国特色的人文社会科学的基本理念，最终还是要靠学术力的影响和渗透。因此，如何促使马克思主义中国化研究的意识形态性和学术性之间生成合理的张力，是当前摆在学界面前的难题。可见，马克思主义中国化的研究范围，从狭义上看是中国马克思主义理论界和学术界的基本任务，从广义上看则应是整个中国思想界和学术界的研究课题，而中国马克思主义学界则必须担当起引领和主导的责任。

提高中国马克思主义研究的学术水平如何有效地实际操作呢？纵观学界的做法可归结为三个方向。

1. 寻求“外援”

借助国外马克思主义的学术话语和理论范式，放弃意识形态规范，单纯地强调学术性，学术水平看似提高了，却不仅与中国现实的联系越来越弱而卸掉了为中国实际服务的民族责任，与马克思主义改造世界的本真精神渐行渐远。

2. 转向文化层面

研究马克思主义中国化的文化背景、文化意义、文化性质和文化目标等。马克思主义中国化研究的文化转向，实际地借助了文化学特别是文化哲学的思想，这一转向很快兴起了以马克思主义中国化为线索、以近现代中西文化融合、中国文化论战、中国文化的现代化等为论题的热点问题研究，产生了许多学术专著和论文。这方面的研究成果深化了对马克思主义民族化内涵的理解，对马克思主义中国化的实现机制有了更切合实际的认识，也为马克思主义中国化的文化融合提供了文化学的支持，成效显著。存在的问题是，一方面，文化保守主义乘势升温，掀起了复兴儒学、国学的热潮，马克思主义中国化的文化发生学研究演变为马克思主义与儒学的文化之争，其中从文化上否定马克思主义中国化是其要害；另一方面，把历史主要归结为文化，有片面强调文化层面马克思主义中国化的文化唯物主义倾向。马克思主义中国化的根本现实根据不是文化层面，而是中国革命、建设、改革、发展的实践需要，这其中虽然伴随着文化层面的结合和融合，但它是从属于实践的结合，而不是相反，否则就倒向了文化唯物主义立场。依据文化唯物主义，马克思主义中国化永远过不了“文化关”，因而最终是不可能彻底成功的。这既与事实明显不符，在理论上则是通过立场转换偷换概念的后现代的解构策略，把本来清晰的、十分有积极意义的问题搞混乱了。[①]

3. 回溯马克思的方向

中国马克思主义学界始终把马克思主义中国化理论成果的研究摆在突出位置，研究的重点主要集中于与马克思主义的“一脉相承”和“与时俱进”的核心问题上，对理解马克思主义中国化理论成果的性质定位和梳理其内

① 纵观马克思主义发展史，可以发现，马克思主义理论研究中的混乱现象往往比错误情况更复杂难辨，危害更大，从批判中显见真理的难度也更大，正如弗兰西斯。培根的方法论格言“真理从错误中比从混乱中更容易出现”。转引自：托马斯·库恩.科学革命的结构[M].金吾伦，胡新和，译.北京：北京大学出版社，2003：17.

在逻辑有重大进展，出现了大批学术专著和论文。但是，这种研究在取得成效的同时也存在着学术含量不高、论题的视野比较狭窄等问题。鉴于此，学术界在马克思主义中国化研究问题上又有回溯马克思的倾向，即分门别类地从政治学、经济学、法学、社会学、文艺学、教育学等方面寻找马克思文本中的相关方法、立场、原理和基本观点，因而也就出现了马克思主义理论中国化等专题性学术研究，由此马克思主义中国化研究形成了众多学科共同关注和推进的局面，[①]突破了单纯地寻找马克思关于马克思主义民族化具体化思想的狭窄学科视界，加强了马克思主义中国化研究的学术性。这是目前马克思主义中国化研究领域的一个重要动向，值得重视和特别关注。通过回溯马克思而提高学术水平固然是以上广义马克思主义中国化研究的应然逻辑，但是对于狭义的马克思主义中国化研究来说，这仅仅是一个方面，更为重要的是通过运用马克思主义立场、观点和方法，特别是上升到马克思主义哲学的世界观和精神实质的高度，来研究马克思主义中国化的历史进程和理论成果，突破经验直观深入内在进行科学规律的抽象，以此来提高学术水平。这就需要理论规划。中国学界将马克思主义中国化作为一个哲学问题来进行研究已有三十多年，“从哲学上研究马克思主义中国化，总结马克思主义中国化的历史经验，这并不是一个简单的研究视野或角度问题，而是由马克思主义中国化自身的本质内容使然”。从哲学角度审视马克思主义中国化，需要确立马克思主义中国化的理论范式和研究范式，研究这个范式的基本内涵、理论意义、学术规范、研究的问题阈和学术目标，将目前马克思主义中国化研究的“实然”状态逐渐推进到“应然”状态。

(二)马克思主义中国化范式的形成和发展

从19世纪末马克思主义开始在中国传播，到中国共产党成立后马克思主义中国化实践的组织化实施和推进，再到1938年毛泽东在六届六中全会上正式提出“马克思主义中国化”的理论命题，形成了完整系统的中国化的马克思主义最初形态即毛泽东思想，其间经过起伏跌宕，又到改革开放以来邓小平提出“中国特色社会主义”的全新的实践和理论命题，经过“三个代表”重要思想和科学发展观的发展和深化，形成今天的中国特色社会主义理论体系，马克思主义中国化构成了中国近现代以来伟大的历史进程、现代化和社会发展的根本战略、理论创新和先进文化的内在逻辑，马克思主义中国

① 许全兴较早提出了这一观点，他发表于《毛泽东邓小平理论研究》2009年第3期的文章《请不要误读恩格斯的“美国化”及学风问题》中具体谈到了提出这一观点的理论背景和主要思想。

化事实上已经从“命题”升华和成长为基本理论范式，这个过程是一个由不自觉到自觉、由立场观点方法再到形成既一脉相承又与时俱进的理论体系、由学科内向到学科间的共同推进的丰富而复杂的理论进程。

在学术界，马克思主义中国化被认为是马克思主义发展史上的一个全新命题，已经在事实上成为中国马克思主义研究一直遵循的研究范式。但是却一直又未能对这个范式进行自觉的直接深入研究，停留于马克思主义中国化的内涵、必然性、思想方法等方面，其他方面的研究如具体理论成果、理论体系、发展与创新逻辑等方面主要还是停留在马克思主义的基本理论范式之内，这虽然十分必要但本身也需要不断创新。因而一直存在守护性坚持与突破性创新的矛盾，二者之间也没有保持合理的张力，整体上处于老生常谈的状况，对新概念新思维的研究也没有说出更多新话，提出真正有创新性的新观点。

事实上，政治学、经济学、法学、社会学、文学等学科领域的马克思主义中国化研究还刚刚起步。认真解读这些领域的成果，可以发现：一方面，马克思主义中国化作为思想方法、基本原则和价值立场是推动其研究的直接动因，马克思主义中国化正在成为新世纪中国人文社会科学发展的基本规范和努力方向；另一方面，由于缺乏对马克思主义中国化作为理论范式的全面、系统、深入的规范性理解，这些领域的马克思主义中国化研究还处于初级阶段，马克思主义中国化难免不被公式化操作，中国人文社会科学分门别类的马克思主义中国化研究同样需要有学术水平的推进和深化发展。当前，中国人文社会科学研究“西学化”状况比较严重，从根本上扭转这种局面并最终创建真正具有中国风格、中国气派的哲学社会科学体系，客观上需要马克思主义中国化成为中国学术研究的基本规范和原则。因此，中国马克思主义研究学界责无旁贷地应该承担起研究马克思主义中国化理论范式的任务，这不仅是提高自身学术研究水平的直接需要，也是引领21世纪中国人文社会科学沿着马克思主义中国化方向健康发展的迫切需要。马克思主义中国化要真正成为新时代的社会主义核心规范价值理念，需要包括马克思主义在内的中国人文社会科学共同推进马克思主义中国化研究，最终使马克思主义中国化的理念成为代表中国价值和中国文化的国际性身份和象征。

回顾改革开放以来的马克思主义中国化研究，可以发现，马克思主义中国化事实上承担着中国马克思主义研究的范式功能，具体说来表现为以下几个方面：①马克思主义中国化作为一种历史事实迅速成为中国马克思主义研究的热点和焦点问题，一大批专家和学者自觉地从事这一新兴课题的研究，出版了包含“马克思主义中国化”题名的大量学术专著和论文，马克思主义中国化成为中国马克思主义理论界和学术界共同遵循的研究课题、价值规范和理论原则，成为中国马克思主义研究的关键词、核心价值理念和共同的学术精神。②逐渐形成了马克思主义中国化的二级学科以及学科建设体系，这个二级学科下面已经和正在形成许多研究方向。马克思主义中国化已经成为一门学科，可见它已经是一个全新的理论范式，是有比较坚实的基础和可靠根据的。③如上所述，马克思主义中国化已经成为众多学科共同关注的问题和研究的热点，是受到中国学术界普遍的共识，成为中国学术共同体的基本信念，马克思主义中国化很明显地承担了范式的功能。④海外中国学研究、海外中国问题研究专家对马克思主义中国化研究也表现出浓厚的兴趣，马克思主义中国化成为他们理解中国革命、建设和改革、发展的切入点，并取得了可以供国内学界借鉴的许多有学术价值的成果。可见，马克思主义中国化作为理论范式已经基本形成并承担着现实功能。

当然，后现代科学哲学家库恩的“范式”概念在这里仅仅是借用于描述中国马克思主义研究和人文社会科学研究的现状，不是严格意义上的照搬而是中国化的创造性转用，主要用于表述当代中国马克思主义研究领域共同的信念、主题和一致遵循的理论规范、理论原则以及共同的理论和价值目标。按照库恩对范式的理解，不同的学科和研究领域的范式是不能通约的，而中国马克思主义研究和当代中国各其他人文社会科学研究却认同马克思主义中国化的理论范式，可见马克思主义中国化的理论范式有其特殊性，而这个特殊性正是迫切需要当前中国马克思主义学界着力研究的重要问题。

（三）马克思主义中国化范式的基本问题

1. 马克思主义中国化范式的基本内容

从命题到范式，马克思主义中国化的内涵已经不只限于一个理论命题，而是中国化马克思主义理论体系的内在逻辑、思想方法、精神实质、理论性质、重大意义等的总体性原则、理论规范和问题系列。因此，到底什么是马克思主义中国化范式，它有哪些具体规定性，它与马克思主义中国化的理论命题有何区别与联系，等等，都需要认真严肃地展开学术研究。目前，学界还只停留于作为理论命题的马克思主义中国化的文本依据、学理内涵、精神实质、必然性等问题，如果从范式的高度去理解马克思主义中国化，现有的论题必将扩大、深化和走向更合理的整合。

2. 马克思主义中国化范式的产生、发展与演进趋势

马克思主义中国化从最初的运用马克思主义于中国具体实际的理论原则和命题，到今天成长为马克思主义发展与创新史上的重要范式，经历了一个提出与争论、理解与接受、探索与发展、由政治的和理论的策略到推进马克思主义民族化实践和理论创新的根本原则的漫长又艰难的历程。马克思主义中国化范式的产生是马克思主义发展的历史和逻辑的必然、马克思主义发展史上的重要里程碑，还是马克思主义走向衰落的迹象与表征？马克思主义中国化范式将走向何处？等等，都需要在理论上更加深入地研究，也需要与国外马克思主义发展展开对话与交流。这一研究必将更加深刻理解马克思主义的理论特性和发展的基本规律，必将有利于更好地推进马克思主义在21世纪的理论创新。

3. 马克思主义中国化范式与马克思主义基本范式的比较研究

由马克思主义的基本理论范式到马克思主义中国化的理论范式，是理论范式的断裂还是合乎理论自身逻辑的发展，在这个过程中马克思主义是被解构了，还是得到了发展与创新？通过比较是否能得出马克思主义理论范式的演进规律？等等。“范式”概念的引入对于理解马克思主义的发展状况确实有积极意义，但对于马克思主义发展来说新范式的产生是否同时意味着理论革命呢？这些问题都有待审视和回答，不应该模糊不清地使用“范式”概念，应该明确马克思主义的“范式”概念的科学内涵。

4. 马克思主义中国化范式对于中国马克思主义的研究，包括对中国人文社会科学研究的积极影响和有可能的负面影响

确立马克思主义中国化范式有利于促进中国马克思主义研究的学术水平，有利于形成自觉合理的“中国问题”意识，有利于推进和形成当代中国人文社会科学的中国特色。还有，当形成多学科门类都认同马克思主义中国化范式的学术氛围时，中国化的马克思主义的形象、地位和作用都将得到提高，因而有利于中国的马克思主义逐渐走向世界学术舞台，获得更多的理解和尊重，并进行实质性的学术对话和交流。因此，这就需要认真研究确立这一理论范式的积极影响，进行合理的筹划和整合，推进这一范式获得广泛认同，要研究这一范式对提高中国马克思主义的意识形态权威的积极作用。同时，要特别注意，确立马克思主义中国化范式的本意在于更加学术化地推进中国马克思主义的理论发展和理论研究，因此要研究如何避免在众多学

科门类遵循这一范式进行中国化理论建构时以往的那种政治化公式化的理论模式的重演。

5. 确立马克思主义中国化范式将影响中国的马克思主义理论的学科建设

马克思主义理论已经成为一级学科，下设六个二级学科，这是中央实施马克思主义理论研究与建设工程的重大步骤。马克思主义中国化作为一级学科之下的一个二级学科获得了确认。但是，确立马克思主义中国化范式将意味着对整个中国马克思主义发展的影响，其他五个二级学科的阐释和发展趋势也要以马克思主义中国化范式为原则或参考，整体上代表中国人对马克思主义的当代立场。因此，需要认真评估马克思主义中国化范式对马克思主义理论的学科建设的影响，以此来规范和设计发展它的具体制度和办法。同时，确立马克思主义中国化范式也将对中国的马克思主义理论教育产生直接影响，目前高校的思想政治理论课都需要更好地体现和贯彻马克思主义中国化的思想方法、价值取向和精神实质，这就要求在具体的内容设计和教学方法上都有相应的改革和创新。

（四）以“范式”概念为例评估后现代主义对马克思主义中国化的影响

改革开放以来的马克思主义中国化研究兴起之时，也正是西方后现代主义思潮鼎盛之际，马克思主义中国化与后现代主义在20世纪90年代的中国“不期而遇”，后现代主义对马克思主义中国化研究产生了实际的影响，如何看待这一影响及其后果是马克思主义中国化研究必须正视的问题。

一方面，中国马克思主义研究引用“范式”概念有一定的合理性，主要有以下几点。

(1)借用“范式”概念，可以对马克思主义包括其哲学进行一次立场、原理、方法的梳理与反思。马克思主义本身就有一套完整系统的理论范式，比如，辩证的、历史的、实践的唯物主义，生产力、生产关系、经济基础、上层建筑及其辩证关系，无产阶级、政党、领袖、群众及其内在辩证性，阶级斗争、社会革命、社会形态更替的内在逻辑，无产阶级的政治解放、全人类的最终解放和每个人的自由全面发展，等等，这些世界观、方法论、基本原理、基本观点的理论体系，就是马克思主义的基本理论范式。只有把握这些基本理论范式，才有可能理解马克思主义的精神实质，在社会实践活动中自觉运用马克思主义的立场、观点和方法分析问题、解决问题。因此，梳理出马克思主义理论的基本范式，有利于完整准确地理解马克思主义的理论内核，也可以此为基本标准来判断其发展的状况是否具有一脉相承的特性。在学术研究领域，认同马克思主义的基本理论范式，有利于推进马克思主义更加深入的理论内在性研究。

(2)“范式”概念可以大致描述和界定马克思主义发展的阶段性状况，有利于对马克思主义发展史进行规律性把握。比如，有人就将改革开放以来中国马克思主义哲学的发展脉络以教科书范式、教科书改革范式、后教科书范式的演进进行表述、理解和把握。中国马克思主义哲学研究三十多年走过的历程本身就是需要认真梳理和研究的重要问题，借鉴“范式”这个概念是有益的。

(3)“范式”概念有助于中国马克思主义哲学研究与现代西方哲学展开对话与交流。中西哲学的对话与交流机制的一个重要方面就是共同关注的理论的和实践的焦点问题，“范式”既是后现代主义科学哲学的创新思维，同时也是被现代西方哲学广泛采用的研究型概念，近两三年来中国马克思主义哲学界已经认同这个概念所蕴含的思维方法并用于理解、规范和推进中国马克思主义哲学的范式转换与理论创新。因此，“范式”概念正是当前中外哲学对话的焦点之一，有利于中国马克思主义哲学在对话中反思、丰富和发展自己并逐步在国际学术舞台上据有一席之地。

另一方面，如前所述，中国马克思主义研究引入“范式”概念只能是一种马克思主义化和中国化的创造性转换与借用，有许多前提性基础性问题还需要深入研究。①

① 有许多学者对“范式”概念的引入的合法性提出了相应的问题。详细内容可参见：吴元梁．马克思主义哲学研究范式的争鸣与反思[J]．江海学刊，2008(1)．“当我们借鉴库恩的范式概念和理论来讨论马克思主义哲学研究和发展的时候，首先就要对库恩的范式概念及其在哲学社会科学中的运用进行研究。我们要搞清楚，究竟什么是马克思主义哲学研究范式，构成和制约马克思主义研究范式的要素是什么，世界观、价值观、方法论、理论传统、惯例、心理在哲学家身上是通过怎样的学术积累形式而形成的，它们各自在构成马克思主义哲学研究范式过程中又起着怎样的不同作用；研究范式形成的标志是什么，形成后的研究范式对问题的发现、提出和解决又起着怎样的作用；在马克思主义哲学发展中不同的哲学范式是怎样相互竞争的，不同范式之间的竞争又是怎样影响马克思主义哲学发展的；哲学研究范式与哲学体系、哲学形态之间存在着什么关系，新范式的形成是不是意味着建构哲学新体系、形成新哲学形态等等。”庄有刚．当代中国马克思主义哲学研究范式转换的基础与原则[J]．河北学刊，2007(6)．庄有刚．风险范式与历史唯物主义的当代出场[J]．山东社会科学，2008(5)．文章认为：“在马克思主义哲学理论研究中，范式的转换与创新不仅可能不是马克思主义的发展与强化反而可能是对马克思主义的削弱与扼杀”，论及了“范式转换”的内涵与学科之间、学科内部、理论派别内部等三个层次。卜祥记在《马克思主义哲学研究范式辩误》一文中认为：“目前在中国学术界所发生的还只不过是不同学术观点、学术路径或学术风格的碰撞，并非是理论范式本身的革命性转换”，见《学术月刊》2009年第4期。

(1)后现代科学哲学家库恩所发明的“范式”概念,其本意在提供自然科学发展的动态演进模式,因此他认为人文学科实际上至今没有形成真正的范式,如果用“范式”概念来理解人文社会科学的发展状况就是非法的。其实,作为一个自然科学哲学家,库恩对人文学科有很大偏见,自然学科和人文学科的相互借鉴与交叉融合是一个普遍现象,“范式”这个概念被人文学科引用实属正常。但是,库恩的忠告表明,马克思主义中国化研究引入“范式”概念不能只是照搬,首先应将其马克思主义化。

(2)包括后现代科学哲学的整个后现代主义的所谓“创新”,其实质都是纯粹的创新,是纯粹的“理性的狡计”使然,因而这种创新概念的快速“推陈出新”,是为创新而创新,为理论革命而革命,是理性无所谓无目的论的随机性“滑动”,创新就是一切,革命就是一切,正是在这个意义上科学、宗教、哲学、道德、文学、艺术等一切文化形式才具有平等无边界的意味。“范式”概念的提出,同样具有解构一切的使命,否定和虚无是其本质力量。因此,这里根本没有一脉相承意义上的与时俱进,有的只是纯粹的随意的“说新话”。

(3)“范式”概念是纯粹的理论操作,是真正意义上的“人学空场”,虽然后现代科学哲学家们也企图改变逻辑实证主义科学模式对人的统治与压制,但这种矫枉过正明显地在解构逻辑实证主义的同时也解构了人自身,人变成了无目的、无价值、无意义属性的幽灵,它的存在实则是纯粹的虚无。因此,它不仅与实践,而且与马克思主义意义上的“以人为本”风牛马不相及。

从以上三个方面来看,中国马克思主义研究引用“范式”概念首先要有批判性认识,自觉将其马克思主义化和中国化。例如,不加任何批判性地运用“范式”概念,就可以为历史上伯恩施坦的修正主义正名和平反,因为它们不过是马克思主义发展史上的一次范式变迁而已,仅此而已,无可厚非,无所谓对与错或者对与错根本不重要,也无所谓是否继承真精神,重要的是纯粹地与时俱进。同样的也有可能把民主社会主义看作是科学社会主义的一次范式变迁,从而无批判地认同它,近年国内有关民主社会主义的错误认识与受后现代主义负面影响不无关系。这样来理解历史上的修正主义,对于中国马克思主义研究来说显然是十分荒唐无法接受的。因此,我们要赋予毫无内在批判性的范式以马克思主义的内在批判性;同样以无批判性的范式名义来看马克思主义中国化,就完全可能把马克思主义中国化看作是一次“历史事件”,而以马克思主义的严肃认真的历史批判性视野来看,马克思主义中国化则是现当代中国伟大的历史进程和思想文化历程。事实上,受后现代主义思潮的影响,客观上存在着根本否定或不理解或抵触把马克思主义中国化看作是伟大的历史和思想进程、把马克思主义中国化的历史文本化、漫画化、虚无化的现象，有的表现为对马克思主义中国化讳莫如深保持沉默拒绝言说并防范与之发生任何关联，有的言说则是对此的虚无主义的批判，如把马克思主义中国化视为封建化、儒学化、资本主义化等，有的则是把马克思主义中国化置换为“马克思主义在中国”，实则二者的内涵有根本区别。

十五、马克思主义中国化研究的方法论反思

当前马克思主义中国化研究的方法论呈现出多元化倾向，其中以哲学解释学为甚，现象学、存在主义、后现代解构主义等都在介入其中。客观地讲，无论是基于向实践和人类一切优秀文明无限开放的理论本性，还是就马克思主义中国化本身的实践性、民族性、时代性来说，不仅不排斥而且十分需要现代西方哲学的某些合理方法在理解上给予补充或作为方法论参考。学界在对马克思主义中国化研究的方法论省思过程中，也确实发现有必要有更宽广的视野和更宏大或者更精微问题的拓展性与掘进性研究，因而创造性地借用现代西方哲学的方法论是必要的，这对多视角地深化理解马克思主义中国化的前提性基础性问题都有所进益，具有一定限度的合理性。但是，客观上又存在着过分崇拜解释学方法的理论现象，如有人认为没有解释学根本无法理解马克思主义中国化，马克思主义世界观和方法论对此命题的阐释只是一种意识形态的政治化、教条化的诠释，因而不仅缺乏学术力，而且意义也是贫乏的。[①] 因此，客观上存在着表象化、弱化、边缘化、去主导化马克思主义方法论的学术倾向，这实际上已经步入了方法论误区。

马克思主义中国化是马克思主义的当代重大的理论和实践命题，是当代马克思主义发展进程中的“内在性”问题，马克思主义的世界观、方法论是理解这一伟大的历史和思想进程的根本方法，对它的科学合理理解本身是马克思主义的当代性问题和当代价值的重要体现，马克思主义的方法对于自身发展进程中的这一问题仍然具有基本的“自足性”。坚持马克思主义地阐释马克思主义中国化的主导地位，深刻反思马克思主义中国化的方法论意义和价值，特别是其作为马克思主义的全新范式的基本内涵、结构功能和

---

① 皮家胜.再论马克思主义中国化何以可能[J].武汉大学学报:人文社会科学版,2007(1).

理论意义，是“内在性”地深化研究这一命题的客观需要。因此，面对马克思主义中国化研究的方法论多元化倾向，需要批判性地将解释学等方法马克思主义化，只有经过这一“中介”后才具有真正的“合法性”，无批判性照搬现代西方哲学方法的马克思主义中国化理解很有可能引起的是许多似是而非的混乱，对推进马克思主义中国化及其研究非但无益反而有害。

（一）马克思主义中国化是当代马克思主义的重大命题

众所周知，马克思主义中国化作为一种历史现象，曾经就有性质上的重大争论，共产国际七大以前，马克思主义民族化就被视为一种非马克思主义的实践和理论运动。建国后直到 20 世纪 60 年代中苏关系恶化，前苏联一直都在批判马克思主义中国化。出于策略上和重实践不争论的考虑，以毛泽东为代表的中国共产党 1938 年中共中央六届六中全会的“经典表述”在公开场合包括 1952 年出版《毛泽东选集》（第 2 版）时，都将“马克思主义中国化”改为“使马克思主义在中国具体化”。“马克思主义具体化”的提法之所以能够获得认可，主要是因为马克思、恩格斯、列宁都有许多关于马克思主义可以、需要甚至必须具体化的“立场、观点和方法”。[①] 马克思主义的实践特性也表明它在实践过程中一定要具体化。但是，实践证明，中国革命、建设和改革的成功实践走的正是马克思主义中国化道路。“历史是认真的”[②]，作为客观事实，它是证明马克思主义中国化的马克思主义性质的根本标准。

在马克思主义中国化研究过程中，许全兴较早提出了马克思主义中国化在马克思主义发展上是一个全新的命题的基本论断。[③] 学界对马克思主义中国化的逻辑和历史的必然性从文本、学理、实践需要、文化理路等方面进行了多维度的研究，对这个马克思主义的重大命题有了比较深入的合法性论证，研究成果也被普遍接受。但是，对马克思主义中国化的马克思主义研究还远未穷尽，仍然需要在深层次上，特别是在思想方法、理论体系、研究范式、纵横比较等方面深化研究这个命题的基本内涵、结构功能和理论意义。对这些问题的理解和研究理应合乎逻辑地采用马克思主义的立场、观点和方法。从研究者主体意识的角度看，必须把握以下基本原则或要做到以下几点。

---

① 王双喜.马克思主义具体化思想探析[J].马克思列宁主义研究（中国人民大学复印资料），2008(2).

② 马克思恩格斯选集（第 1 卷）[M].北京：人民出版社，1995：5.

③ 许全兴发表于《毛泽东邓小平理论研究》2009 年第 3 期的文章《请不要误读恩格斯的“美国化”及学风问题》中具体谈到了提出这一观点的理论背景的主要思想。

1. 马克思主义中国化首先要“化”出主体完整准确理解了的马克思主义立场、观点和方法

马克思主义中国化首先要化为具体现实的真学、真信、真用的中国马克思主义者，只有体现在现实的人身上，马克思主义在中国转化为民族实践的伟大力量才是可能和可靠的。马克思主义的立场、观点和方法主要蕴含在经典著作中，因此要认真研读这些文本，科学理解马克思主义，透过文本表象读出世界观、方法论和精神实质。马克思主义经典著作从狭义上讲就是马克思、恩格斯的著作，从广义上讲还包括列宁、斯大林的著作以及毛泽东、邓小平等中国化的马克思主义著作。立足当代读经典著作，目的在于领会马克思主义世界观、方法论和精神实质，这是立志成为马克思主义者的自我培养的基础环节，体现马克思主义中国化的主体自觉。

2. 坚持马克思主义基本原理和马克思主义中国化深向结合，对中国实际进行马克思主义研究

这一结合是使文本与实践发生内在关联，是理论的实践化和现实化，直接体现马克思主义解决中国实际问题的当代价值和现实意义，既产生中国化的马克思主义，即毛泽东思想和中国特色社会主义理论体系，也形成中国共产党的路线、方针和政策。一方面，在马克思主义中国化过程中坚持、发展、创新马克思主义基本原理，形成中国化的马克思主义基本原理，如新民主主义的政治、军事、政治、文化等原理，社会主义初级阶段、社会主义本质、社会主义市场经济、社会主义和谐社会等原理，使马克思主义基本原理在中国化的马克思主义基本原理中得以实践化、民族化、时代化，体现一脉相承和与时俱进；另一方面，立足马克思主义中国化的理论和实践成果，反思马克思主义基本原理的科学性、实践性、时代性，对其理论整体性、内在结构、基本范畴、基本观点、科学方法、精神实质、理论意义与实践价值等进行中国化重新阐发，最终在理论的形式和实质方面将马克思主义基本原理和马克思主义中国化的理论成果融合起来。

3. 立足马克思主义立场，自觉批判当代各种非马克思主义思潮，对其合理因素马克思主义化

20世纪90年代以来，人们对各种马克思主义之外的现代西方思潮总体上保持了开放包容的态度，摒弃了抽象批判一切和否定一切的做法，逐渐形成马、中、西哲学与文化会通与对话的格局，这本身是符合马克思主义辩证

法的,但是马克思主义本身是由完整理论体系构成的科学,有鲜明的世界观、基本原理、政治立场,其科学性实践性阶级性等理论特性也是其他理论所无法完全包容的,某些方面甚至具有根本异质性。马克思主义虽然起源于西方思想传统,但同时又跳出了狭隘的西方传统而成为真正世界意义的学说。因此,延续传统的现代西方的各种思潮与马克思主义既有亲缘关系,也有异质性的对立,马克思主义的开放与包容主要体现在"扬弃",批判是其基本环节。但是,解释学所主张的"对话"却似乎是与"扬弃"不相容的,对话的目标是在于相互"理解"、"和解",至于矛盾和对立则被认为不是事物之间的客观真实状况,而似乎是人们的纯粹主观的文本化建构,因此一种后现代性的建构就是合乎适宜地消除矛盾与对立。我们认为,马克思主义中国化是客观的伟大历史进程,马克思主义中国化的根本研究对象当然是这一客观历史进程,对它的任何主观建构只能遵循与历史逻辑相统一的方法,马克思主义中国化文本背后是客观的历史逻辑,文本并非是纯粹的,而是与历史、文化、现实和实践处于辩证过程之中。

(二)几种典型的方法误用及观点举例

近年来有不少学者都在批评马克思主义中国化研究中的许多误区,[①]这表明这一领域的研究不仅需要更加自觉地坚持马克思主义的世界观和方法论,而且诸多误解、错误和混乱本身也源于偏离马克思主义的基本立场、观点和方法。事实上,不仅在理论学术研究领域,而且更为重要的是在现实生活领域,人们对此的误解都值得重视和研究,以下几种观点就是典型。

1. 邓小平同志的"不争论"的思想的哲学基础是现象学的所谓"搁置"

这显然是十分牵强的。"不争论"思想体现了马克思主义的辩证的、历史的、实践的唯物主义立场、观点和方法,实践的第一性即基础性、优先性是"不争论"的直接理论根据。这是一个马克思主义的创造性思想,中国传统哲学和文化中重实践的生活智慧也融入其中,是与马克思主义改造世界的实践精神精当"结合"的产物。无论从邓小平同志的终生实践、信仰还是个

---

① 详细内容见:汪信砚."马克思主义哲学中国化"辨误[J].哲学研究,2008(10).张雪魁.走出二元世界的樊篱:马克思主义中国化的当代使命[J].人文杂志,2008(6).马拥军.马克思主义中国化研究中应注意的几个问题[J].理论学刊,2009(1).胡为雄."马克思主义中国化研究"中的一个误区[N].学习时报,2008-12-29.胡国胜.马克思主义中国化研究中的若干问题与反思[J].毛泽东思想研究,2009(2).陆昱."马克思主义中国化何以可能"的何以可能[J].学术论坛,2009(1).

性、气质都没有客观实在的根据证明他借鉴了现象学的方法和观点来提出"不争论"的这一思想。现象学的"搁置"其实是一种虚无和否定,是一种知识精英的主观意向性生命智识体验,是一种高级的神秘直观(觉),是对现实的厌倦和逃避的心灵宿命感,与邓小平同志的具有高超智慧的、充分反映我国人民群众根本利益要求和心理期待的这一马克思主义中国化"表达"根本不是一回事,无法相提并论。此外,存在主义、后现代主义的各种思潮都有被牵强地置于邓小平某些观点的思想基础的地位的情况,在此不做详述。

2. 马克思主义中国化是20世纪的一个重大的历史事件

这种观点似是而非,马克思主义中国化是伟大的历史进程,具有深远的历史与现实意义和重大的理论意义,这种意义不仅是属于中国的,也是属于全世界的,它绝不是单纯偶然的历史事件,这种缩义的表述明显是解构主义方法使然。还有与此有关的另一种现象,即不是旗帜鲜明地表明马克思主义中国化立场、观点和方法,而是用"马克思主义在中国"的另类表述,这二者之间的内涵与意义相去甚远。马克思主义中国化的理论成果是这一伟大的历史进程背后主导的理论与文化逻辑,马克思主义在中国是一种起到改造中国实际的主导作用的理论形态,它也是中国先进文化的代表,是中国革命、建设和改革的主导意识形态,是作为执政党的中国共产党的理论基础,它和实用主义在中国、生命哲学在中国、进化论在中国等不是对等的,也不能相提并论。"历史事件"论的理论逻辑是马克思主义中国化仅仅是历史的偶然,不是基本历史客观规律的必然。这种看法在西方比较普遍。如麦克莱伦就认为:"我们必须牢记:马克思主义所设想的共产主义革命是发生在这样的国家:经济福利达到了一定的水平,足以保证革命以后人民享有很大的政治自由。然而结果却是,马克思主义的学说在这样一些国家中取得了最大的成功,在那里,资源的匮乏意味着政治自由是件无法获取的奢侈品。因此,在很多发展中国家,某种同民族主义相结合的马克思主义就充当了群众参与现代化进程的一种意识形态。"①依此观点,中国取得无产阶级领导的革命胜利违反了马克思的根本指示(客观历史规律),马克思主义中国化本身仅仅只是一种实践的或意识形态的策略,不仅不是理论,更不是一种发展创造马克思主义的新理论,这种看法很值得理论反思。此外,国外对马克思

① 戴维·麦克莱伦.马克思以后的马克思主义[M].李智,译.北京:中国人民大学出版社,2004:3.

主义中国化的许多具的挑战性的观点,[①]都与我们的理解相异,需要认真地予以批判性研究。

3. 马克思主义中国化实质是文化问题

马克思主义中国化的实质是"与中国实际相结合",这是一个辩证的、历史的、实践的唯物主义的基本结论,是严格遵循马克思主义世界观和方法论的中国化思想。但是,学界在从文化层面探讨马克思主义中国化的过程中,出现了过度诠释的现象,实际上从唯物史观滑向了所谓文化史观、文化唯物主义立场。如有人认为:"马克思主义的实质就是使中国文化实现创造性的现代转化,马克思主义中国化的过程就是中国文化的创新过程。"[②]诚然,"中国实际"包含了中国文化,但最根本的实际是中国实践而不是文化,文化属于社会意识形态的上层建筑范畴,它决定于经济基础而不是相反,如果将其倒转为根本性决定的实质方面,就是文化决定论,即所谓的文化史观或文化唯物主义。显然,这与马克思主义中国化实践的、辩证的、唯物的历史缘起是根本不相符的。

4. 马克思主义中国化的根据在于实用主义的策略

对马克思主义中国化作实用主义的理解并不新鲜,要说它错在哪里,关键在于将马克思主义对于中国实际的有用性"主义化"了。根据历史唯物主义的基本观点,历史在本质的方面是一种类似于自然界的客观物质形态,即"我(马克思本人——引者注)的观点是把经济的社会形态的发展理解为一种自然史的过程"。[③] 但历史的领域还有人的精神和实践,唯物史观并不否定这一点,历史运动有客观规律,但这并不排斥人民群众的历史主体性,特别是主体的选择性。"历史活动是群众的事业。"[④]历史的运动趋势总体上看是客观规律性与主体选择性的统一所决定的。马克思主义中国化过程中存在着主体的"选择"是十分自然的社会历史现象,"所谓'自然'是指恰当而合理地应该发生的东西说的"[⑤],它不仅符合唯物史观的基本原理,也不否定马克思主义的理论整体性。但是,有观点认为,中国人对马克思主义实际上采

---

① 成龙.国外关于马克思主义中国化研究中的九个挑战性观点[J].河北学刊,2009(2).
② 吴佩爽.马克思主义中国化与中国文化的创新[J].湖北社会科学,2009(2).
③ 马克思恩格斯选集[M](第2卷).北京:人民出版社,1995:102-103.
④ 马克思恩格斯全集[M](第2卷).北京:人民出版社,1957:104.
⑤ 伊·康德.纯粹理性批判[M].韦卓民,译.武汉:华中师范大学出版社,2000:40.

取的是有"选择"又有"抵制",有"肯定"又有"否定"的实用主义态度。[①] 这种看法与唯物史观所主张的历史主体的选择性是两码事,不能相提并论。用实用主义的方法来看,马克思主义中国化在理论上的态度是对马克思主义采取了肢解分割的办法,对我有用的即肯定并中国化,无用的则否弃,所谓发展与创新的前提是对马克思主义某些部分的否弃,这是一种极大的误解,从根本上否定了马克思主义的科学真理性。马克思主义中国化在理论上首先是一种研究的态度而不是简单有用无用的实用主义的判断,这根本是两种截然相反的方法和态度。马克思主义是完备的唯物主义科学,实用主义恰恰是要解构任何科学包括马克思主义。

5. 用自然科学的实证方法理解马克思主义中国化

马克思主义是科学,但不是自然科学,而是"历史科学"[②],理解这一点是要下一番理论研究的功夫的。[③] 在中国,用自然科学的方法和态度看待马克思主义也不是新鲜事,而这种误解同样影响到了马克思主义中国化领域。有人从自然科学史角度考察后认为,马克思主义基本原理就是抽象的、一般的科学形式,它不具有国别特色,可以运用于中国来解决实际问题。[④] 还有人认为,马克思主义中国化是可能的,但马克思主义哲学中国化是不可能的,因为马克思主义是科学,可以运用于中国实际,而马克思主义哲学不是科学因而就不能中国化。[⑤] 这两种观点的逻辑是,抽象地看,所有的自然科学的基本特性是普遍性,没有什么特殊性(民族性),马克思主义也是这样的科学,因此,马克思主义基本原理也只有普遍性没有特殊性,只能"运用"。实际上,马克思主义作为历史科学虽然符合自然科学的一般特性,但历史科学高于自然科学,不能将二者等同,虽然以自然科学的方法看待马克思主义在宣传教育和普及的层面是可以采用的简单策略,但的确是简单化了,很容易造成"等同"的理解。显然,以自然科学的方法来看马克思主义中国化,就仅仅是"运用",没有发展,更没有创造,这与马克思主义中国化的历史思想进程的事实是根本不符的。这种方法的误用都在于把马克思主义的"历史

---

① 郗戈.马克思"中国一东方"论说与中国现代性的建构[J].中共浙江省委党校学报,2008(4).

② 马克思恩格斯选集(第1卷)[M].北京:人民出版社,1995:66.

③ 具体分析详见:沈湘平.把握历史科学观念是正确马克思哲学的关键[J].河北学刊,2005(5).

④ 徐梦秋,张爱华.马克思主义中国化的可能、现实与限度[J].马克思主义与现实,2009(1).

⑤ 白贺林等."马克思主义哲学中国化"质疑[J].河北省社会主义学院学报,2004(1).

科学”等同于“自然科学”。

以上列举的几种方法误用都偏离了马克思主义世界观和方法论。因此,要坚持马克思主义地阐释马克思主义中国化,批判是必不可少的,批判是其从形式到实质的重要组成部分。马克思主义中国化的顺利推进,仍然必须排除各种非马克思主义思潮的直接和间接干扰,当然也要有原则立场地汲取其合理因素。对于马克思主义这种人类优秀文明成果和实践形式来说,批判是其内在本性之一,永远不会过时,马克思在《德意志意识形态》里甚至说未来共产主义社会还要从事批判的工作,我们的马克思主义中国化事业更没有理由拒绝和抛弃这一事业。在马克思主义中国化过程中,我们的批判工作要体现马克思主义的学术水平、政治立场、时代和实践的高度,要像马克思、恩格斯那样去从事批判,批判是马克思主义中国化事业的一项重要内容。众所周知,毛泽东、邓小平、江泽民、胡锦涛等的马克思主义中国化经典著作中都具有大量批判性内容,但我们的研究对此的注意十分不够。因此,批判也理应成为马克思主义中国化学术研究的重要内容,而当前的研究状况是批判性明显不足,这种状况理应改变。

(三)需要深入思考和研究的几个方面

1. 马克思主义地阐释马克思主义中国化本身就是“马克思主义中国化”题中之意

马克思主义中国化的实质是如何科学合理地运用马克思主义于中国实际并将二者有机地深相结合,坚持马克思主义是其前提和基础。如果根本就不信仰马克思主义,不打算用马克思主义解决中国实际问题,不坚持马克思主义的社会主义道路,马克思主义中国化也就不是一个实践问题,当然其作为一个理论问题虽然存在但实际上并不重要或没有真正的实践意义。显然,这与马克思主义中国化所走过的历史进程和所取得的历史成就根本不一致。

2. 马克思主义地阐释马克思主义中国化,表明马克思主义中国化具有历史的必然性,是科学实践的伟大事业,需要马克思主义来把握历史方位和探索其运动规律

如果马克思主义中国化仅仅是实践上或政治上的策略考虑,那么这实际上否定了其历史必然性,也就否定了我们正在从事的伟大实践的马克思主义和社会主义性质,马克思主义中国化也就只是我们走向资本主义的方

便的意识形态工具。这就是把马克思主义的民族化看作是一种政治的和意识形态的策略，而不是视之为当代共产主义运动的客观规律。马克思主义仍然是我们观察国家命运的世界观和方法论，这是一个客观真理，而这个过程需要中国化作为理论中介和实践形式，马克思主义中国化实践仍然是符合马克思主义所揭示的世界历史发展和人类追求自身解放的基本规律和总体方向的，马克思主义地阐释马克思主义中国化是十分现实的需要。

3. 只有马克思主义地阐释马克思主义中国化，才能确立中国化马克思主义的合法性，即与马克思主义的一脉相承和与时俱进

中国化的马克思主义即毛泽东思想和中国特色社会主义理论体系是对马克思主义中国化历史进程的理论建构，这种理论建构的理论来源除了马克思主义之外，还有中国实践经验的总结与升华、中国传统哲学和文化的精华，因而中国化的马克思主义才具有鲜明的实践特色、民族特色、时代特色。马克思主义地阐释马克思主义中国化，在理论上的重要任务就是要马克思主义地阐释中国化的马克思主义的产生过程、科学内涵、理论特征、重大意义等。马克思主义地阐释马克思主义中国化，本身就是坚持、发展和创新马克思主义的重要内容，而且在当代世界，它已经成为体现马克思主义时代性和生命力最有说服力的具体而丰富的理论和实践过程。

4. 马克思主义地阐释马克思主义中国化，其根本和落脚点在中国特色社会主义事业的成功和发展壮大

马克思主义地阐释马克思主义中国化，直接地表现为一个理论问题，但归根结底是一个实践标准问题，具体来说就是中国特色社会主义实践。只有实践才是检验真理的唯一标准，马克思主义中国化的真理性不仅来源于马克思主义的科学性，更为根本的是来自中国特色社会主义事业的伟大成就和不断的发展壮大。

十六、广义的马克思主义哲学中国化研究论纲

当前，马克思主义哲学中国化研究的基本内涵可分为狭义和广义两个层面，其广义内涵是由狭义内涵拓展、深化而来的，如马克思主义哲学中国化的意义与价值、内外关系、理论创新与新形态构建、哲学对话与融合、传统文化的现代转型与重构、当代中国哲学建设等都属于广义内涵的马克思主义哲学中国化研究的范畴。当前应特别重视广义的马克思主义哲学中国化基本内涵的研究，这一研究将有可能突破所谓马、中、西的哲学学科界限，即有可能围绕着广义的中国化内涵这个主题，三大哲学在这个焦点问题上深化对话、增进理解甚至达成中国化的基本共识。中国化是一个内涵极为丰富、深刻和具有前瞻性的范式，具有极大的包容性，应该是整个当代中国哲学研究的方法论原则和致思取向，是现代中国学术和民族文化身份的基本形式。

(一)广义的马克思主义哲学中国化研究的基本内涵

改革开放以来，国内马克思主义哲学中国化研究首先围绕着马克思主义哲学中国化的基本内涵、可能性与必然性、理论与现实意义等展开，这可以视为狭义的马克思主义哲学中国化研究，它以命题为中心，以静态和抽象的方式，局限于马克思主义哲学学科范围，而成为马克思主义哲学研究的一个问题或倾向，其在现实性上被认为是马克思主义哲学在中国发展的一种可能性。随着20世纪90年代后期中国融入全球化进程的加速和国内外学术交流日甚，马克思主义哲学中国化研究逐渐从命题转向研究范式，从静态和抽象的理论探讨转向动态的马、中、西哲学对话和交流，突破了马克思主义哲学单一的学科界限，成为中国各哲学学科共同关注的焦点和可以进行

具体对话的平台，也同时与新成立的马克思主义理论一级学科建立了实质性的联系(马克思主义哲学研究领域将马克思主义中国化视为一个重要的哲学问题)，甚至“中国化”成为中国人文社会科学界广泛热议的话题，产生了强烈的共鸣。这后一阶段可视为广义的马克思主义哲学中国化研究，改革开放以来的马克思主义哲学中国化研究可划分为这两个基本阶段。

马克思主义哲学中国化研究从狭义到广义的推进是一种值得特别反思的理论现象。对于马克思主义哲学自身来说，这体现哲学意识的自觉性已经达到一定的成熟。近年来，马克思主义哲学研究中的许多问题直接源于中国化思维的推动。如，关于中国马克思主义哲学的历史和文化渊源的探究、马克思主义哲学中国化新形态的构建、马克思主义哲学与中国传统文化的继承革新关系的深层反思、中国化的马克思主义哲学史的构建、中国化马克思主义哲学观的历史反思与现实构建、中国现代性的学理建构、马中西哲学的深层对话，等等。这些问题实际上都属于广义的马克思主义哲学中国化研究的范畴。这是一种十分积极和健康的学术研究气象。中国马克思主义哲学是否能真正在国际马克思主义哲学界占有重要席位并具有实质性影响，取决于中国马克思主义哲学界是否能拿得出真正属于“中国创造”的马克思主义哲学研究成果。因此，真正自觉的中国化的哲学意识对于新世纪的中国马克思主义哲学研究整体来说至关重要。

然而，客观地讲，真正自觉的哲学意识并未实质性建立。一方面，马克思主义哲学中国化的研究范式地位还没有获得学界的公认，中国化的“倾向”和“问题”地位并没有实质性改变，脱离中国实际的纯粹的马克思主义哲学学术性研究仍然较普遍存在，对中国化的认识在一定范围和程度上存有重大分歧。从此种意义上说，中国马克思主义哲学研究内部有分裂的迹象(从其他角度看可能也存在着分裂的情势)，大致可分为中国化和非中国化的两种基本研究意向。非中国化的马克思主义哲学研究的主要目标在于与现代西方哲学的最新动态相结合，使马克思主义哲学时刻保持着与西方文化的学脉渊源，认为在当代世界读不懂胡塞尔、海德格尔、德里达等重要的后现代大师就不能说在当代读懂了马克思，这种努力当然是必要的，对于长期以来我们认为读不懂康德、黑格尔、费尔巴哈等就读不懂马克思及其哲学来说，也是与时俱进的必需。问题的关键在于马克思主义哲学的理论和现实意义都要在认识世界并改造世界的实践中来探寻，唯有如此才具有根本的合法性。哲学家当然要有超越民族国家的文化意识，但作为文化的经验者和直接的实践及生活经验来说，哲学家是有民族文化身份的，马克思主义哲学家就更是如此。中国的马克思主义哲学家有着直接的中国经验体感，中国的文化和经验是最有可能催生哲学创造和想象的源泉，相对于西方世界对中国的真正哲学式理解来说，中国的马克思主义哲学家就是西方直接关注的对象。因此，非中国化的哲学意识虽然必要，但不具有根本的意义，也不是西方世界对中国哲学贡献的真实期待。

另一方面，中国化的马克思主义哲学家普遍认为，在当代中国，如不能读懂中国特色社会主义实践及其理论体系，就不能算是中国人在当代真正读懂了马克思。如何才算读懂了马克思及其作为“主义”的哲学？这也许是当代哲学家所困惑的一个重要问题。毫无疑问，读懂马克思哲学文本是其中基础的一环，这也正是“回到马克思”的真实意义所在。但是，这样的读懂马克思那就与读懂哲学史上任何一个哲学家没有根本区别，这样就极大地缩小了马克思及其哲学的意义和价值。在19世纪的欧洲，在思想异常活跃竞争激烈的情势下，只是因为马克思、恩格斯真正读懂了西欧无产阶级革命运动和资本主义雇佣劳动制度的实践，并以此为基础读懂并看到了资产阶级思想家的历史和阶级的局限性，才创造了伟大的革命的哲学思想，马克思主义诞生的秘密在于欧洲无产阶级的生产和革命的实践，没有对这一人类历史上伟大实践的解读，仅凭德国古典哲学、古典政治经济学和空想社会主义思想是产生不了马克思主义的。相反，马克思同时代的“这些哲学家没有一个想到要提出关于德国哲学和德国现实之间的联系问题，关于他们所作的批判与他们自身的物质环境之间的联系问题”，[①]他们始终只是在思辨的理论王国里寻找灵感而对现实或视而不见或表示鄙视和厌恶，这样造就了纯粹的哲学家，而他们对解决现实问题毫无兴趣也毫无办法。马克思主义产生的实践、历史和文化的内在逻辑表明，它的一脉相承性也必须循此逻辑，这是马克思主义发展和创新的根本逻辑，也是当代实现哲学创新的根本方向。

由此可见，当代中国的哲学家的真实使命就是要真正读懂中国特色社会主义实践及其理论体系。要读懂它未必是一件容易的事。读懂它从何下手呢？自马克思主义中国化历史进程开启以来，已经形成了运用马克思主义世界观和方法论认识和改造中国的历史文化新传统，今天的中国特色社会主义也是这一传统延续到当代的产物，认识它自然离不开马克思主义及其哲学中国化的传统。当然，这并不排斥借鉴当代西方优秀文明成果来丰富我们的理解和思维，但最根本的还是应该将当代中国放在传统中国中进行考察，马克思主义哲学中国化的传统为此提供了基本的认识方法、途径和资源。离开中国自身的马克思主义中国化历史文化传统，以全球化的名义

---

① 马克思恩格斯选集(第1卷)[M].北京：人民出版社，1995：66.

到西方现代哲学思潮中寻求解决之道，作为纯粹的学术研究未尝不可，但这不具有根本的合法性。总之，马克思主义哲学中国化研究的当代重要目标之一就是要真正读懂中国特色社会主义实践及其理论体系，为中国道路的深度开拓给予理论支持。因此，从中国特色社会主义的历史、实践和文化的总体性上看，马克思主义中国化或马克思主义哲学中国化就不可能只是狭义上的，它本来就是广义的具有统摄性的总体性范畴，广义的马克思主义哲学中国化研究也就是这一逻辑的理论表达。如何开展广义的马克思主义哲学中国化研究，首先需要确定其基本内涵及方法问题。

遵循现存的哲学学科建制，我们发现，广义的马克思主义哲学中国化研究可以分为四个层面：①马克思主义哲学二级学科内部的中国化整体和贯通研究，亦即中国化成为整个马克思主义哲学研究的基本理论范式和研究方式，中国的马克思主义哲学研究即是马克思主义哲学中国化研究，二者属于同一个概念；②在马克思主义哲学、中国哲学、西方哲学三个主要哲学二级学科之间的以中国化为原则、主题和方向、目标的对话、交流、渗透、整合，共同为构建作为大哲学概念的当代中国哲学做出积极努力；③马克思主义哲学二级学科与马克思主义理论一级学科之下的马克思主义中国化研究二级学科的贯通和整合，或者直接就是马克思主义哲学与马克思主义理论一级学科整体中国化的内在性整合研究；④中国各人文社会科学学科都以中国化为研究的方法和原则，构建具有中国风格、中国气派的现代中国学术体系，这其中的中国化方法和原则主要由马克思主义及其哲学的中国化来提供。因此，广义的马克思主义哲学中国化研究实际上也可简称为"中国化研究"。下面分别对这个四个层次进行论述。

(二)马克思主义哲学二级学科内部的中国化整体贯通研究

客观地看，当前的马克思主义哲学中国化研究主要是马克思主义哲学基本理论或原理研究的一个问题或方面。马克思主义哲学中国化研究仍然停留在传播史的水平，[①]这样的判断是基本符合事实的。学界也有人主张马克思主义哲学史的研究和写作应有中国化的新视角和方法，[②]还有建立"中国马克思学"新学科的努力，[③]但总体上中国化还不是实质性的研究原则和方法，用学科

---

① 何萍.中国马克思主义者论苏联马克思主义哲学普遍性——论中国马克思主义哲学与苏联马克思主义哲学源流关系[J].武汉大学学报:人文社会科学版,2008(6).

② 许全兴.以新的哲学观重新观照马克思主义哲学中国化的历史[J].河北学刊,2007(4).

③ 王东.马克思学新奠基[M].北京:北京大学出版社,2006.周嘉昕.马克思学与中国化马克思主义哲学新形态建设[J].哲学研究,2007(8).

的话语来说，马克思主义哲学中国化甚至还不是一个马克思主义哲学二级学科之下的比较成熟的三级学科。这种状况使马克思主义哲学研究的困境与转机并存。众所周知，21 世纪以来马克思主义哲学面临着越来越严重的边缘化和自我放逐困境，学术性的彰显同时又陷入了更深层次的文化焦虑和不安，现实性关怀的失却使马克思主义哲学对自身的性质和使命感也同样失却。到底什么是马克思主义哲学及其学术性，马克思主义哲学的科学合法的发展创新路径从何而来，马克思主义哲学中国化能否承担起发展创新马克思主义哲学的大任，等等。这些问题引发了许多的反思和讨论，如有人认为中国化是当代中国马克思主义哲学研究的公共出口。[①] 人们发现，中国化至少是马克思主义哲学非常现实的发展路径，中国化的实践和研究还可以有更大作为，中国化也许能带马克思主义哲学研究真正走出目前的困境。

1. 与其他创新和发展路径相比，中国化有明显优势

(1)中国化的根本和历史基础都在实践，这与马克思主义哲学的实践本性具有天然一致性，能保证马克思主义哲学永葆实践品质，对实践和现实保持高度敏感性，从而能真正有所作为。无论马克思主义哲学的创造和发展路径有怎么样的多种可能性，如果不能使之葆有实践本性和传统，就不具有根本合法性。因此，从这个意义上说，马克思主义哲学的创新不是怎么样都可以，而是必须扎根于实践的历史、现实和传统之中。当代中国马克思主义和社会主义的实践是中国的马克思主义哲学研究当然的对象，这个实践既是现实的，又是根源于历史和文化新传统的，它还具有超越资本主义的性质，造就这个对象的方法就是马克思主义及其哲学中国化。与这个对象相比，在资本主义民主框架内运作的现代西方的马克思主义和社会主义运动也就只具有次要的意义和价值，虽然也需要中国马克思主义哲学界对其进行必要的了解和分析，但中国实践更具有直接现实的合理性，这就如同西方马克思主义哲学的理论构造从来都是以西方资本主义实践的现实和文化为基础、中国的实践从来没有成为它们真正的研究对象一样。

(2)从文化上看，中国化不仅有马克思主义中国化的新历史文化传统，而且有中国几千年的哲学文化传统作支撑，这与中国的马克思主义哲学家的文化身份具有天然一致性，有利于文化意义上的创造和发展马克思主义哲学。用西方的文化资源在中国发展创新马克思主义哲学，不是不可以，而

① 朱荣英. 中国化：当代中国马克思主义哲学研究的公共出口[J]. 郑州轻工业学院学报：社会科学版，2009(5).

是有其限度和文化的隔膜，对中国马克思主义哲学家来说也不是一件容易的事。由于西方的语言文化对于中国本土国民的非直接性，我们不仅从来没有穷尽西方文化，而且事实也不可能，但对于中国传统文化来说，却是很有可能甚至是完全可能的。文化说到底是人化，需要用人的存在特别是生命本身来诠释，中国人以民族特色实践和中国文化的传统来诠释马克思主义哲学是完全有可能的，这样发展创造的意义和价值才真正具有属人的性质，中国的人民群众自己觉悟自己、自己解放自己的历史可能性才有可能真正变为现实，而这也就是实质意义上的马克思主义哲学的中国化。21世纪，创造一个属于中国文化传统的马克思主义哲学学理新形态，是有可能也应该努力的方向和目标。

(3)中国的人文主义的实用理性传统与马克思主义哲学注重人的自由全面发展和改造世界的理论品格十分吻合，这对中国化地传承马克思主义哲学真精神具有独特优势。众所周知，中国几千年的历史文化中蕴含着深厚的实用理性和经验传统，即一切思想和实践都要有利于人的生存和生活，从思维方式到生活方式，中国人都特别注重实践、经验和生活，以至于中国传统文化中的物性和超越思维并不发达。可以这样说，中国的实用理性传统是人文主义的，非西方式的科学主义，这与马克思主义哲学注重“现实的个人”的自由全面发展是基本一致的，实用的取向与马克思主义哲学的实践精神和指向也是基本吻合的。中国的实用理性传统是强大而有生命力的，用这种传统化马克思主义哲学，对传承其实践精神是很有利的，也是一种强有力的良性机制。因此，无论马克思主义哲学在中国的发展有怎样多的倾向，中国化的实践取向总能保持连续性和主导地位，这也许是马克思主义哲学中国化能取得成功的重要原因之一。

2. 中国马克思主义哲学研究全面中国化的原因与途径

整个中国马克思主义哲学研究为何及如何要全面实现中国化贯通？通常认为，这是最终构建具有中国风格、中国气派的马克思主义哲学新形态的需要，从结果的角度说这是理所当然的，也是基本共识。从实践的历史进程来看，已经实现了的马克思主义哲学中国化直接源于中国革命、建设和改革的需要，这其中客观存在着历史主体基于现实需要的选择性的中国化。[①] 但是，在确认这一点的同时不能把它绝对化了或者仅仅停留在选择的层面，理

① 安启念.从实践需要看理论还是从理论原则看实践——马克思主义中国化的两条思想路向[J].文史哲，2008(3).

论整体的中国化或中国化的整体性在历史和逻辑层面都具有必然性。

(1)选择性地中国化取得了巨大成功的客观事实源于特定的历史条件，即革命战争的直接理论需要，这一特定的历史条件同时也是对中国化的制约即使之全面中国化不具备主客观条件，但理论的整体中国化绝不是不应该和不可能。因此，客观地看，选择性地中国化虽然合理但并非全面系统，其局限性在中国化的深化进程中得以显现。如最初李大钊等对马克思主义做唯物史观和阶级斗争的选择符合当时中国的客观理论需要，但马克思主义显然不仅只是这两个方面的内容，对马克思主义的人的自由全面发展学说的知之甚少、忽略或遗漏，在革命胜利之后历史条件发生变化的情况下，唯物史观和阶级斗争中国化的主导地位往往被抽象教条化和僵化，很难形成新的历史性选择，容易造成实践的失误，建国后马克思主义哲学中国化的曲折与此有重要关系。我们发现，"选择"也要形成理论和实践的辩证态势，即在理论方面应该是全面系统地理解和中国化，在此基础上基于实践现实的需要进行选择性中国化，二者不仅不矛盾，而且相互观照、相互制约、互成辩证局面，只有在这样的情势下，"选择"的历史性才有保障，"选择"才有可能是健康合理的和优化的。

(2)从发展创新马克思主义及其哲学来说，中国化的历史总体性质决定了其理论中国化也应是整体性的，从而其理论创新也必然是整体性的。马克思主义及其哲学的中国化作为实践的历史进程来说具有历史的总体性，亦即这一进程不可能是碎片化的局部行为，不是单纯的历史事件，而是伟大的历史进程，这一历史进程之所以伟大就在于它是历史整体的革命，不是枝节的改良，是极大地推进了历史的前进步伐。遵循逻辑和历史相统一的基本原理和方法，历史和实践的伟大革命必然产生理论的革命性变革，马克思主义及其哲学的中国化从理论上讲也必然是整体上的变革和创新，中国化无论在实践还是在理论上都具有整体贯通性。但是，理论上的整体性实际上一直没有完成或者说滞后于历史和实践的总体性要求。马克思主义哲学中国化由基于实践需要的"选择"到源于历史总体性的全面整体的中国化具有逻辑的必然性。马克思主义哲学中国化的全面整体性要求不仅要有直接源于实践的理论创造——通常所讲的马克思主义中国化的伟大理论成果都是这样一种中国化创造的结晶，还包括基于文化融合和理论贯通的全面中国化，前一领域的中国化主要由革命领袖及中国共产党来承担，后一领域则由专门理论家和哲学家来完成。同时，全面贯通还有学科内部专业分工的中国化和学科知识和理论整体的学术升华两个基本方面。

(3)全面中国化有一定的学科建设基础。经过新中国六十多年特别是改革开放三十多年的建设和发展，现已经基本形成了马克思主义哲学二级学科体系，其下的各研究方向（或三级学科）也有了一定的学术积累，在“学”和“史”两个基本方面都已经具备支撑学科发展的条件，在教材、课程和学科点、研究基地建设等方面具有相当的规模积累了较深厚的历史经验，马克思主义哲学研究的队伍在数量和质量上都具有一定的规模。马克思主义哲学中国化的全面性贯通在现有学科建设基础上是有比较充分保障的。从这个意义上讲，建国前的革命战争年代，马克思主义哲学中国化只能是基于保证革命胜利的实践需要的传播和理论创造，全面中国化虽然在理论上也是十分必要的但学科条件完全不具备，这也制约着人们对马克思主义哲学中国化的全面系统的认识。今天，马克思主义哲学中国化在现有学科建设的基础上当然应该实现由“传播”到全面中国化的转变，逐渐使整个马克思主义哲学二级学科的学术研究向中国化转变。

(4)全面中国化的历史和现实条件基本具备。从历史和文化的角度看，马克思主义哲学中国化已经构成一种传统，期间虽然有曲折但马克思主义作为中国现代历史进程的本质是客观存在的。这是马克思主义哲学全面中国化的重要历史文化基础。从现实条件来看，“冷战”结束、苏联解体，中国独立自主探索社会主义道路的信心、决心和所取得的成就都要求马克思主义哲学中国化要全面不要片面，特别是改革开放以来马克思主义中国化的历史经验更是对马克思主义哲学中国化提出了全面系统的理论要求，中国化成为党和人民群众在实践中确认和建立的重要原则和方法，要求全面系统地实现马克思主义及其哲学的中国化。在国际上，中国化是我国积极加入全球化进程的重要自我发展机制之一，要求在理论上有更加充分的中国化指导，要求在文化上创造性坚持和发扬民族文化传统，全面地中国“化”(动词)马克思主义哲学是文化上的紧迫诉求。

(三)在马克思主义哲学、中国哲学、西方哲学三个主要哲学二级学科之间的以中国化为原则、主题和方向、目标的对话、交流、渗透、整合，共同为构建作为大哲学概念的当代中国哲学做出积极努力

众所周知，当代中国存在着马克思主义哲学、中国哲学、西方哲学分立的哲学教育、研究的学科格局。这一格局近年来不断受到质疑，并且学界一直在努力实现三大哲学的对话与融通。有人认为，哲学只应有一级学科不

应有二级学科,马、中、西只是大中国哲学之下的不同哲学分支,[①]以至于学界有人将三大二级哲学学科改称为马学、中学、西学。[②] 这些努力和看法都在致力于构建大概念的当代中国哲学。改革开放以来,马克思主义哲学与西方哲学的融合主表现为两个方面:①以马克思主义哲学的理论来源和哲学革命为主题展开;②以马克思主义哲学的当代意义和价值为中介,使马克思主义哲学与西方哲学的对话与交流呈现活跃的局面。以"在中国"为概念的西方哲学中国化梳理获得一些重要成果;[③]马克思主义哲学与中国哲学之间则通过中国化达成了相对稳固的交流对话平台,并且在思想方法上有一些基本共识;至于中国哲学和西方哲学的互动交流,则活跃着大陆新儒家学派。总之,从整体上看,"中国化"成为改革开放特别是新世纪以来马克思主义哲学、中国哲学、西方哲学相互交流和对话的焦点或平台,并且已经取得了初步成效,未来的深化推进是可现实期待的。以下几点是当前实现马、中、西哲学融通值得重视的内容。

1. 应更加重视中国哲学在思维方式和文化深层融合中的地位和作用

在马克思主义哲学中国化过程中,中国传统哲学和文化一直处在被"扬弃"的地位,这当然是正确的,但却比较简单化且不深刻具体。近些年来的中国化的深入讨论表明,中国化在具体方面多表现为"互化",甚至在语言表达的用词和风格上中国传统文化和哲学要占主导,即主要是要直接用或借用中国式的语言和表达形式去化马克思主义哲学,这个方面毛泽东被公认为是迄今为止做出最大贡献的哲学家。但是,我们的哲学教科书、学术著作、理论宣传、文化艺术创造等许多方面的中国化都还十分不够,不够的一个重要证据是在文化心理和语言风格上感觉不亲切,感觉上仍然是西方的,因而难以产生心理共鸣和形成文化上的认同(相反,如实事求是、矛盾、小康、和谐、民生等这样一些概念就能极大地产生广泛的认同),而这一点正是中国化马克思主义哲学最终要达到的一个重要目标。从这个意义上说,用中国传统文化和哲学思想"化"马克思主义哲学是当务之急,也是当前在文化形式上制约中国化的瓶颈。因此,主导不是抽象的,而是有条件和具体所指的,在实践、政治立场、意识形态和共产主义社会理想的超越取向等方

---

① 赵敦华."哲学二级学科"刍议[J].中山大学学报:社会科学版,2008(2).

② 景海峰.2008:中国哲学研究的范式变化与前景探索[J].文史哲,2009(5).

③ 郭庆堂,孟伟,丁祖豪.20世纪西方哲学在中国[M].徐州:中国矿业大学出版社,2002.汤一介."20世纪西方哲学东渐史"系列丛书[M].北京:首都师范大学出版社,2002。

面马克思主义哲学是主导，这方面始终是做得扎实和成功的，在语言文化表达和修辞风格等方面则应是中国文化和哲学传统占主导，这方面则是十分需要下大力气加强的。当前，对中国化的马克思主义的中国文化渊源的深度挖掘，特别是其中重要概念的马克思主义哲学阐释是可具体操作的重要的环节。

2. 马克思主义哲学化西方哲学要有十分自觉的本位意识，扬弃现代西方哲学，在保持自身精神实质的基础上吸纳现代西方文明的精华以与时俱进

马克思主义哲学主动化现代西方哲学很容易出现被西方哲学所化、丧失自我本性的情况，但是也不可能因为可能存在这种后果而使马克思主义哲学与西方哲学隔绝。从产生过程来看，是西方哲学直接孕育了马克思主义哲学，这一逻辑决定了在发展过程中同样离不开西方哲学的滋养。从中国化的进程来看，是西学包括其哲学的中国化为马克思主义哲学的中国化进行了文化的铺垫，可以说现代西方哲学的中国化曾经构成开启马克思主义哲学中国化的文化背景，同样的这种发生学逻辑决定了其发展的逻辑，即马克思主义哲学中国化在发展和推进过程中也无法绕开现代西方哲学。

马克思主义哲学中国化作为中国马克思主义哲学界的自觉的哲学意识的确立有一个历史的过程。从源起来看，近代以来的西学东渐进程，实际上开启了西学中国化(最初只是译介过程的中国化)的先声，西学来势凶猛，激起了文化保守派对西学的批判意识以及对传统文化的文化本体地位的守护，西学中国化的自觉意识逐渐上升为文化本体层面。马克思主义哲学中国化是以西学中国化为背景的，经过了“马克思主义哲学在中国”进到“马克思主义哲学中国化”的历史和文化进程的逻辑深化的实质性转换过程。从历史事实来看，没有西学中国化的奠基，马克思主义哲学中国化是难以顺利推进的。在马克思主义哲学中国化的发展与推进过程中，现代西方哲学在改革开放的条件下对中国社会思潮的影响是有目共睹的，它与中国传统文化和哲学共同构成了马克思主义哲学中国化的文化背景的两个基本面。

马克思主义哲学化现代西方哲学在改革开放以来的主要表现有两个方面其中之一是以现代西方哲学的最新发展来重新理解马克思主义哲学的基本特质，阐发其在当代的意义和价值。这个过程拓展和深化了对马克思主义哲学内涵的理解也包含了对现代西方哲学的批判与吸纳，于马克思主义哲学中国化保持应有的时代性和思想性是有积极意义的，体现了马克思主义哲学对西方现代文明的发言权。与用中国传统文化和哲学的思维方式、

范畴概念来阐发马克思主义哲学相比，更具有思想文化的交流和超越特性，是使马克思主义哲学中国化超越狭隘民族视界的重要机制，这也就是广义的马克思主义哲学中国化研究的一个重要内容。这里要提出的问题是，只有在广义的马克思主义哲学中国化研究范畴下，马克思主义哲学化现代西方哲学才可能保持本性而发展壮大，并与马克思主义哲学、中国哲学传统文化的互化相得益彰，共同推进马克思主义哲学的中国化。因此，自觉合理的中国化意识是马克思主义哲学化现代西方哲学的规约机制。历史地看，中国化马克思主义与化西方优秀文明成果的辩证关系表明，只有在科学合理化马克思主义的前提下化西方优秀文明才可能成功、有效、合理和发展壮大，[①]由于二者的辩证关系在当代仍然客观存在，因此这一历史发生的逻辑在今天也仍然有效，成功、有效和合理的中国化现代西方哲学只有在马克思主义哲学中国化的逻辑统摄之下才是可能的，或者说中国化现代西方哲学实际上已经构成了马克思主义哲学中国化的一个重要内容和方面。从这个意义上看马克思主义哲学与现代西方哲学的对话与交流，很自然地应该把它归结为广义的马克思主义哲学中国化研究范畴之内。

3. 马克思主义哲学、中国哲学、现代西方哲学的中国化融合与综合创新

目前的中国化，主要体现在两个方面的互化，即马克思主义哲学与中国哲学的互化、中国哲学与西方哲学的互化、马克思主义哲学化西方哲学，这其中马克思主义哲学贯通另两大哲学是显而易见的，但三个方面的以马克思主义哲学为灵魂的互化融合成果还并不多见。中国这三大哲学的融合与综合创新的最终目标就是构建大概念的当代中国哲学。现实地看，目前只有中国化的方法、原则和主题有可能将三者长期持久地联结在一起并逐渐实现融会贯通、综合创新。在同一部论著里体现三大哲学的融合，这应该是广义的马克思主义哲学中国化研究所期待的研究成果。正如有人所言："马克思主义哲学中国化，是当代中国马克思主义哲学研究中最需要深入探讨和最值得深入探讨的一个领域，这是由马克思主义哲学中国化的特殊地位和特殊性质决定的。马克思主义哲学中国化应该成为整个当代中国马克思主义哲学研究的根本范式，它是消弭当前中国马克思主义哲学研究中内存的深刻分歧、整合各种不同研究思路的唯一可能的基础。进而言之，马克思主义哲学中国化也应该成为包括马克思主义哲学、中国哲学（中国哲学史）

① 详见本书第114—120页。

和外国哲学(外国哲学史)在内的整个当代中国哲学研究的共有范式。"[①]

(四)马克思主义哲学二级学科与马克思主义理论一级学科之下的马克思主义中国化研究二级学科的贯通和整合,或者直接就是马克思主义哲学与马克思主义理论一级学科整体中国化的内在性整合研究

当前,马克思主义哲学界将马克思主义中国化作为一个"问题"进行了热烈的讨论,这使马克思主义哲学二级学科与马克思主义理论一级学科建立起了直接联系。马克思主义中国化之所以成为马克思主义哲学关注的问题就在于,其历史进程和理论成果都是马克思主义哲学观照的对象。马克思主义中国化历史进程需要进行历史本质的哲学抽象,同时这一进程直接包含了马克思主义哲学中国化的历史进程,马克思主义中国化的理论成果作为经验的总结蕴含着中国化马克思主义哲学的丰富思想内容和方法,这需要马克思主义哲学研究予以提纯和梳理,使之成为构建中国化马克思主义哲学新形态的直接理论资源。这是二者基于理论直观的思维模式,也是我们通常的理解思路。

从理论深层来看,中国化是有层次或学界所说的版本之分的,如政治层面与学术层面的区分,[②]实践版本与理论版本的界定,[③]实践版本、理论(经验)版本、学术版本的细分,[④]等等。由此,中国化还可划分为实践化、经验理论化、理论哲学化三个辩证层次,其中哲学化是实践经验化、经验理论化的逻辑必然。因此,马克思主义中国化二级学科所有的问题都需要有哲学的理解,这样一种自觉意识要求马克思主义中国化研究与马克思主义哲学中国化研究突破学科界限实现完全贯通,马克思主义中国化也就成为广义的马克思主义哲学中国化研究的一个基本内容,这一研究逻辑的扩展是十分自然的。

由于中国化的实践基础地位和民族本位文化的逻辑使然,马克思主义理论一级学科之下的中国近现代史研究和思想政治教育直接也是中国化的学科,即运用马克思主义的唯物史观研究中国近现代历史,运用马克思主义理论进行思想的改造、说服和提升,特别是运用马克思主义中国化理论成果来统一思想认识构建共同信念,这两个二级学科的中国化实质十分明显,它

① 汪信砚.马克思主义哲学中国化与当代中国哲学建设[J].马克思主义研究,2009(5).

② 许全兴.马克思主义哲学中国化的若干新思考[J].中共中央党校学报,2004(1).

③ 陈晏清,杨谦.马克思主义哲学中国化的实践版本与理论版本[J].哲学研究,2006(2).

④ 姜喜咏.确立中国化马克思主义哲学新形态建构的两大"内在性"问题[J].理论学刊,2008(11).

们与马克思主义中国化的统一性是直接的。马克思主义基本原理、马克思主义发展史、国外马克思主义研究这三个二级学科的中国化特征虽然不那么直接，但都需要进行中国化的梳理、研究和建设。如，李长春提出的“四个分清”就是一个中国化基本原则和要求是立足中国特色社会主义实践经验的重要方法论原则，这三个二级学科都需要与中国特色社会主义实践的实际相结合，也就是要中国化。脱离中国化的马克思主义基本原理、马克思主义发展史和国外马克思主义研究只是一种理论的抽象可能，在具体研究实践上则是不可能的，这不仅有语言文化译介的中国化必须，而且也必然有中国化实践中的经验、问题和价值取向。如马克思主义中国化已经形成系列基本原理，它必然是马克思主义基本原理二级学科的重要内容，马克思主义中国化的历史和思想进程必然是马克思主义发展史的重要组成部分，国外马克思主义研究必须与中国马克思主义进行全面系统的比较，等等。总之，中国化是联结和贯通马克思主义理论一级学科之下各二级学科的基本文化背景、研究方法论、实际问题群和民族本位价值取向。中国化也由马克思主义中国化的具体必然上升为贯通整个一级学科的哲学层面，中国化的这种贯通状态也就构成广义的马克思主义哲学中国化研究的一个重要组成部分。由于马克思主义理论一级学科刚建立不久，这一中国化贯通原则和方法还需要深化研究，这直接需要哲学的介入。

（五）中国各人文社会科学学科都以中国化为研究的方法和原则，构建具有中国风格、中国气派的现代中国学术体系

20世纪30年代，在“马克思主义中国化”命题的促动之下，艾思奇等不少知识分子提出了“学术中国化”的问题，当时的知识界进行了短暂的热烈讨论，由于特殊历史条件所限不可能真正形成广泛、持久和深刻学术中国化的运动。改革开放以来，马克思主义中国化研究的广泛而热烈的探讨，同时在全球化的刺激之下，中国各人文社会科学对中国化问题开始了新的觉醒，呼声日渐高涨，意见也趋于统一，①其中国化原则和方法的探索也都初见端倪。②

众所周知，中国现有的各人文社会科学学科基本上都是从国外引进的，或者是参照国外学科的学术体系、研究范式和建制发展而来。按照马克思

---

① 陈奎元.继承优秀传统 创造新的辉煌——新中国哲学社会科学六十多年的成就与启示[J].中国社会科学文摘，2009(14).

② 李映芳.多学科视野的马克思主义中国化研究[M].西安：陕西人民出版社，2007.

主义中国化的思想方法和研究范式来看，中国各人文社会科学的中国化的规范基本上处于翻译、传播、梳理、解释和直接运用等层面，中国化的创造性转换特别是建立中国特色、中国风格的人文社会科学学科目标还远未实现。

中国各人文社会科学的中国化进程首先应确立正确的方法和切实可行的目标。中国化的方法对于各具体人文社会科学学科来说当然要具体可操作，但中国化作为总的方法论只能来自于相对历史进程较长的马克思主义（包括其哲学）中国化，这一进程不仅有丰富的经验教训可资借鉴和参考，而且更重要的在于马克思主义及其哲学中国化的历史进程的总体性和本质性，它直接制约和影响着中国历史和文化、科学各方面的中国化进程和方向。具体地看，马克思主义中国化作为历史、实践和现实的实质，直接构成中国文学、艺术、法学、经济学、社会学、历史学、民族学等所统摄下的历史现实和文化基础，当然也就直接影响、制约甚至决定其中国化的方向、目标和根本内容。此外，根据哲学和各具体学科或科学的逻辑关系而言，马克思主义哲学中国化或中国化的马克思主义哲学——作为国家的主流哲学形态，对国家的各人文社会科学的影响直接表现为指导作用和方法原则。马克思主义哲学中国化作为创造当代中国哲学的目标取向来说，始终是要紧密依靠中国各具体人文社会科学的中国化创造性成果，反过来中国各具体人文社会科学又需要以中国化的马克思主义哲学作为方法指南，而中国化的马克思主义哲学始终走在了前面并有重要成果可供其参考。

十七、学术“中国性”与马克思主义中国化

学术“中国性”本质上是文化问题，其真实内涵要在近代以来的西学东渐整个历史进程中来求解，它不是一种简单的爱国情怀和偏激的民族情绪，也不是纯粹的中国立场，而是中国文化实现现代转化的学术自觉意识。学术中国性表达的是要建立和弘扬在语言风格、表达形式和实质内容上都具有“中国内涵”的中国文化和中国学术的气质和身份，因而它本质上不是语言问题，不是言说的效果。学术中国性是近代以来中国学人谋求文化独立、解放和发展、担当世界学术责任的理性精神。

众所周知，改革开放特别是新世纪以来，中国各人文社会科学大力倡导中国化强调中国性，其中马克思主义及其哲学的中国化研究最为显著，文学、历史学、经济学、法学、社会学等学科在近十年对本学科的中国化问题的探讨也格外热烈。然而到底何为学术的“中国性”？学界对此存在模糊、含混甚至根本不同的理解。有人认为，中国性“蕴涵着偏激的民族情绪，过分强调它会将中国的学术研究带上一条偏颇的道路，不利于真正的学术建设。‘中国性’只能保持为一种学术关怀，不能成为学术论证的基石，只有对具体问题进行细致分析，才能促进中国的学术建设。”[①]笔者发现，这种对学术“中国性”的看法具有一定的代表性。因此有必要认真地探讨学术“中国性”的真实内涵。

（一）学术“中国性”的本质是文化问题

文化是学术的本体，学术中国性是“体”，即文化、学术本体意义上的，中

① 王峰.学术一定要“中国”吗？——对“中国性”的批判性思考[J].云南大学学报：社会科学版，2009(3).

国的学术是内涵于中国文化的，二者纯然一体，难分彼此。因此，学术中国性首先不是国别界域的形式言语，而是源于内在生命基质的文化显型。作为学者来说的身份意识实质是一种文化的气质，学者的学术也就是他的文化气韵的语言文字化，作为文本符号，学术的世界性传播在全球化的今天确实已无国界，但符号所承载的文化学术意义仍然是属于特定文化内涵的，因而把学者身份与学者的学术截然分开是不可能的。“学者有身份，有国界，但学术无身份，无国界”，“以‘中国性’为基础来研究学术，无非是把学者身份模糊成学术身份，带着有色眼镜看学术，特别是当遇到西方学术的时候。”[①]这就把学术纯粹化、绝对化了，实际上对于哲学和人文社会科学来说，没有脱离母体文化涵养的所谓“抽象学术”，只有属于一定文化形态的学术。具体地说，一定的学术思想总是属于一定学者的，学者的身份和他学术的身份也是“体”和“形”的统一，说学者有国界和身份，学术也自然有身份。可见，学术中国性不是简单学术形式规则的指称，因为在学术规则方面，西方的学术规则中国学人真正拒斥的极少。1902 年，梁启超撰写了《新史学》和《论中国学术思潮变迁之大势》等不同于传统中国历史学的著作，在后一著作的末尾，他认为：“盖大地今日只有两文明；一泰西文明，欧美是也；二泰东文明，中华是也。二十世纪，则两文明结婚之时代也。”[②]其思想和文化开放的胸襟和气魄可见一斑。1919 年，胡适的《中国哲学史大纲》上卷开创了中国哲学研究的全新范式。这些采用西方学术规则成就的中国学术经典，其内涵是完全中国的，形式上则借鉴了西方学术(科)体例，虽历经百年，其学术中国性是毋庸置疑的。百年前的中国学人尚且能如此，更何况 21 世纪的中国学界。可见，强调学术“中国性”在中国已经有百年传统，绝不是“关起门来自弹自唱，自说自话”，[③]也不是不与西方学术实现融通。

学术“中国性”不仅是语言形式和言说效果的诉求，更为根本的是要承载和挺立中国优秀传统文化和学术思想，实现其现代转型，同时以中国的学术思想方法消化和吸收现代西方学术思想，构建现代中国学术思想体系。毫无疑问，任何时代和任何形式的中国学术抛却中国性不管，都要讲求语言的精当得体，追求言说效果，即所谓“语不惊人死不休”，关键在于如何理解和看待这个“言说效果”。“但怎样确定我们所做的学术是中国的呢？……

---

① 王峰.学术一定要“中国”吗？——对“中国性”的批判性思考[J].云南大学学报：社会科学版，2009(3).

② 梁启超.梁启超作品精选[M].武汉：长江文艺出版社，2005：191-192，189.

③ 王峰.学术一定要“中国”吗？——对“中国性”的批判性思考[J].云南大学学报：社会科学版，2009(3).

(是)效果,言说的效果。我们把西方学术用汉语如实地表述出来,表述得好就是中国的,因为它是用汉语说出来的。"(引文中括号里的字为作者所加)[①]这里有一个基本前提或假设,这也代表部分学者的看法,即中国自古以来就没有形成自己的学术传统,学术成为一种历史悠久的传统只存于西方,即使古代确有中国学术思想,但近现代以来早已经消亡而被西方学术所填充和取代。这种学术思想上的虚无主义是依附于长期存在的文化虚无主义的,是它的具体化。中国五千年未曾中断的悠久文明孕育的学术思想传统可谓厚重深沉。百年前的梁启超就告诫青年学子:"生此国,为此民,享此学术思想之恩泽,则歌之舞之,发挥光大之,继长而增高之,吾辈之责也。"[②]百年后,这一疾呼仍然有强烈的现实意义。"中国传统的学术文化,历史悠久,源远流长,有着璀璨的成果和丰厚的积累。它长期以来哺育了中华儿女,塑造了中华民族的性格与精神,在世界学术文化史上具有重要地位。"[③]中国的学者不论如何西化,都浸润着中国传统文化和学术的滋养,学者生命的文化基因也许就是先天而宿命的,没有选择也无法更改,若非要如此,则岂非是学术西方化的情绪渲染?如此说来,强调学术"中国性"也就不是所谓偏激的民族情绪,也不至于把中国学术带上一条偏颇的道路,因为这本来就是生命智识文化学术的自然表达,本无需阐释和辩驳。如果说"只要用汉语把问题说得好,说得透彻,就是中国的"是众所周知,中国学术自古以来就不缺乏这样的言说效果,强调学术"中国性"的意义也根本不在此。认为学术的根本或标准在于语言,这是典型的后现代学术逻辑。

"'中国性'这个概念本身就很不恰当,这么一提就好像真有什么性质是'中国性'一样,实际上它不过是一顶大得不能再大的帽子,是为了说话的方便,为了笼统地一指而已,作用只是告诉我们应该为中国的学术做点什么。"[④]果真"中国性"是"宏大似天"空洞无物又不实用的一顶大帽子,没有实际而具体的内容,只是为了说话的方便吗?其实不然。当代,强调学术"中国性"最根本的内涵就是要使现代中国学术研究能承载和挺立优秀传统文化,并实现其现代转型,即走向当代中国人的现实生活,参与现代中国人思

---

① 王峰.学术一定要"中国"吗?——对"中国性"的批判性思考[J].云南大学学报:社会科学版,2009(3).

② 梁启超.梁启超作品精选[M].武汉:长江文艺出版社,2005:191-192,189.

③ 戴逸.二十世纪中国学术概论.马勇.严复学术思想评传[M].北京:北京图书馆出版社,2001:1.

④ 王峰.学术一定要"中国"吗?——对"中国性"的批判性思考[J].云南大学学报:社会科学版,2009(3).

维方式、思想内涵的真实建构，确立身为中国人安身立命的文化根基。在学术操作的具体层面，有人提出“用中国哲学的思维方式或‘格式系统’吃掉、消化西式‘问答体系’，用中式‘大义系统’消化西式‘定义系统’，用中式‘相关律名学’消化西式‘主谓式句辞’，用中式‘现象论’消化西式‘本体论’。”①因此，学术“中国性”不只是一种提法，而是有深刻的内容和具体的要求，不仅实在具体，而且学术“中国化”任重道远，可能需要好几代人几百年的共同努力才能真正实现。

不可否认，对中国学者来说，使自己的学术研究更具“中国性”当然需要学术“中国心”的爱国激情和责任感，更要具备学术“中国力”，即中国优秀传统文化和学术素养，需要学术“中国心”和学术“中国力”的合理结合。对于整个中国学术界而言，这是中华民族的伟大事业。正如康德所言：“离开了激情，任何伟大的事业都不可能完成。”②马克思认为：“激情、热情是人强烈追求自己对象的本质力量。”③列宁也认为：“没有人的感情，就从来没有也不可能有人对于真理的追求。”④在面对学术“中国性”问题上，只要是立足于学术“中国力”的实践基础上的爱国情怀和学术激情，就是健康而难能可贵的。

值得一提的是，一般认为，自然科学不存在中国化的问题，只有人文社会科学成果才存在中国化的问题。⑤ 但是，钱学森却认为自然科学和工程技术科学领域也要注意弘扬中国历史和传统文化，如他特别强调新兴学科的规范名称要有“中国味”，在翻译西方科学著作过程中要注意用词的中国化问题。“名词定得好的标准，……似乎还有一个要能体现出中国几千年的文化传统、中国的文明；……这里也有一个审美的问题，要‘美’，不要粗陋。在此，国外，特别是美国就不讲究，显得没文化。对这个问题我想我们的前辈是很注意的。”⑥因此，学术“中国性”问题也不只限于哲学和人文社会科学，自然科学和工程技术实际上也需要注意“中国性”，特别体现在语言和历史文化传统的继承、发展和创新方面。

（二）学术“中国性”是中国现代学术的身份和表达方式

学术“中国性”作为中国学术的现代表达方式和现代身份，是学术世界

① 张耀南．哲学上“全盘化西”的一个可能方案[J]．北京行政学院学报，2009(3)．

② 转引自：成伯清．没有激情的时代？——读赫希曼《激情与利益》[J]．社会学研究，2009(4)．

③ 马克思恩格斯全集(第42卷)[M]．北京：人民出版社，1979：169．

④ 列宁全集(第25卷)[M]．北京：人民出版社，1988：117．

⑤ 黄楠森．谈谈马克思主义哲学中国化问题[J]．理论视野，1999(5)．

⑥ 钱学森书信选(上卷)[M]．北京：国防工业出版社，2008：516．

或世界学术的多元、开放、丰富、和谐、发展的现实需要，是中国和世界双向影响或多向影响，特别是中国影响世界，为世界学术做出较大贡献的客观需要。不可否认，强调学术"中国性"确实有作为弱者的学术焦虑意识和基于本民族文化的中国立场，但背后更多的是中国为这个世界所背负的学术责任和义务。众所周知，中国是一个人口、地理上的大国，甚至现今也算得上是一个经济大国，但在当今世界上中国却似乎算不上一个文化大国，当然更不是一个思想大国、学术大国，还没有在学术思想上为全人类做出较大的贡献。而与此相对应的是，当代世界需要中国及其学术思想和文化。人类对全球化的初体验及其基本境遇孕育的学术文化理性是多元、开放、对话、丰富、和谐、发展，中国思想和学术是不可或缺的。

罗素认为："不同文明之间的交流过去已经多次证明是人类文明发展的里程碑。"[①]从感性经验的层面看，每一文化形式都属于全人类的共同财富。而每一个民族对自己的文化最有发言权(这是别的民族无法替代的)，也就自然地负有为整个人类保全和传承这一文化的责任，要完成这一人类使命就要张扬民族性。借冯友兰的文化"别共殊"思想来说，"共相是必要学的，也是可能学的；殊相是不可能学的"。[②] 文化的民族性就是文化的殊相，唯有本民族才能承担起切实有效的保护和传承责任。每一文化形式都有自己的民族属性，但从人类理性的高度来看，所有民族的文化又都是属于全人类的。在这个意义上说，学术"中国性"与其说是狭隘的中国立场，不如说恰恰是一种基于责任的人类立场或世界立场，如果说这里也有民族情绪和激情的演绎，那可以说是中国人作为人类的一分子必须有的人类情怀。因此，学术"中国性"确有一种学术关怀，但宜放眼世界和整个人类的未来，越是中国的就越是世界的，那种基于文化霸权的同情理解的西式立场反而是狭隘的。

质疑学术"中国性"实际上就是完全认同西方学术思想及其规范的一元性普世价值观。有学者认为，学术是很客观的东西，主观上的努力只是在于"出力共建这个共同体"，"用汉语表述，这是最关键的"，而不是"另搭一草台，另唱一出戏"，"所谓双向学术交流是有一些限制的，是我们先到人家那里去，然后人家才会到我们这里来，这是实际情况，承认了也没有什么可害羞的。如果我们闭上双眼，根本不去看这个实际情况，那就不是西方学术对我们的压迫，而是我们主动放弃了与西方学术交流的愿望。"[③]

---

① 罗素. 一个自由人的崇拜[M]. 胡品清，译. 北京：时代文艺出版社，1988：8.

② 冯友兰. 三松堂全集(第1卷)[M]. 郑州：河南人民出版社，1985：241.

③ 王峰. 学术一定要"中国"吗？——对"中国性"的批判性思考[J]. 云南大学学报：社会科学版，2009(3).

这里需要澄清两个误区:①强者即是合理性的逻辑。西方学术确实具有学术强势的霸主地位,但这并不是全球化条件下人类学术的合理性,恰恰相反,全人类学术思想的合理性在于发展必须建立在"异质多元"和"互相交流"的基础上,从这个意义上说,处于弱势的学术思想也就较居于强势学术思想更具合理性,更应拥有存在和发展的广阔空间。②另外一种同样重要的实际,即世界需要中国,不仅需要中国担负起抵御世界金融危机、保护地球生态平衡的一定责任,也需要中国的文化和学术思想,学术在西方,也在中国,中国和西方的学术交流从整体上讲是双向的,这也是中国学者做学问的实际的一个不可忽视的方面。改革开放三十多年来,"问题意识已经成为人们的普遍素养,并且学会参照不同的国家、不同的角度来全面地看问题。……中国人的价值观和社会心态变得越来越具有世界意识,……如果说,自1840年起西方世界对中国社会的影响都是单向的话,那么全球化以中国的'和平崛起'已经使得这种影响过程逐渐双向化甚至多向化。"[①]如果随着全球化的深入,遵循强势即合理性的逻辑,必然是弱势学术思想悄无声息地根绝,最后只剩下西方学术一家,那整个人类的学术思想发展也就走到了没路,思想的贫乏和单调困境将窒息人类自由本性的发展。因此,每个民族尽最大努力弘扬和创造本民族的学术思想就是真正对世界学术思想做出具体实在的贡献。如果中国学术唯西方马首是瞻既是中国的不幸,更是全人类的重大损失。总之,学术"中国性"彰显的是一种中国学界的世界学术责任和人类情怀。

(三)学术"中国性"当务之急是要读懂中国改革开放三十多年的社会实践经验和中国人三十多年来的文化和精神变迁,构建现代中国人自己理解自己的学术思想体系

现代中国从传统中国走来。这就需要吸收我们的历史文化传统,包括几千年延续至近代的旧传统和近代以来至今的新传统,这是由中国人用生命的激情、勤劳、斗争和智慧创造的悠久而独特的文明,其学术思想绵延不绝成文化基因世代相传,只有中国人自己以本民族的方式、方法和学术思想文化积淀才能真正理解和阐释作为"历史文化之谜"的传统中国和现代中国。不可否认,无论是西方学界对中国的研究还是现代中国学者借用现代西方学术思想来理解中国,都会出现学术逻辑与现实中国存有无法缝合的

① 周晓红.中国人社会心态问题的解读[J].高等学校文科学术文摘,2009(3).

裂隙,用西方标准只能误判中国。[①] 海外"中国学"研究本质上是"外国学",不具有中国性。[②] 毫无疑问,中国学界读懂现代中国是中国学界不可推卸、西方学界不可替代的基本责任,采用西方学术思想对此虽有一定帮助,但无法根本解决问题,这一点中外学者已经有基本的共识。回顾历史,我们曾用马克思主义与中国传统文化相结合的合理思路来正确理解了中国在近现代的处境和前途命运,并以马克思主义中国化的实践方式解决了中国的民族独立和解放问题,马克思主义中国化在这一历史进程中与中国各种思想相互激荡,形成了中国全新的历史文化传统。中国学术界只有正视并深入研究这一实际,形成学术研究基本的"中国理性",才能在各自学科范围内形成合理的"学科理性",将二者实现再次结合,就有可能比较准确地理解中国各方面的具体,综合起来就不再是一个抽象的中国即一个西方人看不懂也不太明白的中国。"在全球化时代,中国社会科学只有为世界学术贡献出'根据中国的理想图景',而不仅仅是复制'西方的理想图景',我们才能对世界发言,真正为世界学术做出自己的独特贡献。"[③]这样以来的中国学术,就既是中国的,因为它具有"中国性",又是现代的,因为它既是对现代中国的学术考量,又采用了现代学术的形式,总之就是现代中国学术。

因此,与其说学术"中国性",不如旗帜鲜明地提倡学术"中国化",或者说由强调学术"中国性"到直接进到学术"中国化"。众所周知,"中国化"概念的直接来源是 20 世纪 30—40 年代思想界的新启蒙运动,他们"在倡导文化民族性的基础上,比较广泛地使用了'中国化'的概念","毛泽东提出马克思主义中国化与当时的新启蒙运动及抗战时期浓厚的'中国化'气氛有着直接的关系"。[④] 事实上,由于毛泽东及中国共产党的特殊历史地位和影响,为中国革命事业直接服务的"马克思主义中国化"和思想文化界的"学术中国化"相互激荡,形成了一定规模的"中国化"运动。自此后"中国化"成为中国各学界无法抹去的信念,实际上也形成了一种传统。改革开放特别是近十年来,中国各人文社会科学开始直接重提各自学科的"中国化"问题,中国文学界和中国艺术学界等更多提的是"中国性",意指这一学科和学术研究的中国本民族的历史文化基质和特性,主要用于本学科的中西比较,力图改变这些中国学科研究的西式面孔,不断增加其中国内涵。不能否认的是,也有学者出于与"马克思主义中国化"有所区分的特殊考量而提出"中国性"概念

---

① 何亮亮. 用西方标准只能误判中国[J]. 理论视野,2009(9).

② 葛兆光. 海外"中国学"本质上是"外国学"[N]. 文摘报,2008-11-12.

③ 邓正来. 全球化时代的中国社会科学发展[J]. 社会科学战线,2009(5).

④ 杜明娥,杨英姿. 马克思主义中国化的哲学思考[M]. 长春:吉林人民出版社,2007:3-4.

的。此外，“中国性”的表层含义更多的是静态地强调语言上要说中国话，主要指汉语和其他少数民族语言，不包括“西化汉语”，[①]而“中国化”则强调思想文化的运动。事实上，马克思主义中国化作为中国历史文化新传统是总体性的客观实际，况且在马克思主义中国化研究领域，对“中国化”概念的理解和阐发较其他学科来说要更全面系统和丰富深刻，具有典范的意义和价值，“中国化”内涵“中国性”，同时强调中西方学术交流的平等互利和多向影响。因此，提学术“中国化”更具合理性、前瞻性和战略意义，只有在学术“中国化”的实际进程中，学术的“中国性”才能自然而然地得以实现。

① “西化汉语”是台湾的余光中提出的，他举例说，“他是他父亲和母亲的唯一的儿子”这句话就是一句西化汉语，虽然在语法上没有太大的问题，但总不如说“他是独子”来得顺当。在学术界，西化汉语就是用汉字写的洋文，用汉语说的洋话，生造词句，故弄玄虚，看起来非常吃力，交流也不方便，不是中国老百姓喜闻乐见的语言。参见陶德麟．关于马克思主义大众化问题．中国马克思主义论坛 2009 演讲文稿．新中国六十多年来马克思主义中国化的历史经验[J]．理论视野，2009(增刊)．

十八、钱学森的马列教育思想及其重要启示

钱学森的马列教育的思想观点方法，可概括为以下几点：马克思主义特别是其哲学没有过时，“过时论”者过于迷信资本主义国家的科技成就，也没有真正学好弄懂马列主义，不善于理论联系实际；马列主义、毛泽东思想是最锐利的武器，是中国的特色和实际之一，是我民族国家的重要优势，应该普及马列主义理论教育；马列教学只有与现代科学技术相结合，才能抓住时代精神，并与社会主义现代化建设实际真正结合起来；政治理论课应包括马克思主义的文艺理论；运用马克思主义立场观点方法正确对待中国历史传统文化，同时以之丰富和发展马克思主义；要在学习马列经典著作上下真功夫，要将学习和实践、学习和研究、学习和发展结合起来，善于灵活运用，在社会主义中国发动“第二次文艺复兴”。这对推进马克思主义大众化和提高思想政治理论课教学实效性都有重要的启示。

钱学森对我国教育事业的改革创新倾注了个人的心血，他不仅多次深入学校和课堂实际调研，而且在理论上坚持深入的教育科学探索，其中就包括他对我国马列教育改革与发展的独到见解、意见和建议。20 世纪纪 80 年代，钱学森在认真学习邓小平同志提出的“三个面向”思想过程中，结合实际调研情况和个人的深切体会，发表了《马克思列宁主义教学怎样面向现代化、面向世界、面向未来》一文，在十卷本的学术书信和其他论著中，留下了大量关于马列学习和教育的意见和建议，笔者读后深受教益。钱学森虽然不是所谓专业的马克思主义理论工作者，但他全面精深的学养、独特的视角、经历和真切感受，他对马克思主义的至真至诚信仰及高度自觉的有效运用，都值得我们学习和借鉴。因此，系统地整理和介绍钱学森的这一思想，对推进马克思主义大众化和提高我国当前政治理论课教育的实效性都有重要的启示。

(一)马克思主义特别是其哲学没有过时,"过时论"者过于迷信资本主义国家的科技成就,也没有真正学好弄懂马列主义,不善于理论联系实际

钱学森坚信:"不管今天有些人怎么怀疑马克思主义,不管今天有些人怎样批判科学共产主义的学说,马克思、恩格斯提出的人类共产主义文明更高阶段的理想,是真善美的统一,是真正合乎人性的,是真正人道主义的,它确实是人类社会文明的理想境界。这就是为什么一百多年来它吸引了千千万万人的原因,无数的志士仁人为此奋斗、献身的原因。不管今天现实社会主义国家中还有多少不尽人意、不文明的现象存在,它仍不能掩盖共产主义文明的光辉。这种共产主义的最高文明形态仍是任何一个真正追求人类解放,特别是任何一个真正的共产党人所应该追求的崇高理想。"[①]他坦言:"我自己在工作中深感马克思主义哲学一点也没有过时,完全可以用来指导科学技术工作,而不用马克思主义哲学指导自己工作的科技人员是自己放下最锐利的武器。问题在哪里?第一是思想上被资本主义国家科技成就迷住了,看不透他们的缺点错误。第二是没有学好马克思主义哲学,只会死记硬背,不会灵活运用;……问题出在无知,学问不够!"[②]"只有用马克思主义哲学武装起来的、有实践经验的、有学问的人,才能少犯错误,才是有智慧的人。"[③]

钱学森认为,必须运用马克思主义立场观点方法面对变化了的时代和实际,努力丰富和发展马克思主义。"现在世界上的确出了许多新事物、新情况,马克思、恩格斯、列宁时代没有,轮到我们来总结和概括。但这是件艰难的工作,图省事靠输入、搞翻版都不行。我看 Toffler(阿尔文·托夫勒)的《第三次浪潮》、Naisbitt(约翰·奈思比特)的《大趋势》顶多只是素材,不是结论,不是什么研究工作的出发点的概念。我们要用马克思主义哲学、用历史唯物主义加以提炼才行。"[④]他经常告诫年青学者,"不能迷信外国人,就连爱因斯坦也不是马克思主义者,不懂马克思主义哲学!懂马克思主义哲学的人才是真正思想解放的人",[⑤]中国人有马克思列宁主义、毛泽东思想和中国特色的社会主义理论,完全有能力独立创造出有中国特色的新学科体系。

---

① 钱学森.创建系统学[M].上海:上海交通大学出版社,2007:79.
② 钱学森.钱学森书信(第2卷)[M].北京:国防工业出版社,2007:290-291.
③ 钱学森.钱学森书信(第4卷)[M].北京:国防工业出版社,2007:92.
④ 钱学森.钱学森书信选(上卷)[M].北京:国防工业出版社,2008:100.
⑤ 钱学森.钱学森书信(第2卷)[M].北京:国防工业出版社,2007:353.

他还认为，发展马克思主义可以直接依循马克思、恩格斯、毛泽东、邓小平创立和发展马克思主义的方法，把外国人的所谓新思想当作可以批判吸取的“经验”和“素材”，这样做也就是“中国特色的”。“马克思、恩格斯从历史总结出历史唯物主义，那反过来历史唯物主义就一定要用来指导历史的研究。”“只有用历史唯物主义来指导历史的研究，才能丰富并深化历史唯物主义和马克思主义哲学。”[①]钱学森就是运用马克思主义哲学的辩证唯物主义和历史唯物主义作科学指导，创立了现代科学技术体系和系统学等新兴学科以及在许多领域都具有重大创新且十分丰富的钱学森科学思想，向全世界实际地证明了马克思主义包括其哲学的有效性和科学力量。由此给我们以重要启示：

马克思主义是否“过时”实质上是一个实践问题，需要在真正富有成效地运用马克思主义于实际工作来证明。

真正学好弄懂了马克思主义，把马克思主义真正当作科学看待，并能灵活运用于分析和解决实际问题，就不会产生马克思主义已经过时的想法。

只有真正运用马克思主义立场观点方法分析中国和世界变化发展了的实际，才是发展创新马克思主义的唯一正确途径，才是具有中国特色的理论发现和创造。

（二）马列主义、毛泽东思想是最锐利的武器，是中国的特色和实际之一，是我民族国家的重要优势，应该普及马列主义理论教育

钱学森以亲身经历和献身新中国“两弹一星”伟大工程实践的深切体会告诫我们：“马克思理论是迄今最科学的社会科学理论，马克思主义的世界观是科学的世界观……马克思主义哲学则是人类知识的最高概括”。[②]“今天，我们中国人民很幸运，因为我们建立了马克思主义哲学是科学的最高概括这样一个观念，我们要取得最高的创造力，最高的智慧，就应该学习马克思主义哲学”。[③]“没有马克思主义哲学，看问题就不能洞察其本质”，[④]“马克思主义哲学确实是个宝，是一件锐利的武器……如若丢弃这件宝贝，实在是

---

① 钱学森.钱学森书信选(上卷)[M].北京:国防工业出版社,2008:147.

② 北京大学现代科学与哲学研究中心.钱学森与现代科学技术[M].北京:人民出版社,2001:103-104.

③ 钱学森.创建系统学[M].上海:上海交通大学出版社,2007:16.

④ 钱学森.钱学森书信选(上卷)[M].北京:国防工业出版社,2008:127.

太傻了"。[1] 如果"没有马列主义、毛泽东思想和中国特色的社会主义理论,也就是不认识我们所在的这个世界。"[2]"我们有中国共产党的领导,只要我们用马克思列宁主义、毛泽东思想来总结自己的经验,总结世界的经验教训,我们一定能找到一种科学的方法,用现代科学技术来建设有中国特色的社会主义。"[3]因此,钱学森始终认为相较于西方世界,中国人民的一个重要优势和民族特色就在于有"马克思列宁主义这个最锐利的武器"。

钱学森认为马列主义教育必须坚持普及的办法。他认为,马克思主义哲学的教育"要从高中开始,并在高等院校继续深化"。钱学森本人不仅长期坚持全面系统地学习和研究马克思主义经典著作,而且经常抓住一切可能的机会,现身说法,以作报告、演讲、书信、面谈等多种形式给许多科技工作者生动具体地讲解学习马列经典著作的必要性和重要性,告诫他们掌握和运用辩证唯物主义和历史唯物主义立场观点方法,能给科研工作开出新局面,避免脱离社会主义建设实际和人民群众的现实需要,免犯机械唯物论和唯心主义错误,少走弯路,收获最大实效。钱学森认为,不仅自然科学要自觉坚持马克思主义哲学的指导,人文社会科学研究学者更需要接受"马克思列宁主义普遍原理的训练",[4]以避免思想混乱和犯立场观点方法的错误。因此,钱学森对传播马克思列宁主义和中国特色社会主义理论做出了实际的贡献,也为国家教育了一批具有马克思主义世界观的优秀科技工作者。由此给我们以重要启示:

(1)马列主义、毛泽东思想和中国特色社会主义理论体系实际上已经是我国国情的一个重要组成部分,因此马列主义教育不仅仅是主流意识形态的政治理论教育,而且也是义务教育的科学内容和重要组成部分,应该进一步解放思想,从国情的视角认识我国的马克思主义理论教育。只有对马克思列宁主义、毛泽东思想和中国特色社会主义理论体系有比较全面系统的学习和把握,才能更全面更深刻地认识我国国情。这也是我国教育面临的一个重要实际,在教育系统中开设马克思主义理论必修课也就是从这个实际出发。

(2)推进当代中国马克思主义大众化教育要生动具体、透彻深刻地讲清楚马列主义、毛泽东思想和中国特色社会主义理论体系,是我民族国家生存

---

① 北京大学现代科学与哲学研究中心.钱学森与现代科学技术[C].北京:人民出版社,2001:104.

② 钱学森.钱学森书信(下卷)[M].北京:国防工业出版社,2008:1224.

③ 钱学森.创建系统学[M].上海:上海交通大学出版社,2007:159.

④ 钱学森.钱学森书信选(上卷)[M].北京:国防工业出版社,2008:146.

和发展的重要优势和实现民族伟大复兴的制胜法宝，是中国人民来之不易的宝贵精神财富，是中华民族新文化传统的灵魂，不仅不能丢弃，而且要更加科学地对待、更加自觉和有力地践行、更加珍惜和发展创新这一当代中国最伟大的思想；

(3)在教育改革的方向和目标上，要使马列主义、毛泽东思想和中国特色社会主义理论体系成为中国人民精神共同富裕的象征和重要标志。马列教育要加强不放松，要更加注重科学性，更加重视中国化，更加追求实效，要使之真正成为中国人民强大的共同思想武器、理想信念和精神力量，使之浸润而成为人民群众日常生活的思维习惯和文化心理定势。

(三)马列教学只有与现代科学技术相结合，才能抓住时代精神，并与社会主义现代化建设实际真正结合起来

钱学森不是在一般意义上强调马列教学要联系现代科学技术，而是基于他开创的现代科学技术体系的科学思想。钱学森运用辩证唯物主义世界观将迄今为止人类的科学知识归纳总结为自然科学、社会科学、数学科学、系统科学、思维科学、人体科学、地理科学、军事科学、行为科学、建筑科学、文艺理论十一大部类，这就是他独创的现代科学技术体系，每一部类都有一架通往人类科学最高概括的马克思主义哲学的桥梁，这十一架桥梁分别为自然辩证法、唯物史观、数学哲学、系统论、认识论、人天观、地理哲学、军事哲学、社会论(后改称“人学”)、建筑哲学、美学。同时，现代科技体系的外围有大量的实践经验知识和哲学思维以及不成文的实践感受，它们作为“前科学”与现代科技体系形成辩证的互动关系。钱学森的这一开创性思想将马克思主义与具体科学的内在逻辑联系真实而充分揭示出来了，它告诉我们马克思主义不仅来源于科学，同时也在科学之中，而且马克思主义哲学还是现代科学技术体系的最高概括。钱学森认为，这样一来，哲学的研究对象问题就解决了，即“马克思主义哲学必然要指导科学技术研究，而科学技术的发展也必然会发展、深化马克思主义哲学。”[①]马克思主义哲学对现代科学技术研究的指导作用也是根源于这一科学逻辑和科学精神的，同时现代科学技术的发展必然丰富、发展和深化马克思主义哲学，马克思主义哲学就是“科学的哲学”。因此，“指导并不是说马克思主义哲学就僵化了、凝固了、不动了，变成经典了，不是那个意思”。[②] 钱学森还具体谈到，恩格斯讲“自然哲

---

① 钱学森.创建系统学[M].上海：上海交通大学出版社，2007:5-6.

② 钱学森.钱学森书信(第2卷)[M].北京：国防工业出版社，2007:15.

学可以休矣，我们今天应该进一步，脱离现代科学技术体系的哲学可以休矣，……与现代科学技术体系相结合的哲学，就是马克思主义哲学”。[①] 钱学森认为：“今天谈哲学，不了解科学技术的最新发展是不行的。而且是了解，不是‘听风就当雨’……如果真想搞现代哲学，就应该下功夫学些现代科学技术。”[②]不联系现代科学技术，“是抓不到时代精神的”，[③]“讲现代科学技术体系，使学生开阔眼界，高瞻远瞩，也就能更好地领悟马克思主义哲学”；[④]今天讲政治经济学应该同时讲“生产力经济学”和“金融经济学”，中国人应该写出“《资本论》续篇”，研究“世界社会形态”，只有这样才是真正与时俱进的；今天讲科学社会主义，只有将邓小平同志“科学技术是第一生产力”这一根本观点与现代科学技术体系相结合，才能讲得具体实在和透彻深刻，才能将中国特色社会主义的科学性真正讲清楚。钱学森认为马列课教师“应该博览群书，熟悉和掌握现代科学技术的基本知识”，以适应马列教学工作的实际需要。

钱学森的这一思想对我们搞好马列教育和研究具有重要启示：

(1)政治理论课教师应该接受全面系统的现代科学技术基本知识的培训。众所周知，我国政治理论课教师多为文科出身，缺乏全面系统的现代自然科学和工程技术的基本知识教育，这确实从一定程度上制约了马克思主义理论教学的科学实效性。钱学森的马列教育必须结合现代科学技术体系的思想是基本符合客观实际的，值得重视和反思，其中当务之急是对政治理论课教师进行现代科学技术基本知识的系统培训，并逐渐形成规范和制度。

(2)马列主义教育要特别重视科学性，马克思主义的科学内涵必须结合现代科学技术来具体地证明和阐释，将马克思主义吸收人类一切优秀文明特别是现代科学技术的科学特性——讲实在、具体、生动和彻底，真正地服人，避免观点的简单的罗列和抽象说教。这对马列课教师的现代科学技术素养提出了很高的要求。

(3)以马克思主义理论的研究创新来促进教学改革。显然，目前马列教学和研究的现状与钱学森的科学思想和要求还有很大的距离，先进的马列教学体系迫切要求马列研究跟上时代、实践和现代科学技术发展的步伐，以研究成果促进教学体系和内容的更新是解决问题的根本途径。因此，我们党和理论学术界的马克思主义发展创新要非常重视总结、提炼、吸纳乃至融

---

① 钱学森.钱学森书信选(上卷)[M].北京:国防工业出版社,2008:194.

② 钱学森.钱学森书信选(上卷)[M].北京:国防工业出版社,2008:265.

③ 钱学森.钱学森书信选(上卷)[M].北京:国防工业出版社,2008:541.

④ 钱学森.智慧与马克思主义哲学[J].哲学研究,1987(2).

合现代科学技术，在方法上要强调坚持实践为基础和重视现代科学技术的有机结合，以实践性和科学性的内在统一的共同发展体现和保障理论创新的一脉相承和与时俱进。

（四）政治理论课应包括马克思主义的文艺理论

由于钱学森将文艺理论列为现代科学技术体系十一大部类之一，因此在马列科学教育方面当然要结合和联系文艺理论，但不应止于此，他1984年就明确强调“政治理论课应包括马克思主义文艺理论”。[①] 因此，不是懂一点，而是要把马克思主义文艺理论纳入政治理论教育体系之中。钱学森的这一看法还基于他非常重视和强调科学和艺术的实质性结合、相通和互动、融合，他认为，“泛科学论”和“泛艺术论”相结合是辩证唯物主义的观点。“学点文学艺术，它可以培养一个人从另一角度看问题，避免‘死心眼’和机械唯物论。老一代革命家文艺修养都比较高，是我们的榜样。”[②]他还主张“多学点文言文”，重视中国古典的诗词歌赋，运用马克思主义哲学提炼和吸取中国哲学传统文化的精华。他倡导的“大成智慧教育工程”“强调哲学、马克思主义哲学的主导地位；并有性智、量智并重……也因此重视在教育中的文艺修养，文、理、工、艺并重。”[③]他认为“大成智慧教育”要胜过美国的“2061”计划（美国一些权威学者们设想的，到2061年哈雷彗星再来前的美国教育现代化改革计划）。

钱学森的“政治理论课应包括马克思主义文艺理论”思想值得认真研究。

（1）把马克思主义真正当作科学或科学地对待马克思主义，都需要一定的马克思主义文艺理论和文学艺术修养，才能触类旁通，从而达到马克思主义的更高思想理论境界。甚至可以这样看，具备一定的文学艺术和理论修养是马克思主义学风的基本要求和客观需要。马克思的《共产党宣言》是世界公认的文学典范，它的广泛传播和影响与此也有重要联系。

（2）具备一定的马克思主义文艺理论和文学艺术修养，对运用群众喜闻乐见的语言文化和艺术形式推进当代马克思主义大众化具有实际而重要的作用。实际上，毛泽东同志所提倡的马克思主义中国化的中国作风、中国气派就包括着中国传统文学艺术的修养这一重要内涵。

---

① 钱学森．钱学森书信选（上卷）[M]．北京：国防工业出版社，2008：106．

② 钱学森．创建系统学[M]．上海：上海交通大学出版社，2007：159．

③ 钱学森．钱学森书信（下卷）[M]．北京：国防工业出版社，2008：1019．

(3)马列的理论体系、教材体系、教学体系都要中国化,不仅仅要求教师在语言和风格上准确灵活地运用中国传统的文学艺术手法,而且需要我国政治理论教育进行中国化的全面系统改革和创新。

(五)运用马克思主义立场观点方法正确对待中国历史传统文化,同时以之丰富和发展马克思主义

钱学森认为:“一是要正确对待祖国历史文化传统,一是要认真学习马克思主义哲学。这应该成为我们国家的‘立国之本’。”①“何不考虑把中国几千年文明中的精华用来丰富和发展马克思主义?马克思、恩格斯对中国古籍不可能做全面的分析,那我们今天的中国人就应该完成这个任务。”②马列教育不仅当然地要联系中国历史和传统文化,这是正确对待传统文化的重要内容和形式,而且也是马克思主义哲学中国化的历史文化路径。

钱学森特别注重运用唯物史观分析历史和文化。他总是将科学技术发展的新兴和前沿学科放在马克思列宁主义理论和我国文化传统中审视和考察,希望中国人在这一领域一开始就能体现马克思主义世界观和中国特色,为此他特别强调一些科学新名词要有“中国味”,要“体现中国传统文化”,也要有“马克思主义的味道”,既要通俗易懂,又要符合和体现辩证唯物主义、历史唯物主义,即科学技术的历史发展以及人类认识的历史性进步。钱学森曾专门研究和参与制定了中国的航空航天的系列专业名词。现在我们称谓的“纳米技术”,钱学森曾建议用“纤技术”,还有如“表层地学”、“灵境技术”、“遥作技术”、“社会论”、“大成智慧”等。

以钱学森的这一思想反思我们的马列教育和研究,可以发现:

(1)长期以来,我们的马列教育重理论、轻文化,特别是结合我国历史和文化传统不够,这影响了教学的实效。目前高校的思想政治理论课体系中,只有《中国近现代史纲要》专门讲中国历史和文化,《马克思主义基本原理概论》和《毛泽东思想和中国特色社会主义理论体系概论》则主要是理论体系的教育,没有充分结合与联系中国历史和传统文化,这方面的学以致用没有在教材上直接充分地体现,中国化色彩和风格也不充分,心理上的可亲、可敬、实际、有用特性没有直接显现出来。因此,以马克思主义中国化思想方法实现马列教育与传统文化教育相结合,逐渐形成中国特色、中国风格、中国气派的马列理论体系、教材体系、教学体系相统一的教学和研究格局,是

① 钱学森.钱学森同志言论选编[N].光明日报,2009-12-01.

② 钱学森.钱学森书信选(上卷)[M].北京:国防工业出版社,2008:465.

一个重大的研究课题。

(2)以中国历史和文化丰富发展马克思主义是中国化马克思主义的一个基本方向和任务。马克思主义中国化最根本的任务是要总结我国革命、建设、改革和发展的历史经验,但这样做的同时必须辅以中国的历史和文化内涵,二者的有机结合才是全面的经验总结,这要求我们具有深厚的中国历史和文化修养.

(3)马克思主义、现代科学技术和中国特色社会主义实践的结合,只有同时自觉奠定在中国历史和文化传统基础上,才可能深入中国人民内心世界从而产生真正的认同,才可能是可持续的理论生态发展战略,以自然和进化的观点看马列主义与中国历史文化的结合,最终将会影响马克思主义中国化的历史进程。

(六)要在学习马列经典著作上下真功夫,要将学习和实践、学习和研究、学习和发展结合起来,善于灵活运用,在社会主义中国发动第二次"文艺复兴"

钱学森认为学习马列首先要在经典著作上下真功夫。钱学森经常告诫年青年的科技工作者"下功夫学好一些经典著作……没有这个基础,搞什么研究也是不行的",[①]并给他们开列经典著作必读篇目。学马列一定要用,"理论要搞,但不能空,要结合实际应用",[②]"学习、实践;再学习,再实践";[③]"学习最好与研究结合起来,以便有的放矢",[④]"要学理论就得对理论提问题,然后去解决问题";[⑤]"要用马列主义、毛泽东思想的哲学指导我们工作,这一点我是坚定不移。但是,同时也要考虑到马克思主义哲学是发展的,不是固定的、一成不变的,会随着人们的经验和社会实践不断发展深化而发展,所以不能机械地死抠书本",要善于"灵活运用",[⑥]"马克思主义、辩证唯物主义哲学不能背叛,但老经典著作说的不见得字字是真理,死抱不放。这个精神可用五个字来形容:'离经不叛道'"。[⑦] 学习的目的还在于改造我们的主观世界,"我们在改造客观世界的同时,要改造我们自己",我们"要用马

---

① 钱学森.钱学森书信选(上卷)[M].北京:国防工业出版社,2008:37.
② 钱学森.钱学森书信(第2卷)[M].北京:国防工业出版社,2007:309.
③ 钱学森.钱学森书信选(上卷)[M].北京:国防工业出版社,2008:9.
④ 钱学森.钱学森书信选(上卷)[M].北京:国防工业出版社,2008:8.
⑤ 钱学森.钱学森书信选(上卷)[M].北京:国防工业出版社,2008:7.
⑥ 钱学森.钱学森同志言论选编[N].光明日报,2009-12-01.
⑦ 钱学森.钱学森书信选(上卷)[M].北京:国防工业出版社,2008:418.

克思主义毛泽东思想在社会主义中国发动第二次'文艺复兴'。"①

钱学森特别强调学马列一定要下功夫学习经典原著，这给我们以重要启示。

(1)学习马列教科书必须与读原著相结合，最好直接研读经典著作。目前高校本科生思想政治理论教育的主要形式是教科书，要求学生课后学习经典著作，但实际上很难真正落实和考核评估。这可能是影响高校马列理论教育实效性的一个重要问题。因此，如何协调好学习教材和学习经典著作的关系，是马列课教学必须认真反思和实践的重要问题。

(2)学马列直接是为了灵活运用于实践，同时与研究和发展结合起来，这都需要强调"自觉"，当然也要求学精学深，不仅要掌握理论，而且更为重要的是要升华为真诚的信仰，真诚的信仰既是学习和运用马列的重要动力，也是产生理论境界的基本途径和体现。钱学森为我们树立了一个学习的榜样。

① 钱学森．钱学森书信选(上卷)[M]．北京：国防工业出版社，2008：462．

十九、高校思想政治理论课学科支撑的三个问题

高校思想政治理论课学科支撑的意义问题，需要在课程设置的历史及其改革发展史中予以反思，在理论上强化课程的学科意识，在思想上逐渐形成"课程—学科"和"学科—课程"一体的观念。关于课程与学科的衔接与融贯问题，必须认真梳理反思教学科研体制机制及认识上的误区，在制度和观念上进行相应的调整和更新，以适应和促进马克思主义理论学科支撑的高校思想政治理论课程建设的客观要求。

高校思想政治课教师及有关主管部门周知，思想政治理论课经过了"85方案"到"98方案"再到"05方案"的改革发展历程，短短二十年实现了从单纯的课程设置与建设到以学科为支撑的课程建设的跨越。"85方案"的四门课程设置突出了改革开放初期思想解放与社会主义建设实践相适应的意识形态变革要求，"98方案"的七门课程设置力图体现马克思主义理论的专业性、科学性及中国化马克思主义理论成果，以适应中国特色社会主义道路探索与马克思主义中国化理论创新对意识形态发展的实际需要，从"85方案"到"98方案"课程设置改革，反映了改革开放以来马克思主义理论教育中政治性包容适应科学性，二者相互和解、调适和保持合理张力与统一的发展趋势，而显然，科学性的地位和诉求不断提升，学科设置和建设的问题成为进一步改进加强思想政治理论课的必然要求。"05方案"的课程设置不仅体现了马克思主义理论科学性的综合整体的具体要求，而且同时设置马克思主义理论一级学科予以支撑，力图实现思想政治理论课建设质的飞跃。二十六年来，思想政治理论课改革发展历程反映了改革开放和中国特色社会主义道路探索的实践和理论创新轨迹，融合了这一时期中国马克思主义学界的思想理论学术成果。六年来，执行"05方案"的思想政治理论课建设在学科建设的支撑促动下，高校思想政治理论课教师和有关主管部门的思想政治理论课观念都发生了积极变化，同时也暴露出许多新的问题，需要深入讨

论和系统分析。

(一)学科支撑的意义问题

中宣部、教育部在〔2005〕5号文件《中共中央宣传部、教育部关于进一步加强和改进高等学校思想政治理论课的意见》中指出,要大力推进高等学校思想政治理论课的学科建设,学科建设是加强和改进思想政治理论的基础,思想政治理论课教学所依托的学科是我国特有的一门政治性、科学性和实践性很强的学科,只能加强,不能削弱。设立马克思主义理论一级学科,开展马克思主义理论体系研究,为推进党的思想理论建设和巩固马克思主义在高等学校教育教学中的指导地位,为加强高校思想政治理论课建设,培养思想政治教育工作者队伍提供有力的学科支撑。

六年来,为适应教学的实际需要,高校思想政治理论课建设的紧迫任务当然是实现“98方案”到“05方案”的过渡转型,立即全面贯彻执行新方案。然而,关于学科支撑问题——首要的是对其意义的理解,客观地看,由于历史和现实的复杂因素,短时间内整体到位还存在诸多困难,这也不是一个简单的理解问题,它需要实际的学科建设打开局面,形成思想政治理论课与其学科建设相互促进的一体化发展,以彻底更新提升思想政治课程观念。有人认为:“马克思主义理论学科对思想政治理论课的支撑作用主要表现在:马克思主义理论学科定位在使自身的生存和发展有了广阔空间的同时,为提高思想政治理论课教学实效提供了理论支持;马克思主义理论学科目标与思想政治理论课教学任务的契合,使服务于思想政治理论课教学任务的完成成为马克思主义理论学科建设的重要任务;马克思主义理论学科特征在使自身的生存和发展有了合法性的同时,为思想政治理论课课程的整体建设奠定了坚实的学科基础。”[①]关于马克思主义理论学科和思想政治理论课的关系,学界也有学理探讨。[②] 作为思想政治课教师,对学科支撑的意义问题,还需要在教学和科研实践中认真反思,逐渐转变教学科研方式方法,以提升思想政治课的学科意识与品味质量。

不少人认为,中国高校专业类课程都是有相应学科基础支撑的,多数专业课教师都有一定的学科意识,而似乎思想理论课例外,“05”方案后才开始有自己的学科。其实,这种说法并不全面,需要认真分析。

---

① 张雷声.论思想政治理论课的学科支撑作用[J].思想理论教育导刊,2008(12).

② 秦宣.马克思主义理论学科与思想政治理论课的关系[J].思想理论教育导刊,2007(3).杜婷,梅荣政.关于马克思主义理论学科与思想政治理论课关系的思考[J].思想理论教育,2007(19).

(1)思想政治理论课在“05 方案”前实际上有不成文规定的“马列·科社”一级学科和“马克思主义哲学”二级学科的支撑。高校思想政治理论课教师队伍主要来自这两个学科的硕士点、博士点培养的毕业生,这些学科知识学养背景的教师,其教学体系和方法自然受自身学科专业的影响。许多教师有自己所在学科的研究领域和方向,部分人还是硕士点、博士点导师,很难说这类教师的思想政治理论课教学没有学科支撑。

(2)对于思想政治理论课主管部门来说,一直以来提倡教学科研并重和相互促进,提倡科研反哺教学,提高教学的思想性、学术性实效,而多数有学科研究成果的教师也会自觉实现科研与教学的统一融合。

(3)绝大多数高校的思想政治教育本科专业点与思想政治理论课共有行政建制,教师和教学是二者共用的资源,多数教师同时承担思想政治理论专业课和思想政治理论公共课教学任务,少数教师专任思想政治课教学,也只有相对的独立性。如果说高校专业课都有相应的学科支撑,思想政治教育本科专业当然不例外,而与之融为一体的思想政治理论课教学当然也共有相应的学科支撑,实际情况是如此,不在于有没有明文规定。

(4)所谓高校专业课程的学科支撑,其实也未见得都有明文规定,而是根据科学性要求,约定俗成习惯性地按学科要求制定培养的教学计划,与之相比,思想政治理论课作为公共必修课,主要受严格的教学大纲指导和约束(教学大纲有点像教学“宪法”),教师习惯于尊奉相应课程的教学计划来组织完成教学任务,似乎这个教学计划不是来源于所在学科或相关学科而制定的。显然,实际情况并不是这样的。虽然作为公共必修课,思想政治理论课有不同于专业课的特殊功能要求,但不能因此误认为思想政治课只有教学计划没有学科支撑。认为专业课一直都有学科支撑,实际上是对其科学性的尊重和认同,认为思想政治理论课从来没有学科支撑,实际上是对其政治性、意识形态性的刻板印象,是对其科学性、思想性、学术性不足的不满和嘲弄,这种陈旧观念客观上因历史原因,有强大的惯性,也有对思想政治理论改革发展状况的不了解产生的偏见。因此,这不是根本否认思想政治理论课的学科支撑,主要是质疑其科学性,是对其过去简单的政治意识形态说教情绪化的反应。

综上表明,实际上,思想政治理论课的学科支撑问题与专业课一样,一直以来都是有学科支撑的,不能认为只是“05 方案”后才有学科支撑。需要明确,整体来看,思想政治理论“课程”来自于“学科”,“课程”是属于所在“学科”的,在学科的规范下,“课程”的组合可以形成不同的“专业”,“课程”具体地属于某一“专业”,稳定地属于所在“学科”,可能存在没有“专业”的课程,但不存在没有学科支撑的“课程”。因此，从总体上看，思想政治理论课，无论在理论上还是实践上都是有学科支撑的，这与是否成文规定没有必然联系，不能简单作肯定和否定的判断，但是，多年来思想政治理论课学科支撑不够自觉明确，力度也不够，效果也不太理想，这就迫使我们应进行及时深刻的反思。

（二）课程与学科衔接的问题

当前，思想政治理论课程与马克思主义理论学科衔接的问题依然比较突出。

从学科设置的一般规律来看，多数学科的规划建制是由其自身的理论学术积累到一定程度，与其他学科形成了比较明确的学科边界和相对独立且成熟的研究领域，在现有的知识门类中已经具有不可或缺的重要地位和作用，从国家发展战略上设置学科是客观要求，先有学科的“实际”再给予建制，自然合理，这样的学科设置模式可称为“先学科再建制”。马克思主义理论学科的设置当然符合学科设置的一般规律，但又具有明显的特殊性，有些问题需要辩明。有人认为，马克思主义理论学科是“先有建制再有学科”。其实，这种说法似是而非。姑且不说一直有“马列·科社”一级学科。众所周知，建国以来，中国的人文社会科学各学科都自觉坚持马克思主义立场观点方法的指导和基本原则的运用，甚至自然科学工程技术学科也是自觉坚持运用唯物辩证法展开科研工作。改革开放以来，中国各学科坚持马克思主义科学方法实现了各自的大发展，虽然也有受西方学术影响而淡化马克思主义的情况，但马克思主义的根本性质特色没有变。虽然长期以来没有马克思主义理论一级学科建制，但要问马克思主义在哪里，自然在各个学科里都能不同程度的存在，是否有个题名为“马克思主义理论”的学科建制似乎不太重要。可见，马克思主义理论学科的“实际”的存在无可置疑，甚至是中国最大基础、最为深厚宽广的人文社会学科。然而，没有建制的马克思主义理论学科既有其指导延伸渗透其他学科的长期优势，也有因没有明确建制影响制约自身学术积累和规范发展的学科比较劣势。因此，建设马克思主义理论一级学科，不是因为这个学科的“实际”缺失或贫弱，而是为了加强和提高，更好地发挥大学科的引领作用。

明确了马克思主义理论学科发展的特殊性，特别是其“实”和“名”的关系，是正确理解思想政治理论课程与这个学科有效衔接的基础。有人认为，思想政治理论课程的历史比学科的历史还长，到底谁跟谁衔接，谁向谁看齐？类似的问题还有不少。因此，在课程与学科的衔接问题上，首要的是树立学科意识，“所谓学科意识就是要把思想政治理论课不仅作为一门课程，而且也作为一门学科，要更多地从学科建设的角度来考虑课程建设的问题”。以下几点必须特别注意。

1. 立足课程教学，从“问题”切入学科，加强研究型教学的力度

作为课程的教材，有诸多因素决定了其中许多内容观点结论都难以全面系统深入地展开叙述，又受教学任务和课时限制，课堂上首先按教材讲其“然”，但其“所以然”，却须在课前及教材之外，由教师来查资料和做理论的准备，这必然要到所在学科基础中寻求，特别是某些理论问题的发展史。因此，课程教学与学科的衔接最直接的途径是从“问题”切入，而“问题”的发现和分析解答需要教师本人的理解和研究。这样看来，有学科支撑的教学，才是真正的教学—研究的相互促进和统一融贯，课程与衔接不能是简单机械地“对应”和“挂靠”。

事实上，“05 方案”的四门课中，只有《马克思主义基本原理概论》(以下简称“《原理》”)、《中国近现代史纲要》可以直接与马克思主义理论一级学科下“马克思主义基本原理”和“中国近现代史研究”的二级学科对应衔接，“毛泽东思想和中国特色社会主义理论体系概论”理论上应与“马克思主义中国化研究”二级学科对应，“思想道德修养与法律基础”似乎应与“思想政治教育”二级学科对应，但这门课又涉及伦理学、法学等学科。若如此简单对接，依然是抽象的，只有通过教学中的“问题”才能架起课程与学科之间的桥梁和通道，这样的衔接才是具体有效的。

2. 将思想政治理论课从课程建设提升至学科建设的层次，设置相对应的建设目标体系

长期以来，课程建设始终围绕着教材、师资、课堂、学时、考评、网站等硬指标体系进行，强调规范和实效，实施起来相对简单具体。课程建设也形成了从校级到省级再到国家级的精品课程机制，这个机制的国家级课程建设一般都是有较强的学科支撑，至少有相关学科比较齐全的硕士点、博士点。这个机制的上行要求其实就是学科支撑，这也表明把课程建设提升至学科层次，是必要可行的。国家级精品课程是一种竞争评审(非考评达标)的机制，多年来只是为数不多的国家重点大学才有这个资源和条件。而今天提将思想政治理论课当作学科来建设，是一种普遍达标的要求，国内普通高校都必须做到这一点。因此，课程建设的思路必须普遍向学科建设的思路转

换，原来课程与学科“两张皮”的局面必须改变，这将涉及一系列制度规范的调整。

事实上，各高校纷纷成立马克思主义学院，分离除思想政治教育以外的本科专业，集中精力搞好思想政治课教学和马克思主义理论学科的硕士点、博士点建设，就是一次重大调整，为课程和学科的相对稳定和独立发展创造了新的更高的平台及运行机制。当然，在短时间内，体制机制调整只是为思想政治理论课与马克思主义理论学科的衔接创造条件，而要彻底实现思想政治理论课的学科建设，还需要教师学科意识的普遍到位和提高，从课程建设到学科建设的转换也需要经过一个过渡和适应的阶段，这里面有困难需要克服，也有障碍需要清除。

3. 思想政治课教师队伍及其观念的全面转型

长期以来，思想政治理论课教师队伍的来源和素质参差不齐，这成为专业课程教师以及社会人士，甚至包括学生所诟病。总之，主要问题在于不专业，好像思想政治理论课什么人都能上，这显然不够严肃，这样的做法也是对思想政治理论课的不尊重，不是用科学或学科的态度来看待思想政治理论课，这至少是造成专业课教师瞧不起思想政治理论课教师、学生轻视思想政治理论课的一个重要原因。因此，思想政治理论课的学科衔接，一个重要的方面就是教师队伍的全面专业化，而且应设置相对于其他专业课更高更具体的门槛，全面提升思想政治理论课教师队伍的素质和形象，转变更新教师学生及社会的陈旧观念。

当然，教师队伍专业化也不应绝对化。马克思主义理论学科的基础具有很高的综合性，这个学科的思想政治理论课也是如此，有不同学科背景的教师参与其中未必不好。因此，这里所谓“专业”除了本学科专业毕业之外，更为根本的是必须具备马克思主义理论学科的学养。从理想的要求来说，当然是思想政治理论课老师都要具备像马克思、恩格斯、列宁、毛泽东那样的知识学养和智慧境界的素质才好，这显然不具备可操作性。因此，教师队伍的总体要求可以是“专业”与“学养”的统一。

（三）课程与学科融贯的问题

思想政治理论课程与马克思主义理论各二级学科的衔接，最终要走向互动融贯的境界，这既是马克思主义理论学科功能全面发挥所要求的，也是思想政治理论课的质量品位全面提升的必然趋势。然而，实现这个融贯的目标可能需要一个长期过程,但坚持这样的方向无疑是可行和必要的。当前,有一些前提性、基础性问题可以展开广泛探讨。

1. 在体制机制和观念上尝试打破教学研究与学科研究的界限

长期以来,由于学科意识的不到位,思想政治课的教学研究多局限于教学经验的总结及教学方法技术的创新,在许多高校不被视作科研成果,不纳入科研奖励及职称评审范畴,教师也就没有积极性作这似乎没有实际用处的研究。究其原因,固然有体制的限制,但根本原因在于多数思想政治理论课教学研究与相应学科的联系脱节,难以发现教材教法的真正问题,研究成果的科研内涵不足,缺乏实质性的研究对象与内容。但是,从学科角度看,思想政治理论课的教学研究则大有作为。例如,思想政治理论课各门教材其现有体系的安排是否合理,这样安排的意义何在,从整体上如何看待,具体内容的叙述有无漏洞等,还有,每门课教材的体系的历史沿革是怎样的,等等,这些都值得深入研究。以《原理》为例,与"85 方案"时期的教材相比,现在使用的教材在内容体系结构话语等方向都有较大不同,变化发展的原因是什么?强调整体世界观的《原理》从教材的理论体系构造看是否充分体现了这一要求?马克思主义政治经济学的完整理论体系的高度压缩,意义何在,如何讲解,如何将传统的三个组成部分通过教学体系而成为整体世界观?中国化问题在《原理》中应如何体现?等等。我们认为,这些问题才应是教学研究的实质性内容,这样的课题与所谓的学科研究课题是难以二分的,是融为一体的。因此,教学研究与科学研究只能做很相对的区分,现在是改变长期二分一轻一重的时候了。这需要在体制上做些调整,而在观念上要明确:教学研究与科学研究不是性质的不同,而是研究领域上的分别,或者是对象上的具体差异。只有教学研究与科学研究真正一体化了,目前二分的局面和观念彻底改变了,思想政治理论课程与相应学科的融合贯通问题也将逐步实现。

2. 落实学科为课程服务的重要职能,形成学科密切联系和指导课程的方向

可见,马克思主义理论学科承担着为思想政治理论课服务的特殊重要职能,然而关键在于具体落实。马克思主义理论学科怎样服务于思想政治理论课,如何使二者真融贯?我们认为,在思路方法上要理清以下两个方面。

(1)立足思想政治理论课向马克思主义理论学科寻求研究成果的支持。

思想政治理论课的政治性、科学性、实践性特色非常鲜明，而单就一本教材而言，要实现三者宏观与微观、理论的具体与现实的具体的完整统一，存在诸多困难，而这些困难可以向所在学科寻求支援，则能有所缓解。以《原理》为例，马克思主义基本原理到底有哪些，现行教材的安排不是简单的一条条原理的列举，而是按三个组成部分以体系的方式来表述的，而学科研究的成果则有“十二条说”、“十三条说”等，[①]若以学科研究的成果对学生讲明教材的“原理”，则能使学生形成明确的印象。笔者曾经做过一个“马克思主义基本原理有哪些”的问题的随机调查，结果发现，已经上完《原理》课程的学生能比较准确地说出五条原理的不到60%，当我给出参考答案时，不少学生恍然大悟——“教材里都有啊”，只不过没有明确的概括。类似的问题在《原理》课程里还有很多。我们发现，就《原理》课来说，其理论性在四门课程中是最强的，若没有相应的马克思主义基本原理二级学科支持，只就教材的编排按部就班地讲授，像上例的问题可能较普遍存在。

因此，思想政治理论课中的问题的确不少，这些问题的发现需要有学科的眼光，这些问题的解答需要学科的支持。有没有自觉学科意识的思想政治理论课教学在教学实效的软指标上可能有很大的差异。执行“05方案”后，大家普遍认为，思想政治理论课实效性的具体要求中思想性和学术性需要加强，显然，没有学科的支持是不容易做到的。将学科研究的最新成果运用于思想政治理论课教学，无论是作为教材体系的补充还是深化，都是有益的，都将让学生感觉到马克思主义理论的思想性、学术性一点也不比其他学科差，这样的教学更有利于学生从内心体会和认同马克思主义的科学性。

(2)立足思想政治理论课向马克思主义学科提出需要研究的新问题。思想政治理论课教学过程中，往往能暴露青年大学生关心的理论现实问题，发现许多理论体系深层的问题。由于长期以来教学与研究的一定程度的脱节，这些问题可能是学科不太注意的问题，也有可能是学科视域的盲点。当然，思想政治理论课本身也是马克思主义理论学科研究的一个领域和对象，但多年来这方面的意识确实不够，因而也积累了一些问题，也有大量问题需要发掘出来展开研究。思想政治理论课暴露和提出的诸多问题必然促进学科研究的发展，从而形成相互贯通的沟通渠道，思想政治理论课程建设就十分自然构成学科建设的一部分，其层次水平也会有相应提高。

这样以来，思想政治理论课的内在矛盾有了学科的解决路径，而学科也

---

① 梅荣政.什么是马克思主义基本原理——五个马克思主义文本有关论述的研究[J].马克思主义研究,2009(4).

增添了丰富的问题来源和可持续的动力。教学研究与科学研究没有实质性分别，甚至教学研究发现的问题更具有理论学术价值，更能巩固和体现马克思主义理论学科的品质与特色，从而改变当前学科发展竞争的误区。改革开放以来，马克思主义学科与其他学科竞争的一个重要努力方向是提高学术水平，在学术上与其他学科看齐。姑且不说学术性的标准除了一般的要求之外，还有基于自身学科特殊性和特定功能的要求，因此抽象地追求所谓“学术性”对于马克思主义理论学科发展来说是比较片面的。马克思主义理论学科的政治性、实践性就是区别于其他学科的内在品质，为思想政治理论课提供学科支撑，在功能上又有不同于其他学科的特殊之处，思想政治理论课本身又有不同于其他学科专业的特殊性质和功能。马克思主义理论学科的发展必须保持政治性、实践性、科学性之间的内在合理的张力，即意识形态性与科学性或现实性与学术之间的合理张力。这样的张力如何能保障和实现呢？思想政治理论课与马克思主义理论学科的融贯是一个重要的保障实现机制，思想政治理论课对于马克思主义理论研究片面追求学术性可能具有制约、纠偏甚至矫正的作用和功能。而一旦思想政治理论课与马克思主义理论研究真正融贯一体化发展了，所谓学术性与现实性的不平衡问题就可能得以自然解决。

因此，应认真研究思想政治理论课的学科建设功能，并进行制度性安排，马克思主义理论学科发展的方向在于发展提升自己的特色，走内涵式发展之路，切实发挥学科的功能，外部学科发展路径方法只是参照系。

3. 促进思想政治理论课与马克思主义学科的融贯，关键在于观念的转变和制度的建设和落实

观念转变的关键在于培养和提高学科意识，深入探讨有学科支撑的思想政治理论课教学和建设与过去应有什么不同，如何进行相应的调整和提升，等等。有关部门应加大培训的力度和范围，帮助思想政治理论课教师实现观念的转变。关于制度的调整及落实，可能涉及利益的分配问题，难度较大，应加强领导和监督。

思想政治理论课学科支撑的问题，涉及课程与学科复杂丰富的历史的、理论的、现实的内外关系，涉及教师、学生和各级主管部门等不同主体的多重复杂关系，涉及多方面的利害关系，需要思想政治理论课教师及有关部门广泛探讨和系统研究，并切实付诸实施。

后　记

马克思主义实现从"西方语境"到"中国语境"的历史文化和现实实践的彻底转换，是马克思主义与中国实际相结合的应有之义，是创造中国马克思主义的理论诉求，是马克思主义理论中国学术话语权建构的重要路径。

马克思主义中国化百年历程也是不断推进"语境"转换的文化进程，深度推进马克思主义的中国"语境"转换，是马克思主义中国化富于生命活力的源泉和动力。当前，马克思主义中国"语境"转换的根本问题，就是中国特色社会主义实践和理论如何更具本土创造性的问题，是当代中国文化建设的理论问题，是中国马克思主义的文化属性问题，关系着中国马克思主义国际话语权建构。

本书阐述了马克思主义中国化实现"语境"转换的基本理论和现实问题，及实现"语境"转换与马克思主义中国化的研究方法问题，并对马克思主义中国化面临的复杂"语境"问题进行了具体定位和理论分析。应该说，马克思主义中国化的"语境"问题是复杂的，而且是不断发展变化的，因而需要持续深入的研究，同样，"语境"转换也是一个长期的历史过程。如何建构一个良性的马克思主义中国化"语境"转换机制，既是一个重要的理论问题，也是一个重大的现实问题，还需要在总结历史经验的基础上不断探索和检验。

本书是作者在主持完成的 2008 年湖北省教育厅人文社会科学项目"'语境'转换与马克思主义中国化"基础上拓展深化研究的系统成果，部分内容在《理论探讨》、《上海行政学院学报》等刊物发表后分别被《新华文摘》、《光明日报》(理论版)及人大复印资料《马克思列宁主义研究》转载摘编。本书参考了许多专家学者的研究成果。在此，一并致谢！